前　言

股市上有句名言："如果你爱一个人，就让他去股市吧，因为那里是天堂；如果你恨一个人，就让他去股市吧，因为那里是地狱。"而著名的投资大师彼得·林奇说过："不进行研究的投资，就好像打扑克从不看牌一样，必然失败。"

对于投资者来说，股票市场既有可能是实现财富快速增长的天堂，也有可能是资金不断缩水的地狱。天堂与地狱的区别，在于平时是否做足了准备。对于刚开始学炒股的新手来说，要想把股票市场当成实现财富梦想的天堂，不仅要掌握一些必要的股票分析知识，还应该学会如何正确地使用炒股软件、塑造健康的交易心理并且要多借鉴前辈的炒股智慧。

本书的写作目的就是要帮助投资者实现财富快速增值的梦想。

本书从新手刚刚接触股市可能会遇到的基本概念、开户交易等问题入手，深入浅出地介绍了投资者在入市前应怎样塑造健康的交易心理。随后，本书又介绍了多种分析股价走向的实用方法，包括分时盘面分析、K 线形态分析、趋势形态分析、技术指标分析、基本面分析和主力动向分析。最后，本书总结了在不同行情、不同选股策略下比较实用的操作技巧，并且对多位炒股大师的宝贵经验进行了总结。

对于刚开始学炒股的新手来说，只是塑造健康的交易心理、学习各种分析工具并不足以快速成长为炒股高手。除此之外，至少还要做到以下两点：一是熟练掌握炒股软件的操作方法，作为辅助分析的利器；二是多学习前辈高手的炒股经验，快速提高自己的分析水平。基于以上两点，本书大量穿插了"延伸阅读""操作提高"和"实战经验"的内容，为读者介绍一些使用炒股软件的技巧，并且将实战操作中积累的经验与读者分享。

本书在写作过程中将内容尽量图形化、表格化，并且配备了大量的实战图例，力求以"图解"的方式让投资者更快速、深刻地掌握炒股知识。

本书既适合刚刚进入股市、对股票知识还了解不多的新股民阅读，也适合准备进入股市的投资者阅读。即使已经入市多年、积累了大量经验的老股民，如果一直难以获利，也可以借助本书来提高自己的操作水平。

在本书编写过程中，刘伟、李金山、程富建、袁艳烈、刘井学负责股票 K 线图的查找和选取，孙立宏、贾月、孙宗坤、王淑燕、毕汪峰负责 K 线图的截取和制作，董连香、董晓辉、李海江、王琴负责文字、图表的制作和编制，史册、贾晶晶分别审阅和修改了本书的部分内容，全书由齐晓明统撰定稿。在此，对大家的辛苦工作表示衷心的感谢。

富家益
Fortuneasy
富家益股票入门系列

图解新手炒股

网上炒股详解 交易心理准备 实战经验大全

帮助股市新手快速成长为赚钱高手的入门必读全书

（第2版）

齐晓明 编著

中国劳动社会保障出版社

图书在版编目(CIP)数据

图解新手炒股/齐晓明编著. —2 版. —北京：中国劳动社会保障出版社，2015
(富家益新股民新基民入门必读系列)
ISBN 978-7-5167-2140-7

Ⅰ.①图… Ⅱ.①齐… Ⅲ.①股票交易-图解 Ⅳ.①F830.91-64

中国版本图书馆 CIP 数据核字(2015)第 276976 号

中国劳动社会保障出版社出版发行
(北京市惠新东街 1 号 邮政编码：100029)

*

北京北苑印刷有限责任公司印刷装订 新华书店经销
787 毫米×1092 毫米 16 开本 18.5 印张 304 千字
2015 年 12 月第 2 版 2015 年 12 月第 1 次印刷
定价：35.00 元

读者服务部电话:(010) 64929211/64921644/84643933
发行部电话:(010) 64961894
出版社网址：http://www.class.com.cn

版权专有 侵权必究

如有印装差错,请与本社联系调换:(010) 80497374
我社将与版权执法机关配合,大力打击盗印、销售和使用盗版图书活动,敬请广大读者协助举报,经查实将给予举报者奖励。
举报电话:(010) 64954652

目　录

第1章

股票知识快速入门

1.1 什么是股票

股票是一种有价证券，是股份公司在筹集资本时向出资人公开或私下发行的、用以证明出资人的股本身份和权利，并根据持有人所持有的股份数享有权益和承担义务的凭证。股票代表着其持有人（股东）对股份公司的所有权，每一股同类型股票所代表的公司所有权是相等的，即“同股同权”。股票可以公开上市，也可以不上市。在股票市场上，股票也是投资和投机的对象。

1.1.1 股票和上市公司

投资者持有一家公司的股票，就等于拥有了这家公司的一部分。

如果一家公司的股票能够拿到公开的交易所统一交易，这家公司就被称为上市公司。所以，投资者在交易所买卖的股票都是由上市公司发行的。

公司获得在交易所交易股票的资格后，首次在交易所发行股票的行为叫作上市（IPO，首次公开发行）。已经上市的公司为了获得更多资金，再次发行股票的行为叫作增发。

股票和上市公司的关系如图 1—1 所示。

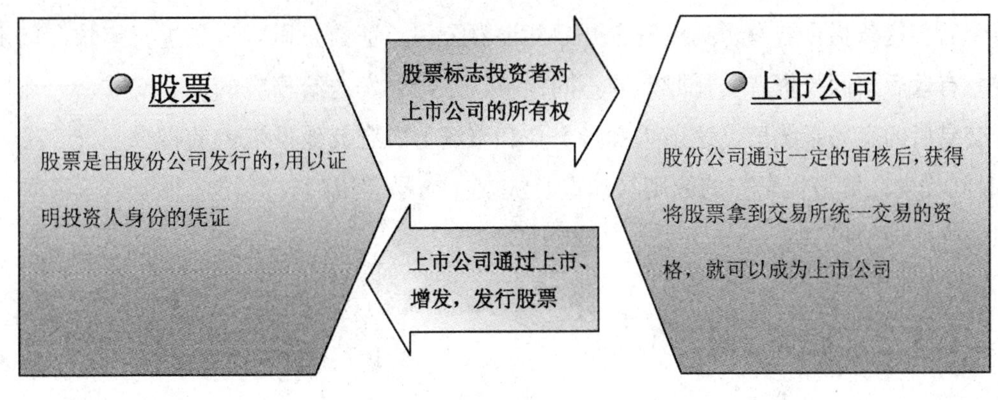

图 1—1 股票和上市公司

1.1.2 股票和股票交易所

股票交易所是上市公司股票进行统一交易的场所。我国内地共有两家证券交易场所，分别是上海证券交易所和深圳证券交易所。

我国的证券交易所实行的是会员制，即只有获得会员资格的机构，才有资格在交易所直接买卖股票。普通投资者是无法获得证券交易所的会员资格的。所以投资者要想交易股票，只能通过交易所的会员——证券公司——来买卖交易，如图1—2所示。

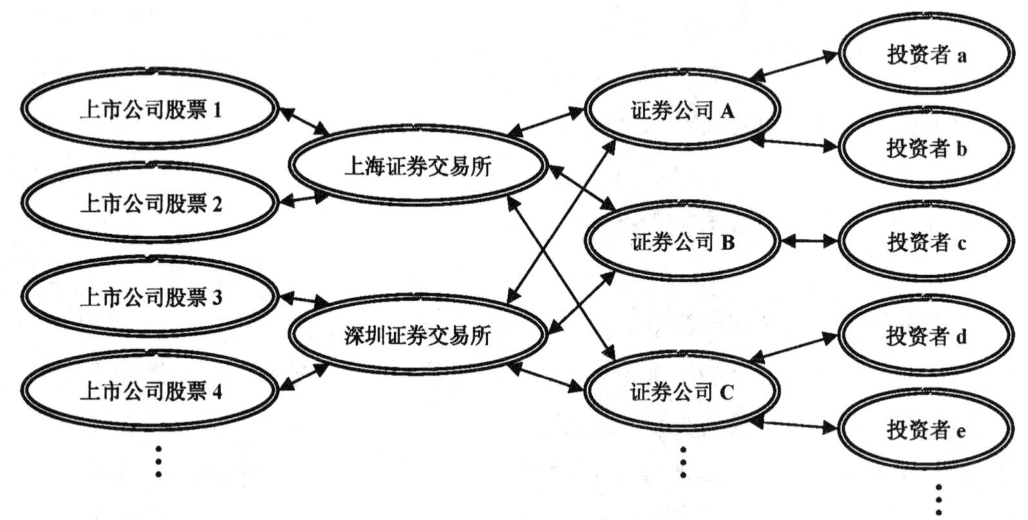

图1—2 股票、交易所、证券公司和投资者

投资者在自己的终端（电脑、手机、电话、交易大厅的客户端等）上输入买卖指令后，这条指令会发送到投资者开户的证券公司。证券公司对信息进行审核，确定指令有效后按照投资者委托股票的不同，将这条指令发送给相应的证券交易所。在证券交易所的交易系统里，这条买卖指令会和市场上所有其他投资者的指令一起，按照“时间优先、价格优先”的原则自动撮合成交。交易完成后，交易信息会通过证券公司最终反馈给投资者。

1.1.3 股票和投资者

发行股票是公司最常用的融资方式之一。上市公司通过向投资者发行股票，可以在短期内获得大量资金。投资者购买上市公司股票后，就拥有了上市公司的一部分所有权。这种所有权具体表现在几个方面，如图1—3所示。

决策参与权　当上市公司有重大事项需要决策时，会召开股东大会。只要持有上市公司股票的投资者就有资格参加，并且参与重大事项的投票

分红收益权　上市公司会定期将收益的一部分拿出来，向投资者支付红利。投资者持有股票后，可以按持股数量享有上市公司的分红收益。上市公司常用的分红方式包括现金分红和股票分红

自由交易权　投资者虽然不能将持有的股票卖回给上市公司，但是当投资者不想持有股票时，可以在规定的时间内将股票拿到股票市场上进行买卖交易。在证券交易所的交易系统中，会保证股票以当前市场上买卖双方都认可的最优价格成交。因为投资者对股票价值的估算值不断变化，所以股票市场上的股票交易价格也在不断波动

图1—3　投资者通过持有股票拥有的权利

1.1.4　股票和股票价格指数

股票价格指数是描述股票市场总的价格水平变化的指标。它是选取有代表性的一组股票，把它们的价格进行加权平均，通过一定的计算得到的。各种指数具体的股票选取和计算方法是不同的。

股票价格指数主要有上证指数、深证指数、上证50、上证180、沪深300、中小板指、创业板指、B股指数。

如图1—4所示为上证指数。这是衡量整个上海证券交易所所有股票涨跌情况的股票价格指数。

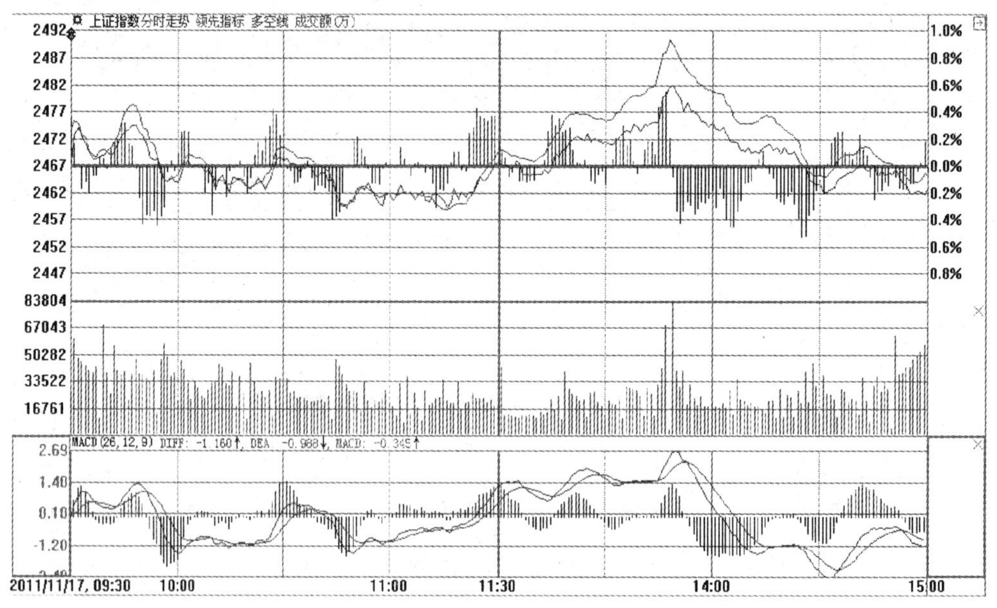

图 1—4　上证指数图

延伸阅读

这里简述一下上证指数的编制方法。上证指数是上海交易所于 1991 年 7 月 15 日起编制并公布上海证券交易所股价指数，它以 1990 年 12 月 19 日为基期，以全部上市股票为样本，以股票发行量为权数，按加权平均法计算。其计算公式为：

本日股价指数=(本日股票市价总值÷基期股票市价总值)×100

2007 年 1 月上海证券交易所宣布，新股于上市第 11 个交易日开市计入上证综指、新综指及相应上证 A 股、上证 B 股、上证分类指数，从而进一步完善指数编制规则，使指数更真实地反映市场的平均收益水平。

1.2 股票市场常用术语

1.2.1 股票发行术语

法人配售发行方式

是指发行人在公开发行新股时，允许一部分新股配售给法人的发行方式。

上市公告书

发行人股票上市前的重要信息披露资料。

两地上市

一家公司的股票同时在一家内地证券交易所和一家其他国家或地区的证券交易所上市。

超额配售选择权

是指发行人授予主承销商的一种选择权，获此授权的主承销商按同一发行价格超额发售不超过包销数额15%的股份，即主承销商按不超过包销数额15%的股份向投资者发售。

承销

当一家发行人通过证券市场筹集资金时，就要聘请证券经营机构来帮助它销售证券。

代销

是指证券发行人委托承担承销业务的证券经营机构代为向投资者销售证券。

包销

发行人与承销机构签订合同，由承销机构买下全部或销售剩余部分的股票。

承销团

对于一次发行量特别大的股票发行，一家承销机构往往不愿意单独承担发行风险，这时就会组织一个承销集团，由多家机构共同担任承销人，这样每一家承销机构单独承担的风险就减少了。

公开发行

发行人通过中介机构向社会公众公开地发售证券。

私募发行

又称不公开发行，是指面向少数特定的投资人发行证券的方式。

平价发行

也称等额发行或面额发行，是指发行人以票面金额作为发行价格。

溢价发行

是指发行人按高于面额的价格发行股票，目前我国深、沪市股票发行都是溢价发行。

折价发行

是指发行人以低于面额的价格发行新股，即按面额打一定折扣后发行股票，折扣的大小主要取决于发行公司的业绩和承销商的能力。

股票上市

已经发行的股票经证券交易所批准后，在证券交易所公开挂牌交易的行为。

1.2.2 股票价格术语

开盘价

又称开市价，是指某种证券在证券交易所每个交易日开市后的第一笔买卖成交价格。

收盘价

又称收市价，是指某种证券在证券交易所一天交易活动结束前的最后一笔交易的成交价格。

最高价

是指某种证券从开市到收市的交易过程中所产生的最高价格。

最低价

是指某种证券从开市到收市的交易过程中所产生的最低价格。

开盘价、收盘价、最高价、最低价如图1—5所示。

涨（跌）停

证券在一个交易日内的交易价格涨（跌）幅达到上（下）限，一般称为股价涨（跌）停。

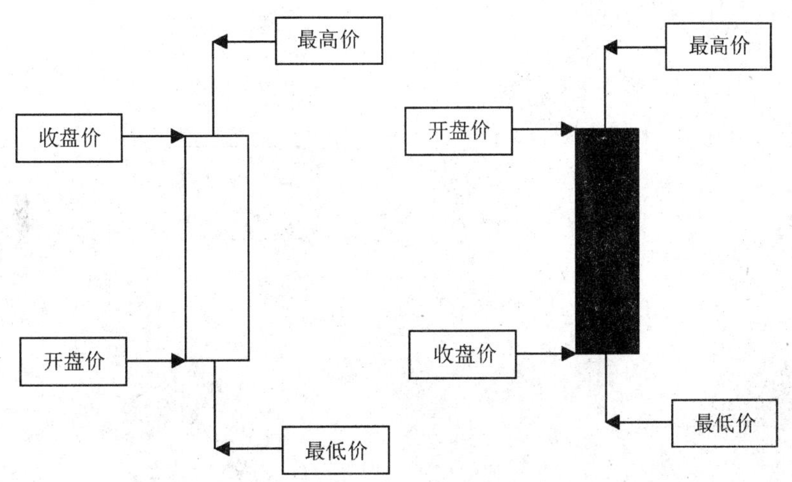

图 1—5　阳 K 线和阴 K 线

一般而言，股价涨（跌）幅不超过（低于）前一个交易日内的交易价格的 10%，ST 股票不超过（低于）5%。

集合竞价

在每个交易日上午 9:15—9:25，由投资者按照自己所能接受的心理价格自由地进行买卖申报，电脑交易主机系统对全部有效委托进行一次集中撮合处理。在集合竞价时间内的有效委托保单未成交，则自动有效进入 9:30 开始的连续竞价。一般而言，9:25—9:30 不允许撤单。

复权价

对股价和成交量进行权息修复，按照股票的实际涨跌绘制股价走势图。

如图 1—6 所示，壹桥苗业（002447）在 2011 年 7 月 4 日流通盘为 1 700 万股，价格为 64.83 元。此时该股进行“10 送 10 派 3 元”的分红。

10 送 10 之后除权报价为 32.41（64.83÷2）元，再派 3 元后的股价为 32.26（32.41−3÷20）元。所以，在当天的交易中，该股以前日收盘价 32.26 元为基础波动。

如果投资者将股价复权，则该日的价格将仍以前日收盘价 64.83 元为基础波动。

除权

上市公司对股票持有者进行送股或者配股后，造成股票价格下跌的现象。

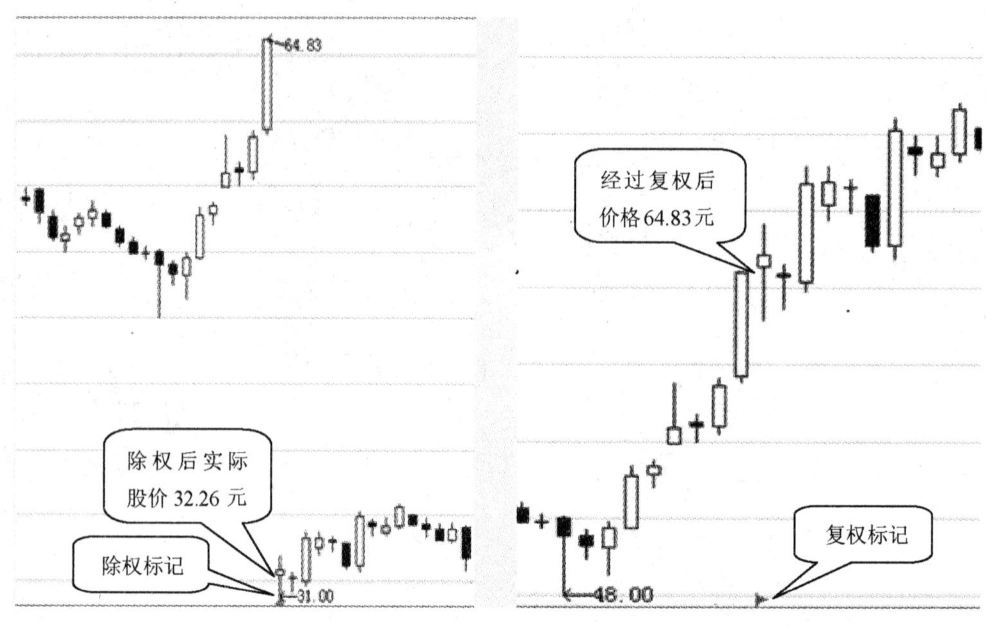

图 1—6　壹桥苗业日 K 线

除息

上市公司对股票持有者进行派送现金后，造成股票价格下跌的现象。

填权

在除权除息后的一段时间里，如果多数人对该股看好后市，该股交易市价会逐渐弥补除权除息造成的价格缺口，称为填权。

贴权

在除权除息的一段时间里，如果多数人对股票不看好，股票交易市价会低于除权（除息）基准价，这种行情称为贴权。

1.2.3　股票交易术语

看多买入

投资者看好某只股票的未来行情，所以买入股票。

看空卖出

投资者不看好某只股票的未来行情，所以卖出股票。

建仓

投资者第一次买入某只股票的行为。例如，某投资者第一次以每股5元的价格买入民生银行1 000股，可称为在民生银行上建仓。

补仓

投资者分批买入股票的行为。例如，投资者建仓买入民生银行1 000股后，再次买入5 000股。这就是补仓。

全仓

买卖股票不分批、分次，而是一次性建仓或一次性斩仓的行为。例如，投资者一次性买入民生银行6 000股，卖出时，一次性卖出6 000股。

斩仓（割肉）

买入股票后，股价开始下跌，造成亏损后卖出股票的行为。例如，第一天投资者以每股10元的价格买入民生银行，第三天股价下跌，投资者认为股价还可能继续下跌。于是，投资者当天以每股9元的价格卖出1 000股。此行为称为斩仓。

止盈

投资者买入股票后，股价开始上涨，当股价上涨接近投资者的心理预期价位时，投资者果断卖出股票的行为。此时投资者盈利。

止损

指投资者在买入股票的同时就确定好斩仓时机或者价位，一旦条件达到就卖出股票，防止亏损继续扩大的行为。

移动止损

又叫浮动止损，指投资者买入股票后，股价开始上涨，当股价上涨突破投资者的第一止盈价位后，投资者应将第一止损价位上调，该上调后的止损即为移动止损。当股价再次下跌时，移动止损价位不变，当股价跌破移动止损价位时，投资者应卖出股票。

如图1—7所示，某投资者在37.00元价位上买入东阿阿胶（000423）1 000股，买入该股票时的预设第一止盈价位为40.00元，止损价位为35.00元。当股价涨至42.40元时，投资者将止损设在与股价相差2元处，此时的移动止损价约为40.40元。随后股价没有跌破40.40元就再次上涨至47.48元，则移动止损价为45.48元。随后股价从47.48元见顶下跌。因为下跌移动止损不会降低，所以投资者应在股价跌破45.48元时卖出股票。此时，投资者盈利仍为（45.48元/股-37.00元/股）×1 000股=8 480元。

图 1—7　东阿阿胶日 K 线

套牢

买入股票后，股价下跌造成账面损失的现象。例如，投资者以每股 8 元的价格买入民生银行 1 000 股，股价下跌 3~5 元，此时投资者没有卖出股票，一般称为股票套牢。

解套

指买入股票后股价下跌暂时造成账面损失，但是以后股价又涨回来的现象。例如，以每股 6 元的价格买入民生银行 500 股，结果该股跌至每股 5 元。此后又涨到每股 10 元，此时为解套。

抢帽子

又称高抛低吸，是指当天先低价买进，等股价上升后再卖出相同种类和相同数量的股票，或当天先卖出股票，然后再以低价买进相同数量和相同种类的股票，以获取差价利益。

多杀多

普遍认为股价要上涨，于是纷纷买进，然而股价未能如期上涨时，竞相卖出而造成股价大幅下跌。

空翻多

空头确信股价已经跌到尽头，于是大量买进股票而成为多头。

多翻空

多头确信股价已经涨到顶峰，因而大批卖出手中股票成为空头。

踏空

一直认为股市会继续下挫并没有买入，结果股市一路上涨，失去一次可赚钱的机会。

坐轿

预期股价将会大涨，或者知道有主力在炒作而先买进股票，让别人去抬升股价，等股价大涨后卖出股票，自己可以不费多大力气就能赚大钱。

抬轿

认为目前股价处于低位，上升空间很大，于是积极追高买进，结果股价涨了自己没有获得这段涨幅的收益，白白给别人提供了出货良机，替别人抬了轿子。此时投资者亏损或有很小盈利。

委卖手数

已经输入证交所主机电脑欲买进某股票的委托手数。现在营业部的终端电脑显示前五档委买手数，后边的委卖手数投资者一般看不到。如目前投资者看到的卖盘一、二、三、四、五，就是在不同价位揭示欲买入股票的手数。

委买手数

已经输入证交所主机电脑欲卖出某股票的委托手数。现在营业部的终端电脑显示前五档委卖手数，后边的委买手数投资者一般看不到。如目前投资者看到的买盘一、二、三、四、五，就是在不同价位揭示欲卖出股票的手数。

1.2.4 股票退市术语

退市

上市公司由于未满足交易所有关财务等其他上市标准而主动或被动终止上市的情形，即由一家上市公司变为非上市公司。退市可分为主动性退市和被动性退市，并有复杂的退市程序。

ST

境内上市公司连续两年亏损，被进行特别处理的股票。涨跌幅度为5%。

***ST**

境内上市公司连续三年亏损，被进行特别处理的股票。涨跌幅度为5%。

三板市场

又称代办股份转让系统，是指经过中国证券业协会批准，由具有代办非上市公司股份转让业务资格的证券公司采用电子交易方式，为非上市公司和退市公司提供的特别转让服务，其服务对象为中小型高新技术企业。涨跌幅度为5%。

1.3 新手怎样入市交易

1.3.1 开户

开户即投资者开设证券账户和资金账户的行为。

要进行股票交易，投资者就要有相关的炒股专用账户。首先，投资者需要办理一个由交易所发放的，用以存放股票的股票账户。我国实行的是无纸化股票交易，股票投资者虽然是股票的拥有者，但不占有股票实物，所有的股票都采取记账式，且都按规定托管在中国证券登记结算公司或证券公司处。所以，需要先开设一个股票账户作为股票的“保管箱”，以便准确地记录股票的数量及股票的交易过程。

投资者办理了股票专用账户以后，还需要选择一个证券营业部代理股票买卖并开设资金账户。办理资金账户主要是因为投资者的资金在不用的情况下是存在银行系统里面的，当投资者买股票时就交给证券公司，卖出后的第二天就交给银行。所以投资者在证券公司需要开立一个资金账户以便保护资金安全。

实际上，股票账户和资金账户是股票投资者两种金融资产的存在形态，其中资金账户（卡）与银行账户（卡）之间的互动构成“银证转账”；股票账户与资金账户之间的互动关系表现为投资者买卖股票的过程，如图1—8所示。

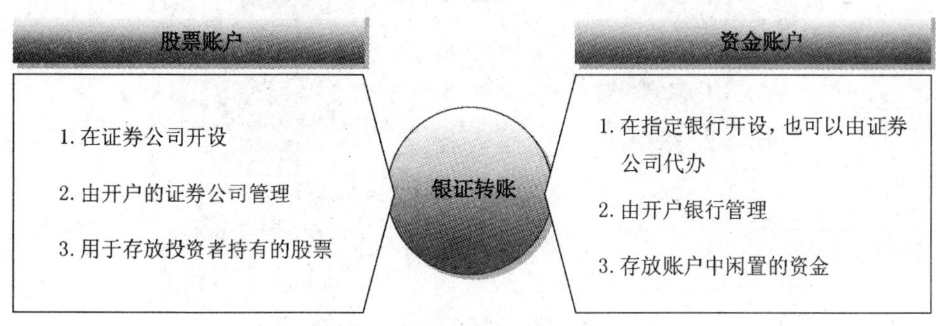

图1—8 股票账户和资金账户

1.3.2 安装交易终端

开户完成之后如何安装交易终端呢？以同花顺软件为例，投资者可以在电脑上输入网址 http://download.10jqka.com.cn/，把软件下载到电脑上。下载完后打开安装软件，双击安装程序进入安装画面。单击下一步按钮，一切按软件提示操作。

如图 1—9 所示为安装向导，这是每个软件都有的。用户只选择接受，单击下一步，即可进入下一个环节。

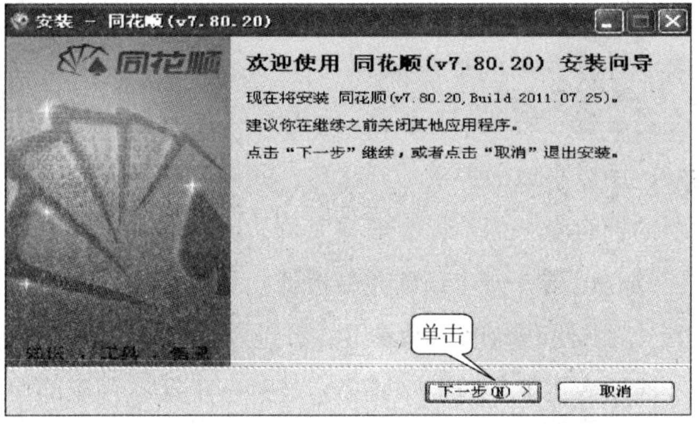

图 1—9 安装向导

切换到如图 1—10 所示的选择目标位置。默认安装目录为 D:\ 同花顺，该软件所包含的各种文件都会被默认安装到这一目录下，此外，也可以单击该界面中的“浏览”按钮来自行选择安装目录，随后单击“下一步”按钮。

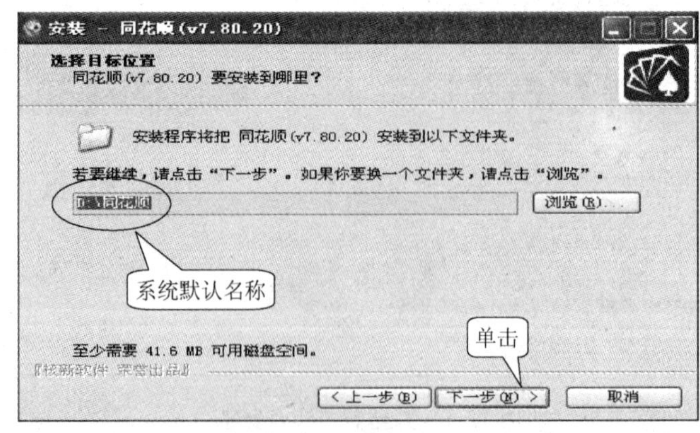

图 1—10 选择目标位置

如图1—11所示，选择附加任务是将用户之前的选择总结并列表，提示用户认真核对。用户核对完成后单击下一步完成安装。证券交易软件和行情软件就安装到电脑上了。

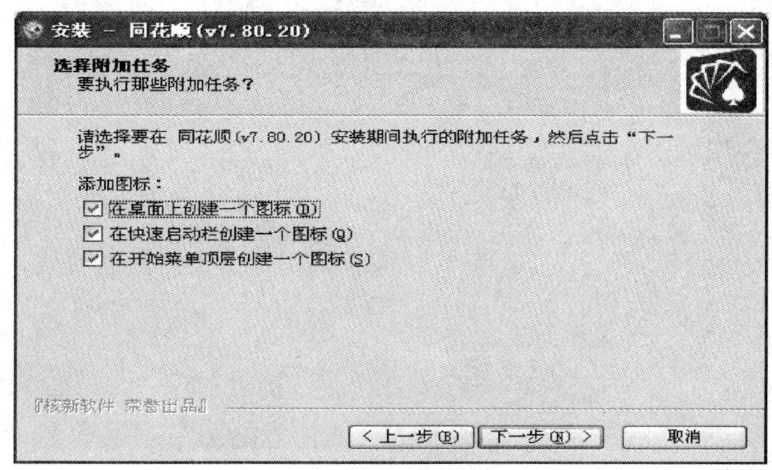

图1—11 选择附加任务

安装软件后，投资者首先要弄清楚的是怎样用这个软件进行交易。首先打开同花顺软件，登录界面如图1—12所示。

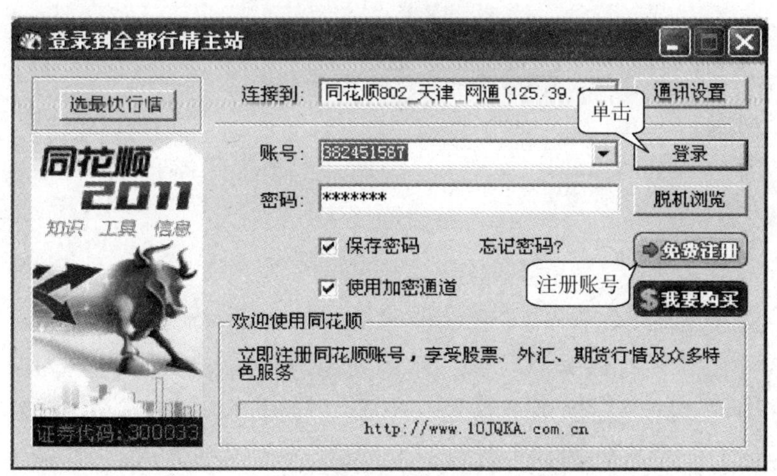

图1—12 登录界面

在图1—12中，投资者需要注册一个免费账号，单击免费注册，在网上输入相关选项后，设置好密码。设置完成后，在登录界面输入账号和密码，单击登录。

登录后，会显示如图 1—13 所示的自选报价界面。要想买卖股票，投资者可以单击“买”键或“卖”键进入交易登录界面。也可按键盘上的 F12 键。

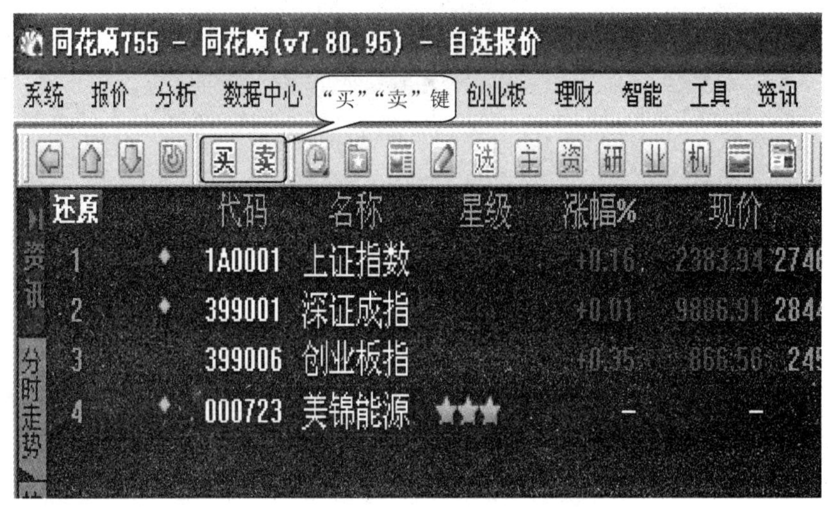

图 1—13　自选报价界面

切换到如图 1—14 所示的资金账户登录界面。此时投资者可以单击“添加主站”菜单中的“添加”，从弹出窗口中选择自己的营业部，并将其添加到委托程序中。

图 1—14　资金账户登录界面

切换到如图 1—15 和图 1—16 所示，设置自己开户的券商和营业部，单击确定。

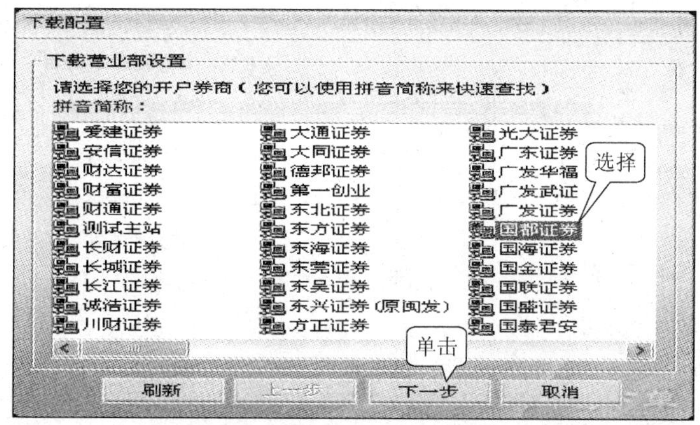

图 1—15　选择证券公司

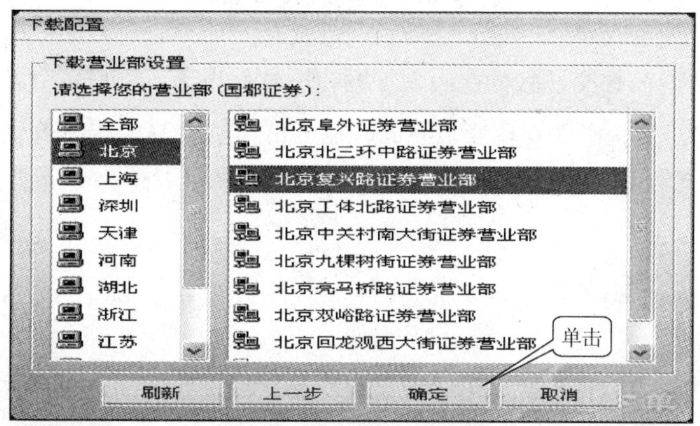

图 1—16　下载营业部设置

如图 1—17 所示，出现“核新下单—北京复兴路证券营业部”就表明嵌入完成。单击确定即可进入如图 1—18 所示界面。

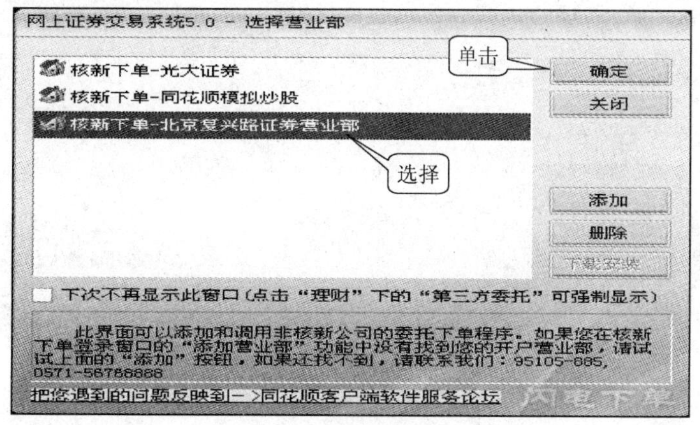

图 1—17　核新下单

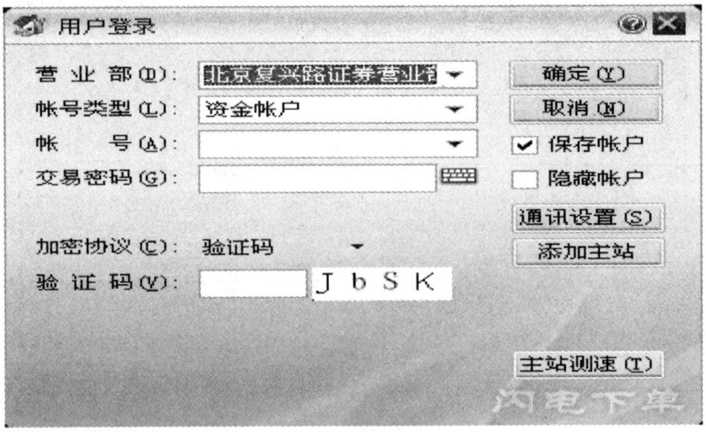

图 1—18　交易终端登录界面

至此，该证券公司交易软件便嵌入在同花顺软件里面。用户可直接在打开同花顺软件后按【F12】键，出现委托登录界面，输入账号、交易密码、验证码后就会进入交易界面。

1.3.3　委托成交

用户将行情交易软件下载到电脑上或将交易软件嵌入到同花顺软件中后。下一步就是要打开软件进行交易。打开软件后，按【F12】键即可进入如图 1—19 所示界面。

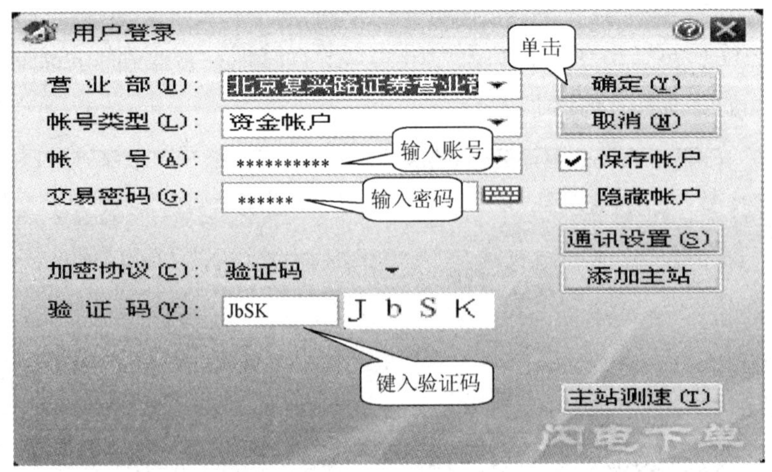

图 1—19　用户登录界面

用户将开户账号、交易密码、验证码逐次键入，单击确定。即可以进入交易系统的界面。

如图 1—20 所示，在该界面中单击买入股票选项键，进入买入股票菜单。在证券代码处输入想买的股票，例如输入股票代码 600093，此时证券名称自动变为禾嘉股份。假定资金余额为 198 449. 25 元，设定委托买入价格为 6. 28 元，可买数量为 31 500 股。暂定买入数量为 100 股，则买入金额为 634 元，此金额为加上手续费后的所有支出金额。

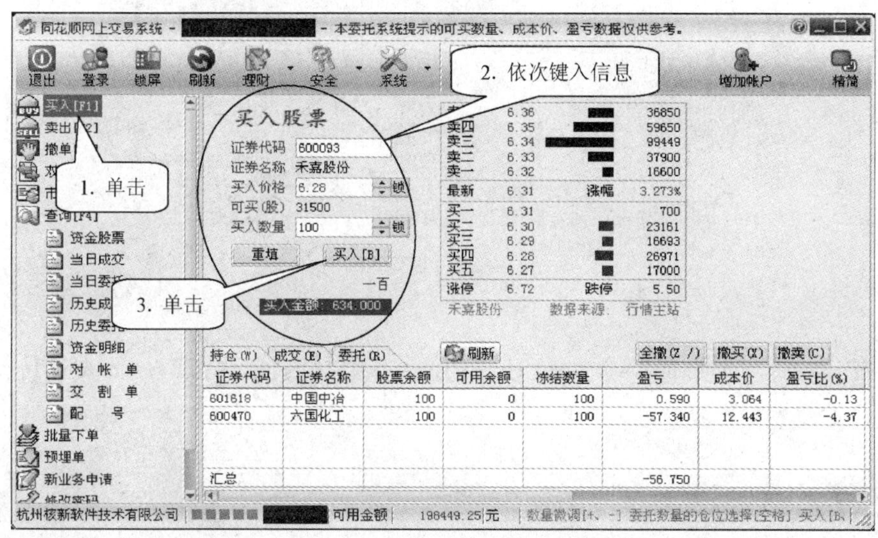

图 1—20　交易系统

单击买入后，出现如图 1—21 所示界面。

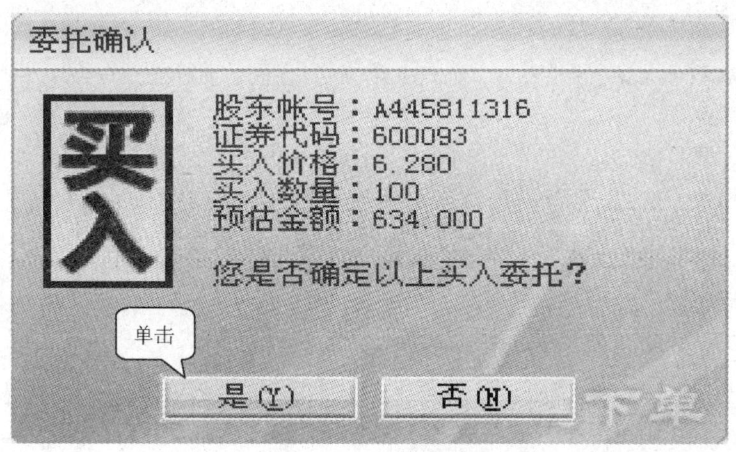

图 1—21　委托确认

这个委托确认界面是为了防止投资者输入信息错误。将图中的信息一一核对后，单击确认，可以进入下一界面。如图1—22所示，提示确认委托成交，单击确定则进入下一界面。

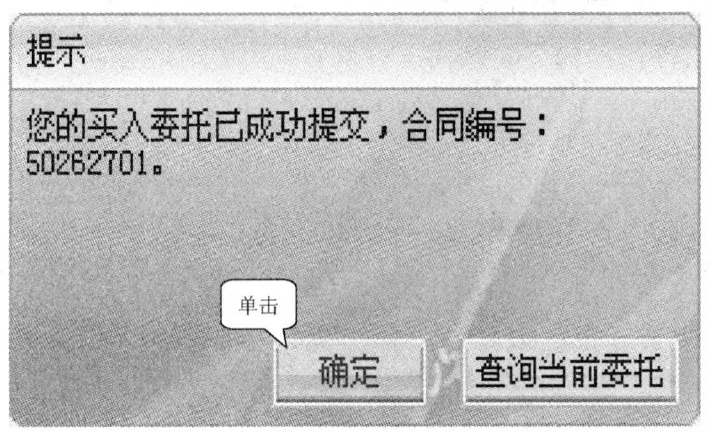

图1—22 提示确认

委托成功，交易界面会有如图1—23所示，委托时间14:22:44，委托价格6.28元，未成交状态。

委托时间	证券代码	证券名称	操作	备注	委托数量	成交数量	撤消数量	委托价格	订单类型	▲成交均价	合同编号
明细 14:22:44	600093	禾嘉股份	买入	未成交	100	0	0	6.280	限价	0.000	50262701

图1—23 委托下单

随后委托成交，如图1—24所示，成交数量100股。手续费0.63元，印花税单向征收，卖出时收取成交金额的0.1%。

成交日期	证券代码	▲ 证券名称	操作	成交数量	成交均价	成交金额	发生金额	手续费	印花税	合同编号
20110928	600093	禾嘉股份	买入	100	6.280	628.000	628.730	0.630	0.000	50262701

图1—24 委托成交

如图1—25所示，在相应地扣除一些费用后，其成本价略有上涨。买入股票后，股价下跌，亏损4.73元，跌幅为0.75%，可用余额股数为买股票后的第二日可卖出股数，一般以100的整数倍买入或卖出。

证券代码	证券名称	股票余额	可用余额	冻结数量	盈亏	成本价	盈亏比(%)	市价	市值	交易市场
600093	禾嘉股份	100	100	0	-4.730	6.287	-0.75	6.240	624.000	上海A股

图1—25 禾嘉股份持仓

1.3.4 打新股交易

现阶段，我国证券市场正处于加速扩容阶段，新股源源不断。即使在股票交易疲软的时候，新股申购也能给投资者带来不错的效益。这里简要讲解一下如何打新股。

前面讲述了如何进行委托交易，其实新股申购跟买股票是一个道理，只是申购的代码跟买入股票的代码有区别。通常而言，申购数量和单位还有特别规定。沪市规定每一申购单位为1 000股，申购数量不少于1 000股，或者是1 000股的整数倍。有的上市公司还规定申购上限。深市规定每一申购单位为500股，每一证券账户申购委托不少于500股，超过500股的必须是500股的整数倍，且不能超过发行公告中所规定的申购数量上限，否则视为无效申购。

单一证券账户只能申购一次，一经申报不能撤单。同一账户的多次申购委托，除第一次申购外，均视为无效申购。

那么申购新股后，何时才能看到有没有中签呢？新股申购流程如图1—26所示。

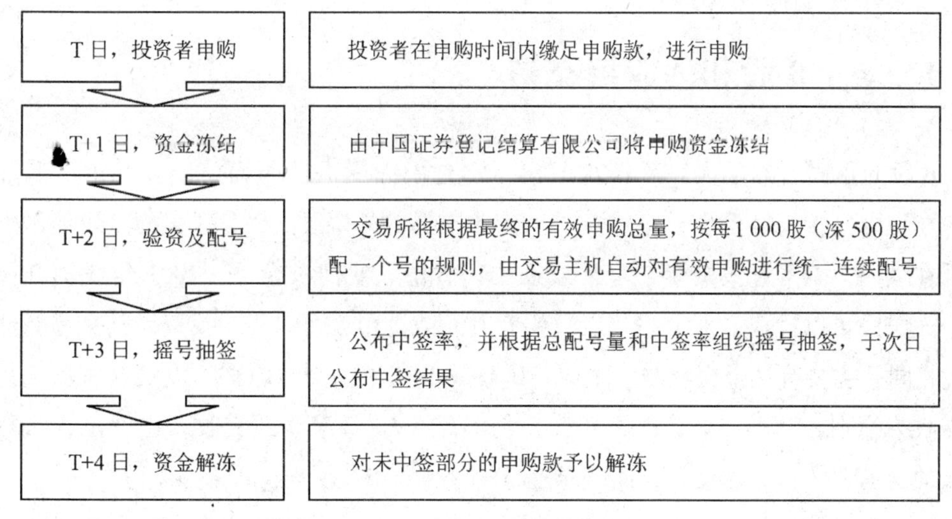

图1—26 新股申购流程

如图1—27所示，凤凰传媒申购价8.80元。如果投资者申购3 000股，将被冻结资金26 505.60元。在T+2日，投资者可以获得连续3个配号。在T+3日，投资者可以知道自己的号码有没有中签。如果申购不成功，在T+4日这些资金会被解冻。如果申购成功，在新股上市当日投资者就可以将账户中的股票卖出。

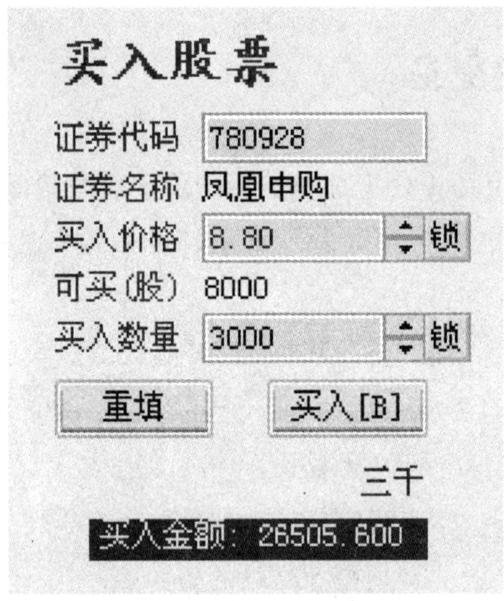

图 1—27　凤凰传媒申购

在新股频繁发行的过程中，投资者可以不断打新股交易。这也是稳健投资者投资股市的一个途径。打新股过程中投资者要注意坚持不懈、不贪不躁、理性交易。

1.3.5　B 股和创业板交易

B 股的正式名称是人民币特种股票。它是以人民币标明面值，以外币认购和买卖，在境内（上海、深圳）证券交易所上市交易的外资股。B 股公司的注册地和上市地都在境内，只不过投资者在境外或在中国香港、澳门及台湾。2001 年我国开放境内个人居民可以投资 B 股，投资者只要有美元或港币就可以开户投资。其交易时间与 A 股相同，主要有一个交收制度不同。B 股是 T+3 滚动交收原则，以实现每项交易如期交收为原则，对每一交易日的 B 股交易实施 T+3 日滚动式交收，也就是说投资者今天的交易要 3 日后才交收，而 A 股是 T+1。

创业板是地位仅次于主板市场的二板证券市场，在我国特指深圳创业板。在上市门槛、监管制度、信息披露、交易者条件、投资风险等方面和主板市场有较大区别。其目的主要是扶持中小企业，尤其是高成长性企业，为风险投资和创投企业建立正常的退出机制，为自主创新国家战略提供融资平台，为多层次的资本市场体系建设添砖加瓦。

投资者要想购买创业板市场股票需要另外向证券公司申请。经过专门的考核后才可以自由买卖创业板股票。

1.3.6 基金交易

基金交易是以基金为对象进行的流通转让活动。买入包括认购、申购、定投等；卖出包括赎回、清算等。

（1）认购

是指投资者在开放式基金募集期间、基金尚未成立时购买基金份额的过程。通常认购价为基金份额面值（1元/份）加上一定的销售费用。投资者认购基金应在基金销售点填写认购申请书，交付认购款项。

（2）申购

基金申购是指投资者到基金管理公司或选定的基金代销机构开设基金账户，按照规定的程序申请购买基金份额的行为。

（3）定投

基金定投是定期定额投资基金的简称，是指在固定的时间以固定的金额投资到指定的开放式基金中，类似于银行的零存整取方式。

投资者在证券公司开通股票交易账户后，可在交易软件界面开通开放式基金交易。当开通基金交易后，投资者就可以申购、赎回开放式基金了。在股票市场上，也有一些上市基金，投资者也可以像买股票一样买卖基金进行交易。

（4）赎回

是指投资者以自身名义直接或透过代理机构向基金管理公司要求部分或全部退出基金的投资，要求将资金汇至投资者的账户内。

（5）清算

一般是指封闭式基金。该类基金有年限，年限到期后，会进行净值清算。终止运行或转为开放式。

➲ 延伸阅读

封闭式基金和开放式基金

基金按照交易方式的不同可以分为封闭式基金和开放式基金。

封闭式基金有特定的赎回期。在基金发售成功后、赎回期到来之前，投资者不能在基金公司申购或者赎回，只能把基金拿到公开的证券市场上交易。一般投资者在证券公司开设的股票账户就可以交易这种基金。

开放式基金没有特定的赎回期。在规定时段内，投资者都可以自由在基金公司申购、赎回。开放式基金的交易渠道有基金公司直销、银行代销、证券公司代销等。投资者购买开放式基金需要开设专门的基金账户。

1.4 用炒股软件交易股票

“工欲善其事，必先利其器”，一个得心应手的股票行情分析软件可以让投资者在分析股市走向时获得更为实时全面的信息，更加精准地捕捉个股买卖时机。

市场中，有些傻瓜式的易用软件会直接为投资者出谋划策，给出买卖的建议。然而，对投资者来说，比较正确，或者实在的用法，应该是挑选一款性能稳定、信息准确的软件，结合自己的炒股经验，经过摸索之后，形成一套行之有效的应用法则，那样才是值得信赖的办法。而机械地轻信软件自动发出的进场离场信号，往往会谬以千里。

1.4.1 炒股软件的优势

网络炒股软件提供了强大的功能平台，帮助投资者提升分析决策能力。炒股软件是行情显示、行情分析并同时进行信息即时接收的证券信息平台。

用炒股软件有以下几点好处：

（1）实时观察行情

炒股最重要的就是把握时机，而股票的行情更是大家进行各种分析、判断和进行交易操作的依据。尤其是股市变化莫测，行情更是变化多端，利用网络能实时掌握行情，有利于投资者在适当的时机进行股票的买入或卖出。

（2）掌握最新信息

使用炒股软件炒股，一些内容提供商会实时发布一些最新的和股票、股市相关的信息，而这些信息往往是影响股票涨跌的一种因素。投资者可以通过掌握这些信息来分析走势和决定下一步的行动。

（3）实时交易

在股票市场里，每分钟甚至每秒钟都会发生很多变化，早一分钟根据行情进行交易，就能早一分钟实现收益。用炒股软件炒股可以进行实时委托交易，不用再到交易所排队或打电话等待信息，进而实现轻松交易，更加方便了投资者。

（4）方便选股

投资者要进行股票交易就要做一些必要的技术分析，分析为何要选择此股票，分析此股票的风险和利润等。利用电脑或软件中自带的计算器来进行公式计算或者数据处理，就能轻松解决一些令人头疼的技术分析数据，大大方便了投资者。

由于股票数量众多，人为逐个查看选择既费时费力，又难免出现差错和遗漏。利用炒股软件进行快速、准确的数据分析，正好可以满足投资者的要求。

1.4.2 常用炒股软件

 大智慧股票行情软件	大智慧炒股软件是一个集行情揭示、资讯咨询、技术分析和盘面检测等功能于一体的软件平台，它用户多、使用广并且信息全面，它将证券、期货以及外汇有机整合在一起，是投资者的投资利器
 钱龙旗舰版证券行情软件	钱龙证券行情软件是上海钱龙网络科技公司推出的基于互联网的证券行情分析软件。它集深、沪实时行情、资讯、分析、选股等功能于一体。人性化的界面和操作设计更容易上手，可以简化投资者的操作步骤
 通达信网上交易系统券商集成版	通达信软件是多功能的证券信息平台，与其他行情软件相比，有简洁的界面和行情更新速度较快等优点。通达信还有一个有用的功能，就是“在线人气”，可以更直接了解各个股票的关注度
 同花顺证券行情软件	同花顺证券行情软件是目前最受投资者欢迎的免费炒股软件。同花顺全面支持创业板行情查询和新股申购、委托交易等功能，能够满足投资者炒股需要的行情、数据、交易、社区、资讯等功能
 指南针证券行情软件	指南针是中国最早的证券信息服务商之一，指南针推出的筹码分布和主力成本分析理论，是指南针早期对中国证券研究市场最大的贡献之一，并成为证券分析领域的标杆

1.4.3 炒股软件安装启动

前边我们曾介绍过同花顺软件的安装过程。下面我们再以大智慧软件为例，来介绍一下炒股软件的安装和启动。

首先，投资者可以从大智慧的官方网站上下载大智慧新一代软件，对所下载的软件包解压后就可以安装运行了。通过与前边同花顺软件类似的安装过程，投资者可以将大智慧软件安装在自己的电脑上。

安装完成后，桌面上会显示如图1—28所示的快捷方式。随后可通过双击桌面上的快捷方式启动并运行此软件了。

图1—28 大智慧快捷键

软件启动后会出现如图1—29所示界面，账号、密码或许与图示不一样，但投资者不需要更改，直接点击“用户登录”即可，此时即正式启动大智慧炒股软件。

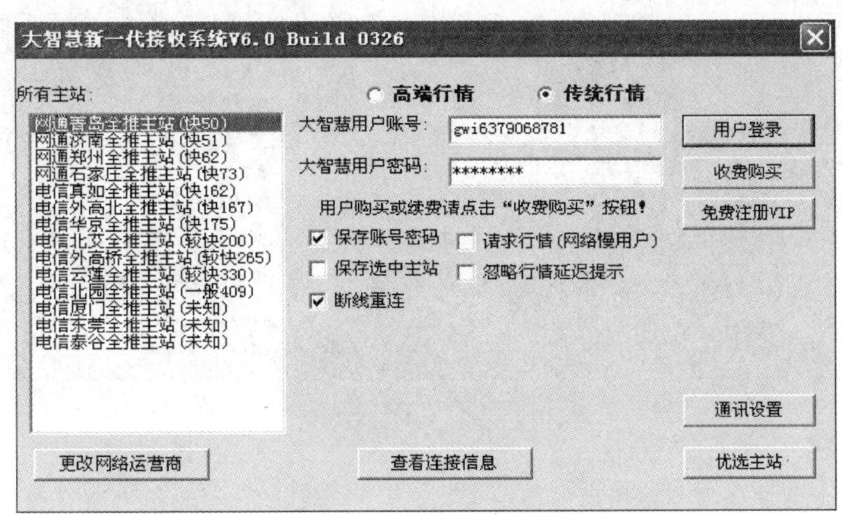

图1—29 大智慧登录界面

➲ 延伸阅读

全　推

全推行情是大智慧软件的一大特色。部分投资者暂时用不到的行情数据，大智慧软件也会自动下载到电脑上。这样做的优点是投资者查看行情时时不用再从服务器下载，更加快速。但缺点是占用网络带宽和硬盘空间都比较大。

1.4.4　用炒股软件看行情走向

通过炒股软件，投资者可以清楚地看到市场行情的整体走向。包括一些综合排名信息和不同板块的涨跌情况。

（1）查看综合排名

如图1—30所示，在菜单栏里单击“查看”按钮，在下拉菜单里有综合排名，短线精灵、公告新闻、实时观察、消息中心等信息菜单，可供投资者查看。其中短线精灵、消息中心可以选中实时查看，实时观察伴随软件自动进入实时查看选项。

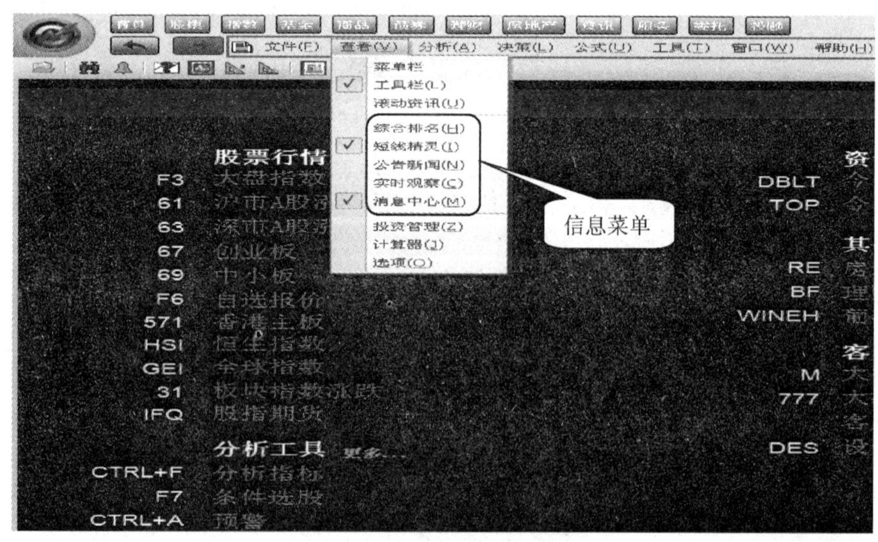

图1—30　大智慧菜单键

投资者单击查看菜单栏里的“综合排名”可得到沪、深股市上所有股票的综合排名信息。

如图 1—31 所示，在综合排名“今日涨幅排名”中，浙报传媒（600633）开盘上涨，涨幅较大，激进短线投资者可以买入股票，股票强势拉停，待明日开盘拉高卖出。稳健投资者可以暂不介入。继续观察，等待获得更多信息后再进行股票买卖。

上证A股综合排名

今日涨幅排名			5分钟涨幅排名			委比正序排名		
浙报传媒	12.99	6.04%	宁波富邦	11.19	3.85%	ST博元	13.19	100.00%
ST博元	13.19	5.02%	光电股份	30.20	2.25%	莱钢股份	7.35	86.40%
南钢股份	3.57	3.48%	凤凰光学	10.18	2.07%	*ST盛工	15.22	85.48%
北矿磁材	18.00	2.86%	*ST通葡	9.37	2.05%	片仔癀	60.05	84.00%
宁波富邦	11.19	2.57%	*ST石岘	5.64	1.79%	华胜天成	13.02	82.16%
百利电气	15.28	2.34%	ST兴 业	8.74	1.63%	中茵股份	8.78	81.60%
今日跌幅排名			5分钟跌幅排名			委比逆序排名		
晋西车轴	10.89	-7.79%	晋亿实业	11.29	-6.24%	ST筑信	6.54	-100.00%
晋亿实业	11.29	-6.00%	晋西车轴	10.89	-3.90%	中国嘉陵	7.59	-97.83%
赛轮股份	7.88	-5.52%	新太科技	9.81	-3.57%	恒生电子	-	-87.63%
天业股份	10.59	-5.11%	永生投资	12.65	-2.80%	西部矿业	12.39	-85.51%
珠江实业	7.49	-4.95%	ST金泰	6.38	-2.70%	用友软件	21.68	-85.02%
ST筑信	6.54	-4.94%	老白干酒	26.51	-2.67%	湘邮科技	10.48	-83.04%
今日振幅排名			今日量比排名			总金额排名		
晋亿实业	11.29	8.66%	浙报传媒	12.99	45.92	浙报传媒	12.99	5555
晋西车轴	10.89	7.71%	赛轮股份	7.88	29.79	平煤股份	13.70	5302
哈飞股份	22.80	5.40%	广电信息	11.80	21.76	长城汽车	12.10	4082
宁波富邦	11.19	4.95%	新钢股份	5.61	16.58	盘江股份	30.20	3325
永生投资	12.65	4.84%	ST筑信	6.54	15.21	方正证券	6.70	3273
浙报传媒	12.99	4.49%	自仪股份	9.69	14.01	招商银行	11.12	2965

图 1—31　综合排名

（2）查看板块排名

投资者也可用炒股软件看行情走向，单击板块指数，得到软件所列所有板块。在该板块指数中，单击涨幅排行得到板块行情涨幅榜。此时投资者可通过实时行情找出该时段的板块热门股，通过进一步对热门股的挖掘得到未涨的同板块股票，从而找到适合自己买入的股票，如图 1—32 所示。

行情　上证指数　深证A股　金期指　创业板　沪深A股　沪深B股　沪深权证　AH股　板块指数　自定指数

序号	代码	名称●¤	昨收	最新	涨跌	涨幅↓	现手	昨收	今开	最高	最低
1	993759	水利建设¤	1943.16	1993.24	+50.08	2.58%	[illegible]	1943.16	1959.66	2010.82	1959.65
2	991021	农林牧渔¤	3324.13	3383.99	+59.86	1.80%	[illegible]	[illegible]	[illegible]	[illegible]	325.72
3	993751	百元股	2748.20	2791.94	+43.75	1.59%	[illegible]	[illegible]	[illegible]	[illegible]	745.65
4	991010	供水供气¤	2510.63	2537.83	+27.21	1.08%	642	2510.63	2527.02	2549.35	2522.72
5	993619	云南	2650.31	2678.42	+28.11	1.06%	1038	2650.31	2661.27	2700.81	2644.44
6	993142	高价	6693.48	6751.10	+57.62	0.86%	340	6693.48	6698.09	6774.08	6698.09
7	993597	智能电网¤	4018.58	4043.28	+24.70	0.61%	447	4018.58	4014.89	4081.51	4014.89
8	991020	酿酒食品¤	7602.42	7647.82	+45.39	0.60%	1340	7602.42	7604.53	7681.10	7590.54
9	991036	券商　¤	2582.51	2595.90	+13.39	0.52%	598	2582.51	2596.20	2627.05	2584.38
10	993128	农业龙头¤	3670.70	3687.57	+16.87	0.46%	995	3670.70	3673.98	3707.19	3667.56
11	993686	期货　¤	1999.01	2006.84	+7.83	0.39%	1125	1999.01	2010.83	2029.27	2000.46
12	993623	西部开发	3168.73	3177.82	+9.09	0.29%	5907	3168.73	3173.76	3198.23	3167.43
13	991019	煤炭石油¤	3052.75	3061.16	+8.41	0.28%	1008	3052.75	3058.56	3091.03	3055.47
14	993798	煤化工　¤	2823.24	2830.82	+7.58	0.27%	906	2823.24	2827.68	2853.91	2821.26
15	991033	仪电仪表¤	3732.67	3739.10	+6.44	0.17%	2836	3732.67	3736.68	3774.38	3732.86
16	993703	增持回购	3353.32	3358.63	+5.30	0.16%	11128	3353.32	3356.63	3388.90	3356.63
17	991028	医药　¤	3492.89	3498.24	+5.35	0.15%	2142	3492.89	3496.22	3519.68	3481.32
18	993601	IGCC	2955.96	2960.41	+4.45	0.15%	435	2955.96	2962.95	2978.49	2938.41
19	993736	核电　¤	2376.06	2379.51	+3.45	0.15%	644	2376.06	2382.75	2400.75	2374.41
20	993580	CDM项目¤	2766.15	2770.06	+3.91	0.14%	1719	2766.15	2769.67	2798.82	2762.74
21	993450	成渝特区	4088.76	4093.16	+4.40	0.11%	5257	4088.76	4092.58	4121.24	4074.60
22	993645	节能环保¤	4175.80	4180.24	+4.45	0.11%	3609	4175.80	4185.72	4221.23	4177.78
23	993647	电力设备¤	2544.44	2546.03	+1.58	0.06%	2447	2544.44	2546.42	2571.70	2543.06
24	993245	大智慧88	4584.84	4587.37	+2.53	0.06%	11075	4584.84	4589.46	4627.27	4586.16

单击涨幅，得到板块行情涨幅榜

图 1—32　板块指数排行榜

➲ 操作提高

炒股软件中查看综合排名的快捷键为“80”。相应地，“81”“83”“87”“89”分别为上证A股、深证A股、创业板、中小板股票的综合排名。

炒股软件中查看板块涨幅排名的快捷键为“31”。在板块排名中，投资者将光标移动到某个板块上按空格键后，可以查看该板块中所有股票的涨幅排名。

1.4.5 用炒股软件看大盘和个股

（1）用炒股软件看大盘

用炒股软件查看大盘行情，可以通过大智慧菜单键界面的大盘指数或按键盘上的【F3】键，即可进入上证指数行情界面，如图1—33所示。

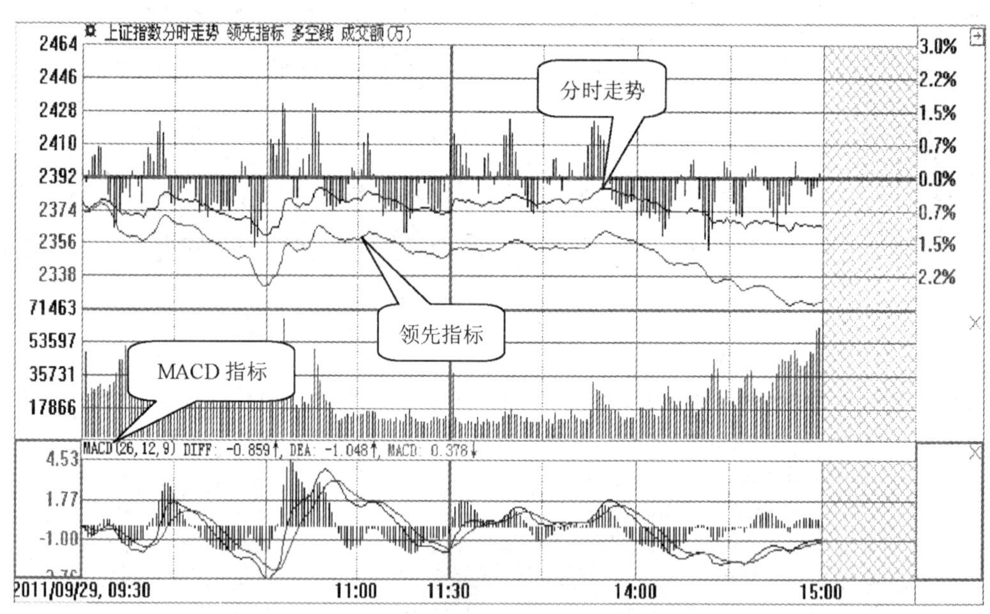

图1—33 大盘分时走势图

大盘分时走势图，又称大盘即时走势、大盘当日分时走势，其中分时走势图中的上证指数是上海证券交易所综合指数的当日走势情况。领先指标是不含加权的上证指数，其变动幅度主要受价格变动影响，与公司股份无关。简而言之，领先指标反映中小盘价格走向，分时走势反映权重股价格走向。大盘指标曲线图是大盘走势图下面的指标曲线图窗口，可以输入各类曲线技术指标以供查看，例如MACD、KDJ等指标。

➲ 操作提高

炒股软件中查看上证指数的快捷键为【F3】，查看深证指数的快捷键为【F4】。投资者也可以通过输入该指数的汉语拼音缩写加回车键查看相应指数。例如，通过输入“hs300”+回车，可以查看沪深300指数。

（2）用炒股软件看个股

在股票行情列表界面，投资者双击任意股票的名称，就可以进入该股分时走势界面，如图1—34所示。个股分时走势图与大盘分时走势基本相同，都包括上边的分时走势图和下边的曲线图。

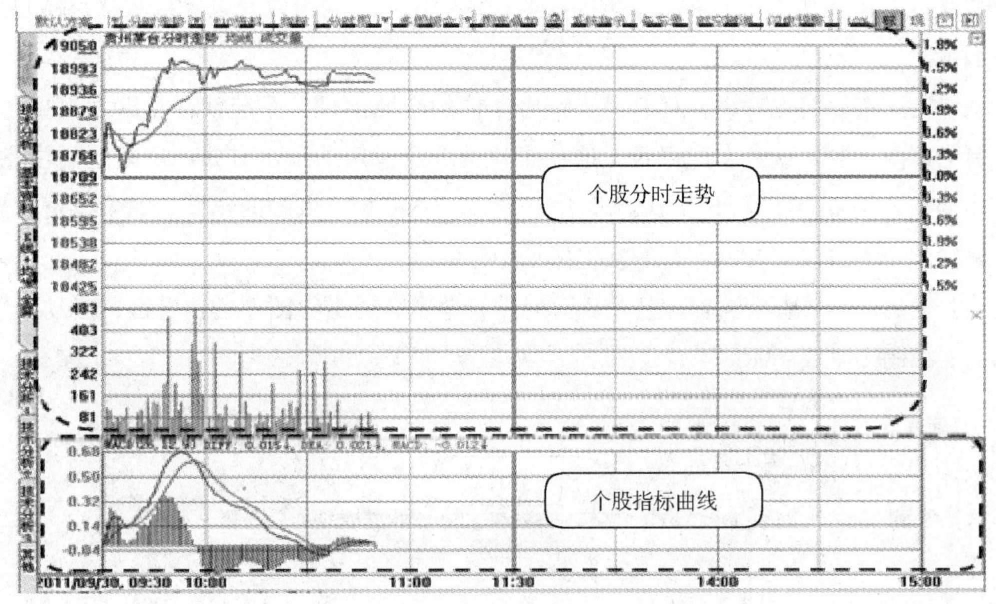

图1—34 个股分时走势图和曲线图

➲ 操作提高

除了双击股票名称外，投资者可以输入想要了解的股票名称或者代码查看股票分时图。例如，股票名称是贵州茅台，在界面输入栏中输入贵州茅台的四个首写字母“gzmt”或者输入股票代码“600519”，然后按回车键即可查看相应信息。

1.4.6 用炒股软件做股票预警

怎样设置个股预警？股市中的股票很多，投资者不可能每只股票都能监视到，这就有可能错失良机。为了减少这种错失良机带来的损失，投资者可以通过“个股预警”来帮助自己。

个股预警可以按照投资者拟定的条件与范围监控股票，通过这种方式，投资者几乎可以监控到任何值得注意的情况。

大智慧的个股预警有六个监控条件，分别是价格预警、涨跌幅预警、短线精灵预警、选股条件预警、交易系统预警、组合条件预警。投资者可以自由设定监控的范围，既可以将 A 股的所有股票都设定在监控的范围内，也可以只设定自己感兴趣的几只股票。

设定个股预警之后，一旦有符合预警条件的个股出现，系统就会立即发出提示，或者立即弹出窗口或者发出声音，这在于投资者所设定的提示方式。但是也要注意，太多的预警设置会降低预警的反应速度，所以，不要加入太多的预警。如果投资者想要删除预警，可以直接从窗口的预警记录中删除。

如何启动个股预警？首先切换到分时图，单击分时走势图上的预警键，启动个股预警，如图 1—35 所示。

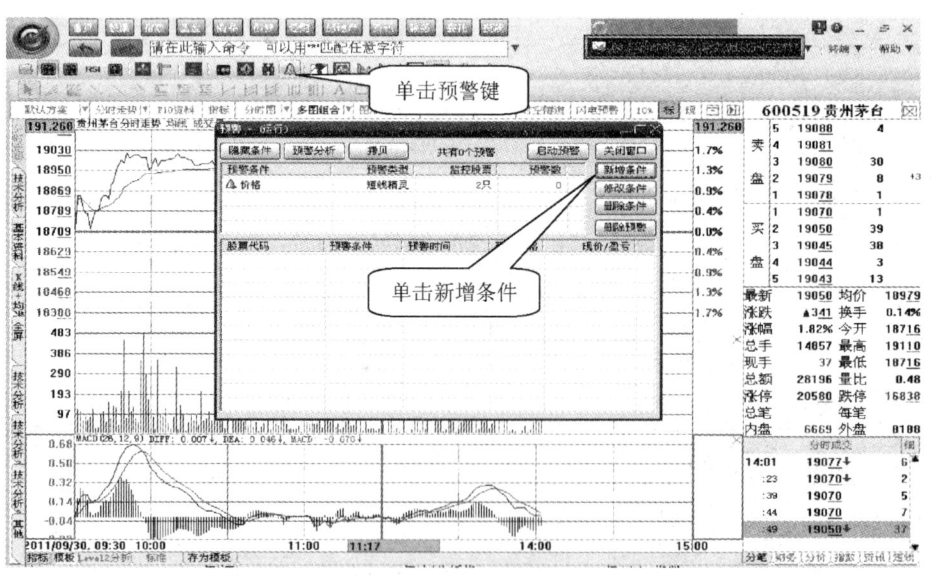

图 1—35 预警

点击“预警”界面上的“新增条件”按钮，界面会切换到如图 1—36 所示。

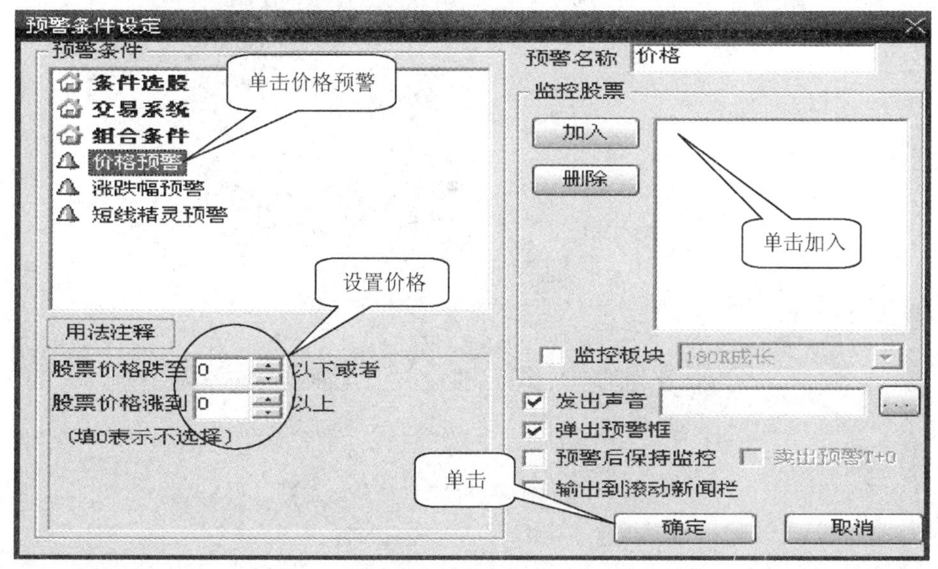

图 1—36　预警条件设定

设置预警条件，点击“预警条件”界面上的“价格预警”，来设定预警条件。设置成功以后，点击“加入”到监控股票栏，再单击“确定”键，返回到个股预警界面。

1.4.7　用炒股软件分析涨跌趋势

投资者可以通过软件轻松地分析当前股价涨跌趋势。下边为投资者介绍一种利用画线工具分析股价涨跌趋势的简单方法。

中国平安日 K 线如图 1—37 所示。中国平安的股价趋势是下跌的，投资者可以单击文件菜单里面的“查看”按钮，出现下拉菜单，选择“画线工具”按钮，出现如图 1—38 所示的画线工具一览。

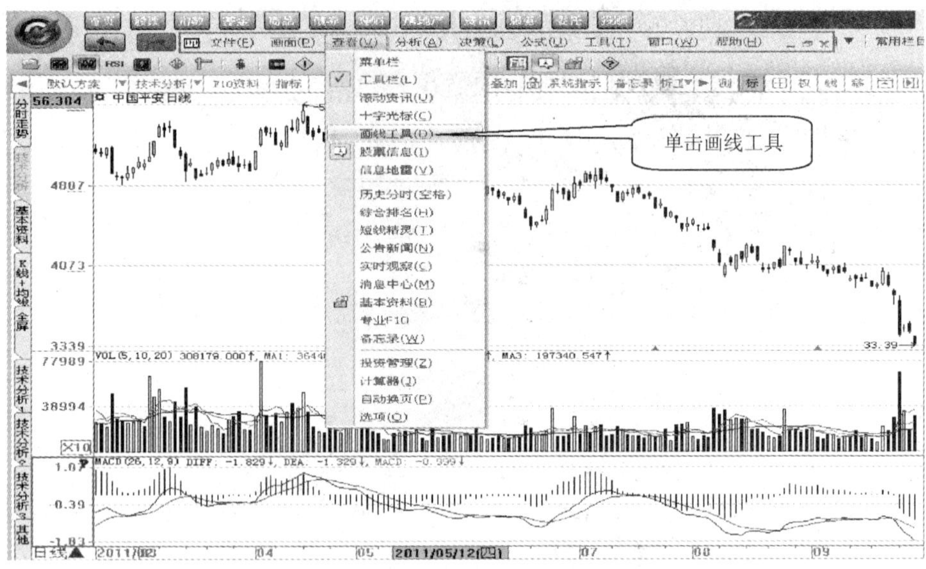

图 1—37　中国平安日 K 线

图 1—38　画线工具

用户可以单击画线工具中的“趋势线”按钮。用趋势线沿 K 线相邻的两个高点画一条趋势线，沿 K 线相邻两个低点画一条趋势线，得出如图 1—39 所示界面。

当股价跌破下档趋势线时，说明股价跌破下档支撑，股价会出现更弱的走势。

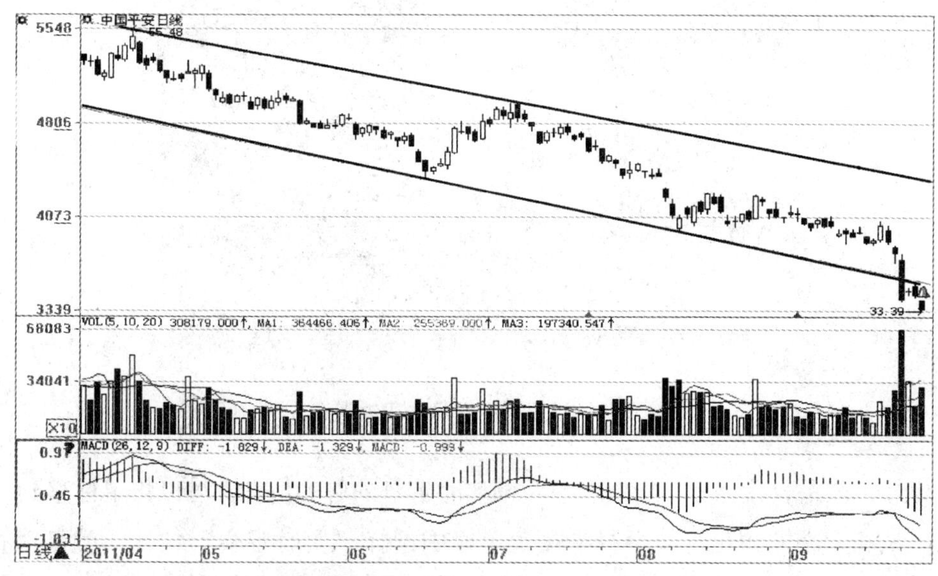

图 1—39 中国平安日 K 线

1.4.8 用炒股软件看信息

投资者用炒股软件可以看股票基本信息，最常用的方法是在个股界面按【F10】键转换到基本资料界面，从中可以查看该股各个方面的消息。如图 1—40 所示为浦发银行 F10 资料界面。

浦发银行	操盘必读	财务透视	主营构成	行业新闻	大事提醒	八面来风	公司概况	管 理 层
600000	最新季报	股东进出	股本分红	资本运作	行业地位	信息快讯	回顾展望	盈利预测

◆ 最新指标（三季报）◆ ◇万国测评制作:更新时间:2011-12-05◇

每股收益 (元):1.0670	目前流通(万股) :1492277.71
每股净资产 (元):7.4820	总 股 本(万股) :1865347.14
每股公积金 (元):3.0877	主营收入同比增长(%):37.38
每股未分配利润(元):1.3688	净利润同比增长(%) :34.19
每股经营现金流(元):2.1810	净资产收益率(%) :14.27
2011中期每股收益(元):0.6900	净利润同比增长(%) :41.83
2011中期主营收入(万元):3186510.80	主营收入同比增长(%):40.06
2011中期每股经营现金流(元):0.5230	净资产收益率(%) :9.96

图 1—40 浦发银行 F10 资料

除了 F10 资料外，投资者还可以阅读股票软件自动更新信息。通过股票软件“实时观察”了解最新股市分析信息。大智慧软件在盘中的时候，会定时由分析师发布最新的股市动态信息，如图 1—41 所示。

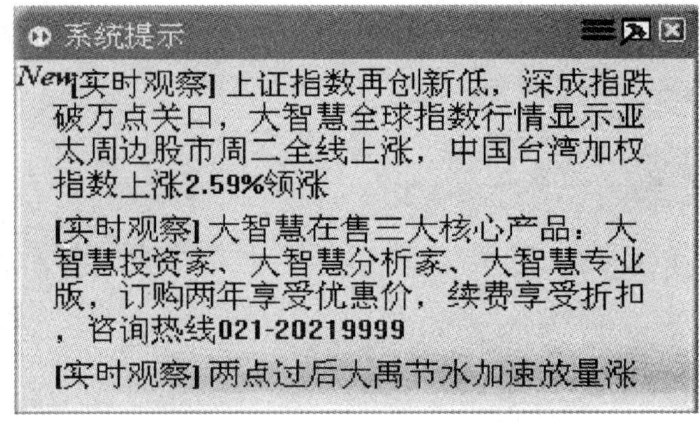

图1—41　系统提示之实时观察

另外，如果收盘之后，投资者想观察实时解盘的有关信息，可以将鼠标移到“大智慧”按钮，在右边出现菜单栏，在菜单栏中选择“实时观察”按钮，就可以查看当日信息的全部内容。“信息地雷”是大智慧的独有功能，只要盘中出现重要市场评论即预测、买卖参考等内容，在大智慧的行情列表、走势图甚至排名列表中都可以看到地雷标志。

想查看所出现的地雷，鼠标移到相应的位置，即可显示标题，如果想查看详细内容，单击即可。在菜单栏中，选择大智慧“查看”按钮，在其下拉菜单栏中选择“实时观察”，如图1—42所示。

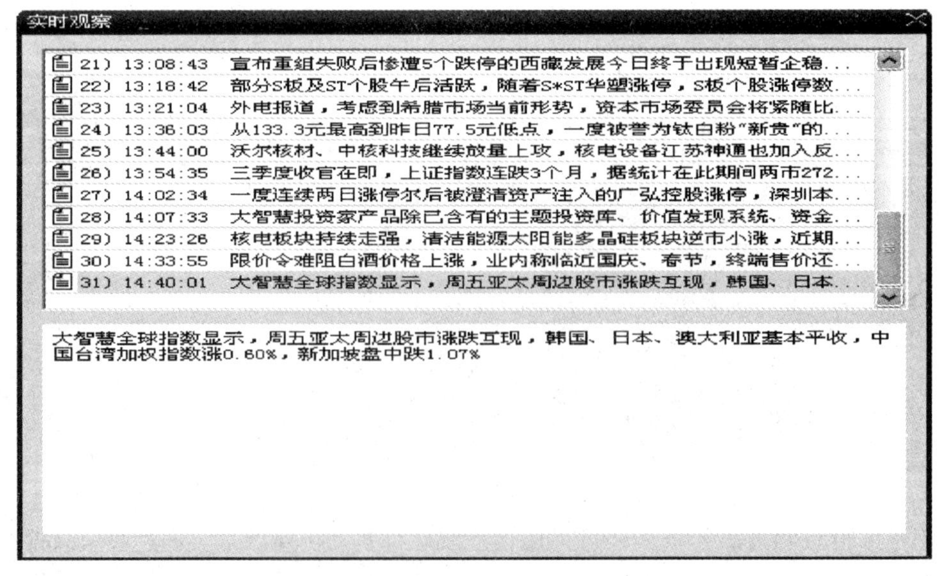

图1—42　实时观察

超短线投资者可以利用短线精灵功能选择股票。投资者也可以及时了解到单买入和卖出的情况以及个股的走势等。

1.4.9 网上炒股的其他消息来源

利用网络进行炒股，获取网络上与股票相关的信息就很便捷。投资者既可以通过专业的股票信息网站得到信息，还可以通过订阅电子杂志来获取大盘和个股的信息，此外还可以通过相关的政府和门户网站来查看政治和财经的信息，还能获取上市公司的信息，对股市进行基本面的分析。

以下介绍一些比较重要的、与股票相关的网站：

（1）人民网，http://paper.people.com.cn。

（2）东方财富网，http://www.eastmoney.com。

（3）证券之星网，http://www.stockstar.com。

（4）新浪网，http://www.sina.com.cn。

新浪财经新闻是广大投资者关注最多的内容，其中新浪网还提供了各个股市以及基金、黄金等的实时走势信息。

第 2 章

入市操作的准备

2.1 树立正确的投资理念

很多投资者初入股市，都是抱着在股市中赚大钱的想法而来的。他们盲目且心情浮躁，有的亏损一点就卖出，有的死抱着不放，没有规矩可言。正所谓“无规矩不成方圆”，没有一定的可循之规，没有入市前的心理准备，在股市中成功概率总是很小的。大家都知道，只有很少人因为买彩票而一夜暴富，但每一个中奖人都有一个平稳的心态。股市中也是如此，要有超人的耐心跟规矩，才能够获得超越别人的利润。

2.1.1 投资不是投机

投资行为是人们合理支配自有资金，为实现个人资本保值增值而进行的一项长期理财活动，其行为一般不受短期的利益冲突而迅速改变。投机是以获取高额利润、甚至暴利为目的的一种短期的资本狩猎行为，其市场特征是缺乏理性的，因市场异动而异动的。一个初级投资者，其心态往往比初级投机者的心态要好。在股市中，投资者往往研究的是股票的基本面财务资料以及股票的未来盈利趋向，其买入股票的方式主要是逢低买入，即使股价有下跌，但在其可承受幅度内，其下跌周期暂且不论，投资者都可以持有。而一旦公司业绩出现质的飞跃，则股票就会吸引跟多投机者买入，投机者拉抬了股价，投资者则逢高卖出，赚取大额的利润。在众多投机中，反应灵敏的投机者虽然也会赚取较丰厚的收益，但更多投机者是亏损的。

所以，新投资者一定要从一开始就要做投资，要懂得循序渐进。

如图 2—1 所示，我们在片仔癀（600436）走势图上标注出投资点跟投机点，投资需要更多的时间，同时利润也比较丰厚；而投机时间短较难把握且利润较少。投资者可在 2012 年 3 月份买入股票，持有半年多收益达 100%，持有一年多收益达 150%。2014 年 6 月份，当股价再次跌至投资点附近时，投资者应再次买入持有。在随后的第二年，该股腾飞，股价收益约为 2 倍，短短几年间，该股股价突飞猛进。投资者若能坚持住长线投资，收益一定不菲。

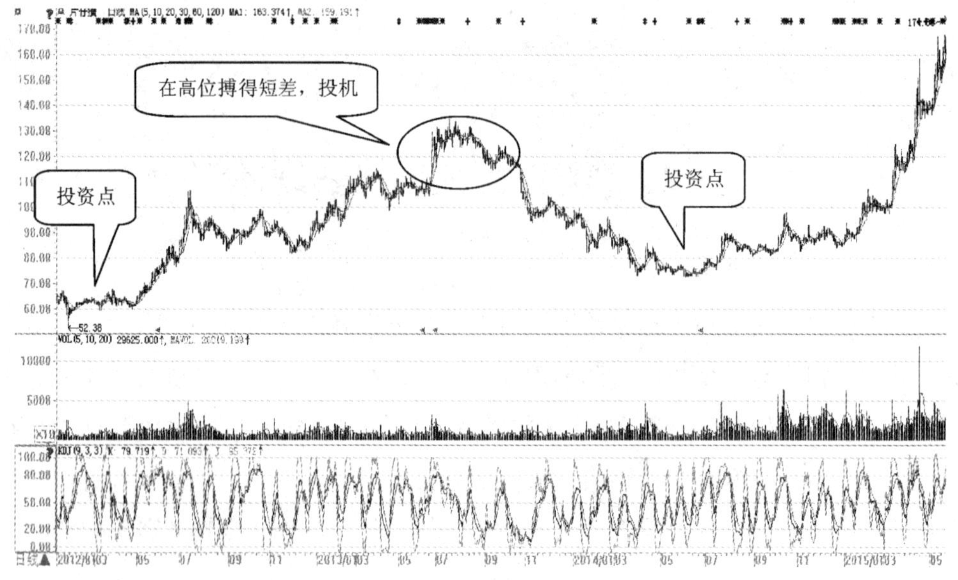

图2—1　片仔癀走势图

如图2—2所示，片仔癀从上市开始，其每股收益经历了初始阶段的生存期、加速成长期、成熟期。在2012年底该股基本达到最辉煌的时期，在随后的两年中，该股股本扩大，但每股收益都没有降低，仍旧显示了公司的高速增长。因此，该股在每次除权后都能快速地填权，股价也飞快上涨。投资者在选择到好的股票时，要耐心持有，一旦业绩有了爆发式的增长，股价就会冲上云霄。

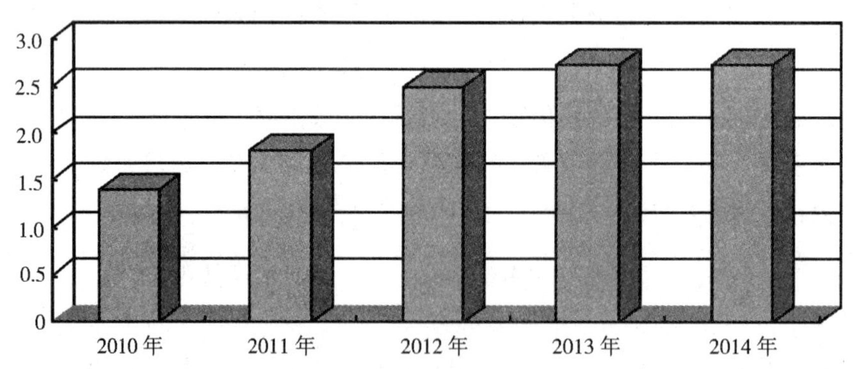

图2—2　片仔癀每股收益

2.1.2　克服恐惧和贪婪

在股市中，多数投资者一向容易贪婪和恐惧。在充满竞争的股市中没有常胜将军，许多人又总是敢赢不敢输。赢时，一山望着一山高，尽显贪婪；输时，却一味地侥幸其能躲过一劫，奈何股价飞流直下三千尺，似乎还意犹未尽。

那么如何克服贪婪，如何在股市中赚取利润呢？许多人为了多赚一点，往往死等一只股票涨到最高点，其实这是非常危险的。首先，谁也不会准确知道到底最高点会何时出现。其次，与其苦等这一只股票再涨一点，不如卖掉它将利润收入袋中，再买入一些刚刚启动要上涨的股票，待其攀升一段后再次卖出，赚取利润。这种方法可以在守住该利润的同时，去赚取另一笔利润。在股市中，往往讲究“掐头去尾”，只留住鱼身足矣。只赚取自己能够比较有把握的那部分收益就行，对于那些没有大概率的收益，我们可以舍弃。

在股市中，高价之后会有更高的价，低价之后会有更低的价。因此，投资者要克服贪婪，能在该介入的时候就勇敢地介入，该退出的时候就果断地退出。见好就收，知足常乐，才能在股市中赢得胜利，贪得无厌只会适得其反。

如图 2—3 所示，金种子酒（600199）经过一轮深幅下跌后在前期震荡区域受到支撑。2011 年 10 月 12 日，股票强劲反弹，投资者可借势买入，随后股价涨至黄金分割 38.2%处受到强压力，短线投资者可于 10 月 14 日在股价冲高时卖出。之后两日，股价虽有上冲，投资者一定要相信自己的判断，如果不是有效突破阻力位，那么这个阻力位就是短期高点。很多投资者会在 10 月 17 日追涨买进股票，而后却被套在高位。因此，投资者切忌贪婪。

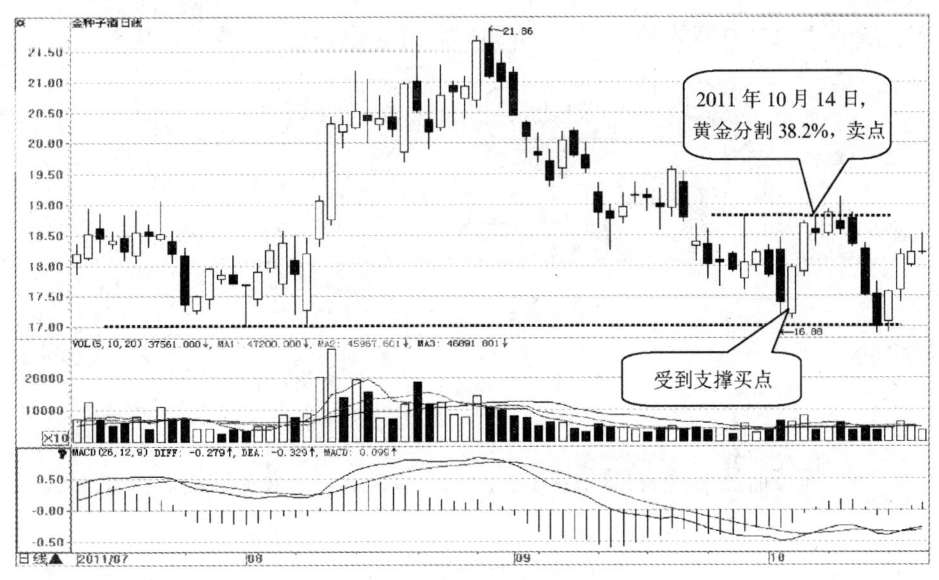

图 2—3　金种子酒日 K 线

2.1.3 按自己的计划交易

股票市场上有句名言叫作“计划你的交易，交易你的计划”。

从投身市场的第一天起，投资者就有必要不断告诫自己，对任何一笔交易都尽可能是先订出计划，避免在市场中受情绪的左右，因为冲动而做出错误的决定。制订计划可以使人放缓节奏，减少失误；还能使人更深入地了解个股的情况，对个股越熟悉，就越有把握，对重复性的错误，记忆也越深刻。

制订计划后，投资者就要严格按照自己的计划交易。无论如何，计划是在心态平静中制订的，是在全面思考后制订的。投资者买入股票后，往往有很重的浮躁情绪。有的投资者在股票一涨（跌）时就不舍得卖，之前的计划都不会执行，这就会使自己的计划落空。没有之前的计划，受贪婪心作祟，股票涨了还想再涨一点，股票跌了还想着再反弹一下，长此以往，投资者就不会形成自己的交易方法。炒股票仍然像六神无主的人，随意性很大，亏损也就越大。

如图2—4所示，假设投资者2011年4月以3.95元买入大连港10 000股，之前没有计划，股票涨了不卖，跌了被套。之后一段时间，经过合理分析后，股价短期内难以上涨，遂计划：若有机会达到成本价便卖出股票。2011年6月28日，主力机构尾盘拉升，实则借机出货。此时投资者宜受情绪左右，希望大阳之后见大涨，可惜好景不长，股价再次跌破成本价，投资者的计划又没有执行，股票再次被套牢。

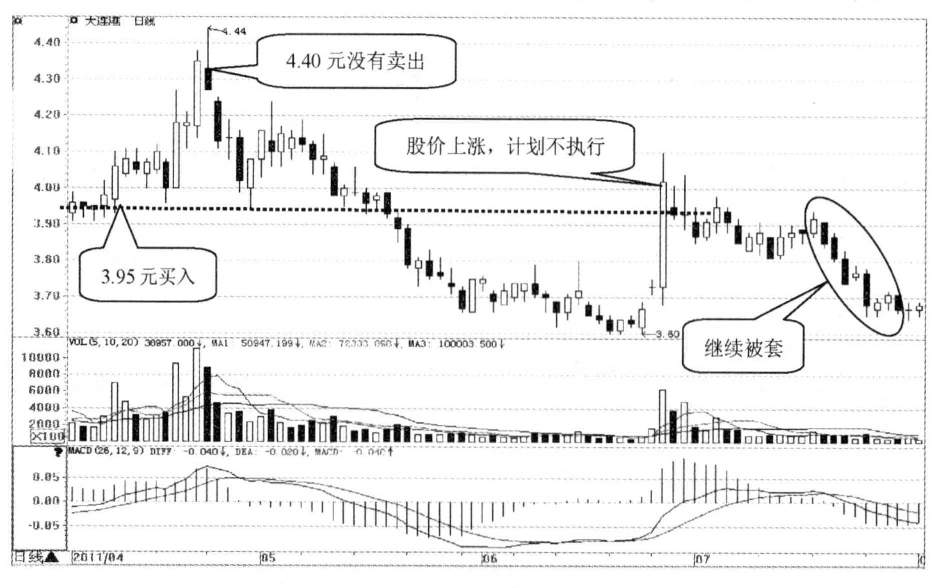

图2—4 大连港日K线

实战经验

在投资者对股票做过合理冷静地分析之后，一定要按照计划去做，做出计划而不去执行，往往是投资者在股市中亏损的关键。

除了制订计划、按计划交易外，每次交易完成后认真总结也是不可忽视的步骤。投资者只有坚持不懈地执行交易计划，总结交易计划的客观性、科学性，与实施有哪些出入，买进卖出的理由是否充分，止损点设计的是否合理，钱赚的是否稳当，亏损是怎样出现的等。把成功的经验与失败的教训记录下来，以供未来操作时做参考。

2.1.4 学会独立思考

股票投资是一种风险投资，赔还是赚常在一瞬间。市场上存在各种各样的投资者，他人的言行往往对新投资者有很大影响。

目前，各种有股评的网站、电视、报刊、电台栏目或节目很多，所谓“股评家”更是多如牛毛。在同一时间内，对前景总有人看好，有人看坏。甚至有些人为了配合自己的炒作行为，故意散布假消息。“与其临渊羡鱼，不如退而结网”，要想通过炒股赚钱，就需要有独立思考的精神，不能听风就是雨，要有独立分析和判断的能力。比方说，主力吸货和洗盘时往往借助传媒唱空，投资者就要看看盘面动态是跌时量大还是涨时量大，是散户卖大户买，还是大户卖散户买。主力出货时往往借助传媒唱多，实际情况究竟如何，投资者也要对照盘面情况进行分析，千万别偏听偏信，以致上当受骗。

一些刚入市的投资者常常因为对自己没有把握，非常关注别人的买卖，特别是当自己亏损时，往往会不考虑当时的行情就跟着买卖，然而跟在“瞎子”的后面就会同样盲目。一定要记住，求人不如求己，股市中也一样，路总要靠自己去走。

2.1.5 不做无准备的交易

投资之前一定要做好充分的准备，包括资金和知识的准备，如图2—5所示。

资金准备

投资者在投资前应该做一下家庭和个人的经济预算。投资者至少应有充分的银行存款以维持一年半载的生活以及应付其他的临时急用开支，然后才可以将多余的钱用来投资。此外，投资者不应在负债的情况下投资，因为投资的收益是没有保障的

知识准备

一个成功的投资者在知识准备上，首先，需要学习和了解政府的经济和证券政策，需要了解证券法规，知法、懂法、守法，并关注国内外形势。其次，要掌握股票的基本知识、买卖股票的规则以及买卖股票的技巧等知识，学会从基本面和技术面来分析股票的走势，通过对决定股票投资价值和价格的基本要素，如宏观经济指标、经济政策导向、行业发展状况、公司的经营状况等进行分析，判断股票价格的未来走势

图2—5　资金准备和知识准备

2.1.6　做有智慧的投资者

做股票时，只有两种角色可以扮演，要么做空头，要么做多头。其实，在真正炒股时，投资者既要做多头，又要做空头。

在一波大牛市中，顺势而为做多头当然是对的，但是再强劲的多头行情也有结束的一天。由于投资者思维的惯性，要扭转思维就比较困难。在大牛市中，多头尝尽了甜头，强大的思维惯性使得在大牛市中的多头情结达到顶峰，似乎股市只会上升不会下跌。即使下跌真的来临了，还是死抱多头，对下跌行情也视而不见，认为这只是牛市中简单的调整，以致在反弹出货的良机到来时依然死抱股票不放手。

而到了熊市中，股市一跌再跌，多头们个个都在市场中跌的鼻青脸肿，空头们则躲在一旁看笑话。直到跌得死多头认赔出局，股价被拦腰刀斩，行情才可能出现转机。在此期间，空头千万别忘了在合适的时机杀回股市，毕竟再大的熊市也有跌到头的一天。

在空头市场运行了一大段时间，股指也有很大升幅之后，就应逐渐转为多头思维，此时建仓的胆子要大一些，因为此时一波好的行情很可能到来。这就是股市中所谓的“牛小心”与“熊大胆”。

2.2 学习正确的交易方法

投资者都希望以最小的风险换取最大的收益，但在实际的投资中却往往不能如愿以偿。理智的投资者如果能正确认识并预测风险，有效地防范各种可能发生的风险，就能使自己的收益得到保障。防范风险最好的方式就是要学会各种正确的投资方法。

2.2.1 分笔买卖交易

这种方法对新入市的投资者来说是很保险的方法。分笔买入的具体做法是在某一价位时买入第一批，在股价上升到一定价位时买入第二批，以后再在不同价位买入第三批、第四批等。在此过程中，一旦出现股价下跌，投资者既可立即停止投入，也可根据实际情况出售已购股票。

分笔卖出法的做法是在某一价位时卖出第一批，在股价下跌到一定价位时卖出第二批，以后再在不同价位卖出第三批、第四批等。在此过程中，一旦出现股价上升，投资者可立即停止卖出，也可根据实际情况购进股票。

由于分笔买卖法进行的是多次买进和卖出，故而当股价下跌到某一低点时，投资者就可以毫不犹豫地予以买进，即使是买后股价继续下跌，投资者仍可予以购买。同样，当股价涨至某一高点时，投资者也不会因为贪心而舍不得卖出，因为即使股价继续上涨，投资者仍能通过不断卖出而获利，故而不会错失良机。

如图2—6所示，根据海螺水泥（600585）相对强弱指标给出的信号，投资者可在2011年8月22日21.75元买入1 000股，9月6日18.69元买入1 000股，9月9日18.04元买入1 000股，9月19日17.15元买入1 000股，此时，投资者持有18.91元的海螺水泥4 000股，成本有提高也有下降。10月28日，指标达到80，投资者可在21.10元卖出2 000股，盈利4 380元。这里要提醒投资者，因这种操作方法买卖较频繁，届时投资者利润往往较4 380元要少一些。

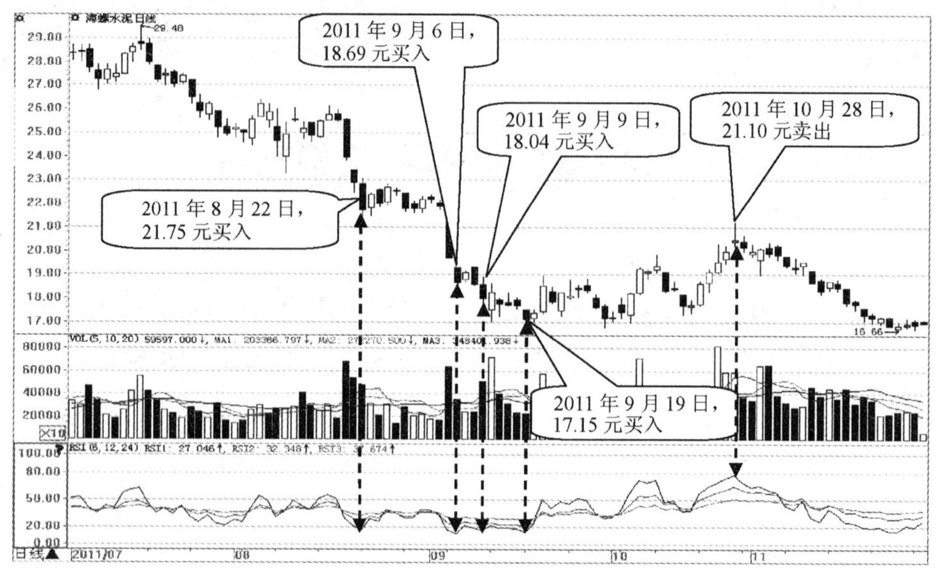

图2—6　海螺水泥日K线

➲ 实战经验

运用分笔买卖法，投资者最好根据一些技术分析的手段来确定。比如，当一种股票的相对强弱指标低于20时，表示该股票价格已经较低，其反弹的可能性很大，此时宜分笔买入股票。而当指标高于80时，表明该股票的价格已经处于高位，其下跌的可能性很大，此时应毫不犹豫地将所持股票分笔抛出。

2.2.2　固定比例止损

固定比例止损是指以一定比例强制性止损，其所采取的方式主要是通过概率来确认股票涨跌的概率约为50%，再以固定的比例设置止损、止盈的方法。一般而言，投资者要看股票的股性来决定股票的固定比例。例如，投资者将中国平安（601318）的止盈比例设置为3%，止损比例设置为3%。那么次日股票涨的理论概率为50%，就像投掷硬币的道理一样，正反面的概率都为50%。投资者可以有一次机会去盈利3个点，也可以有一次机会去亏损3个点，这个概率相当于两次机会中只要有一次机会抓住了，我们就可以盈利了，每一次机会成功的概率为50%。

因此，固定比例止损是一种强制性止损，其主要通过概率事件决定盈利、亏损。如果投资者的主观判断性较好，则其盈利的概率也就越大。

投资者在试用此法时，一定要用较少的资金运作，一定要坚持下去。这样不仅可以锻炼投资者的贪婪恐惧心理，还能锻炼投资者的执行能力。

2.2.3 浮动止损位

浮动止损又称“追踪止损”，就是追随最新价格设置一定点数的止损，只随股价朝仓位有利方向变动而触发，是在进入获利阶段时设置的指令。浮动止损是一个非常好用的交易工具，尤其在价格变动大的情况下，可以保证足够多的盈利。

如图2—7所示，六国化工从7.99元涨到最高至14.56元。若投资者在2011年8月24日以8.10元买入1 000股，并将盈利目标暂且设置为30%，亏损设置为10%，则股价每上涨一档，可将止损位提升一档。

2011年8月26日，当股价创出新高价格后，股价最低下探到8.35元，其振幅达到10%，此时投资者可以根据最高价设置浮动止损位，卖出一部分。也可以根据收盘价设置浮动止损位，继续持有股票直到跌破。

9月23日，股价向下跌破13.10元，投资者应果断卖出股票。如果浮动止损价位出现下调，则仍以前最高止损价为浮动止损位。

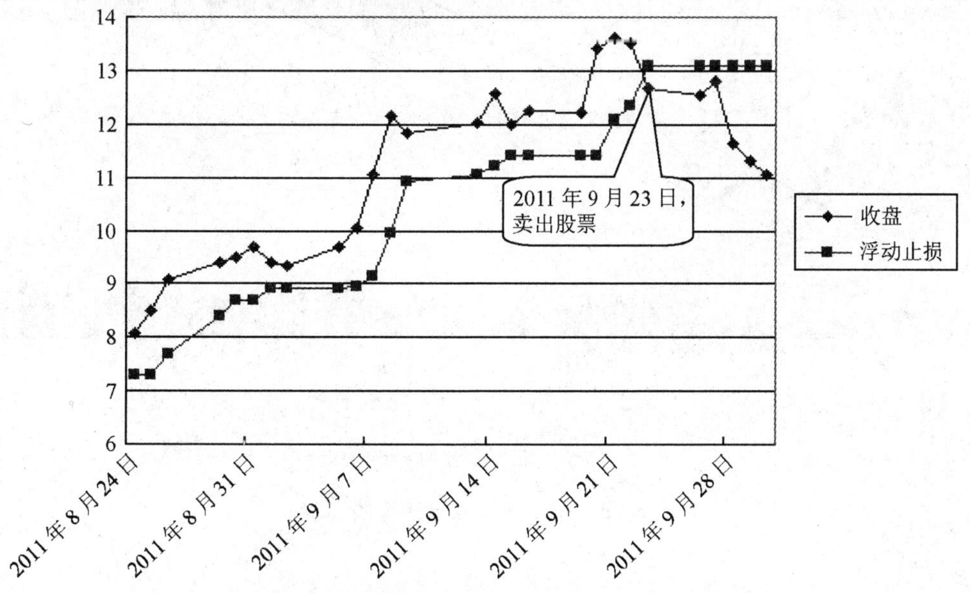

图2—7 六国化工收盘价—浮动止损价折线图

➲ 实战经验

“小于0卖出”是最低价减去浮动止损价。“浮动止损位”是升序的，一旦收盘价跌破止损位，就卖出股票。

2.2.4 波段交易摊匀成本

波段交易摊匀成本是波段交易者最有效的法宝，其利用波段操作高抛低吸的方法来降低成本，获取更高额收益。秉承了顺势为王的交易方式，一切顺着趋势来做。下面主讲一下以趋势线为主的波段交易是如何摊匀成本的。

如图2—8所示，首先确定压力线跟支撑线，沿A、B趋势画一条直线，会得到C、D、E三个高点；沿1、2趋势画一条直线，会得到3、4、5、6四个高点。其中6为股价跌破支撑线的点，是上升趋势结束的信号。投资者可以在3、4、5点分批买入股票，在D、E、6处卖出股票，以此来达到波段交易的策略。

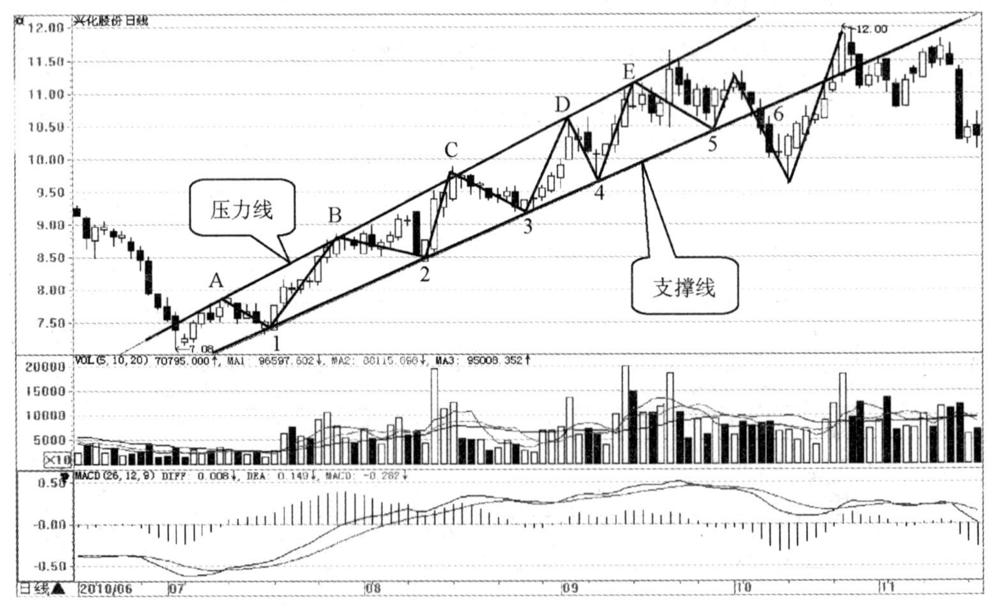

图2—8 兴化股份日K线

2.2.5 合理分散投资

投资者对股市行情不能准确把握时，如果将全部资金一次投入购进某种预计会上涨的股票，那么当该种股票的价格确实大幅度上涨时，则可以获得十分丰厚的利润，但如果股价下跌，就会蒙受较大的损失。为了防范这种风险，投资者可以采取分散投资法。

当投资者同时买入多只股票时，即使某只股票出现重大变故，股价暴跌，投资者手中还有剩余的股票可以稳定持有。单只股票的暴跌不会对整体收益产生太大影响。

投资者在分散投资时有几个原则作为参考，如图 2—9 所示。

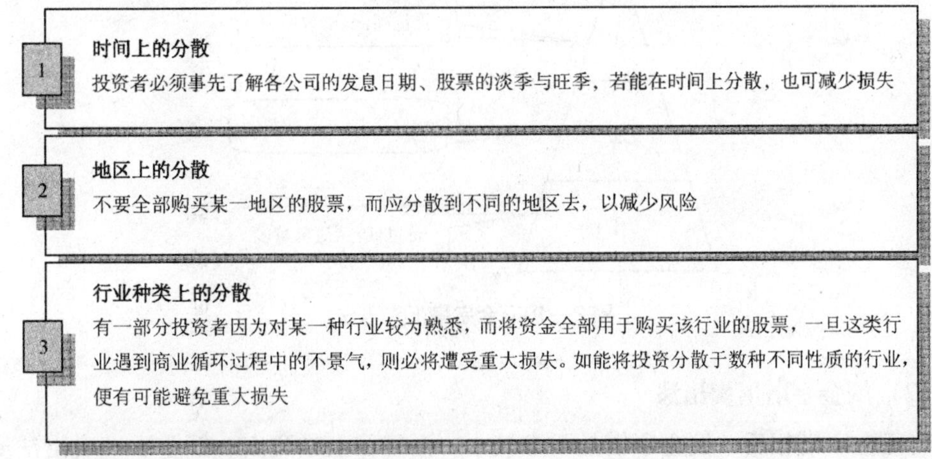

图 2—9 分散投资方向

➲ 实战经验

投资者在买入股票时，应该注意的是要合理分散投资，并不是过度分散投资。投资者一定要控制好自己持有股票的数量。当持有股票过多时，不但无法达到分散风险的目的，反而可能因为自己精力有限，没办法兼顾过来，而使投资的风险更大。

2.2.6 金字塔形买卖法

金字塔形买卖法主要是针对股价价位的高低，以简单的三角形作为买卖的准则，来适当调整和决定股票买卖数量的一种方法。

金字塔形买卖法分为金字塔形买入法和倒金字塔形卖出法两种。

（1）金字塔形买入法

金字塔形买入法认为，正金字塔形（即三角形）的下方基底较宽广且越往上越小，宽广的部分显示股价价位低时，买进的数量较大，当股票价位逐渐上升时，买进的数量应逐渐减少，从而降低投资风险。

如图2—10所示，1处买入股票数量最多，股价最低，也往往是建仓的最好时机。2处买入股票数量较适中，股价在中部，是加仓的好时机。3处买入股票数量最少，因为股价上涨到了一定的程度，风险较高，此时应尽量少买入股票。

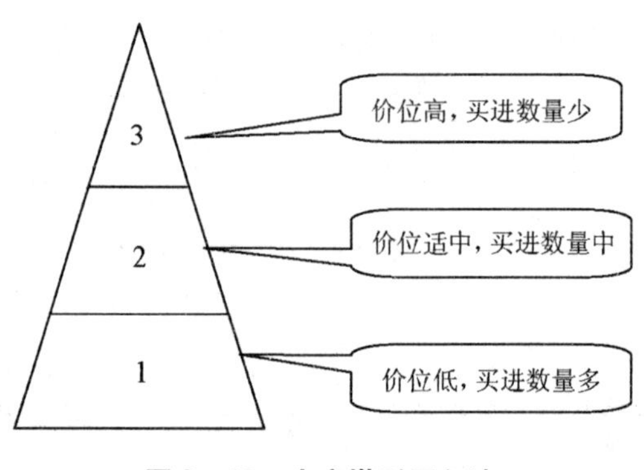

图2—10　金字塔形买入法

（2）倒金字塔形卖出法

与正金字塔相反，倒金字塔是下方较小，而越往上越宽广。倒金字塔卖出法要求当股票价位不断升高时，卖出的数量应效仿倒三角形的形状而逐渐扩大，以赚取更多的差价收益。倒金字塔形卖出法的优点是既能获得较好的差价，又能减少风险。

如图2—11所示，若某投资者持有浦发银行1 000股，假定当价格上涨到每股市价10元时，投资者认为价格上涨一段时间后价格会下跌，因此，就采取倒金字塔形卖出法卖出100股，当股价升至15元时，又卖出400股，当股价涨至20元时，则全部卖出。

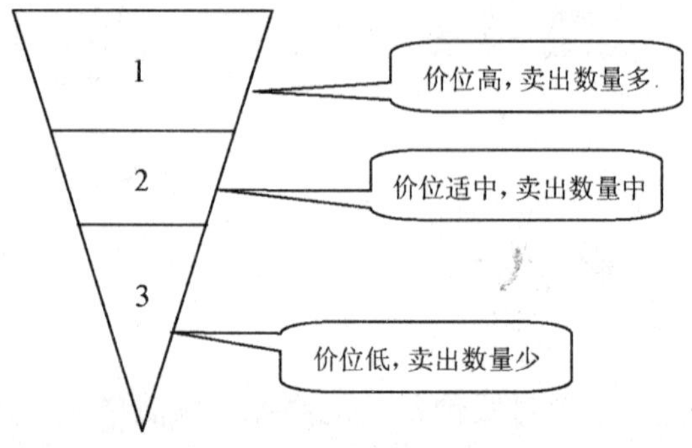

图2—11　倒金字塔形卖出法

2.3 回避常见的交易陷阱

大家投资股票都是为了获得收益的，但新投资者一定要记住：股市本身是不创造财富的。股市中一些人赚取的投资利润必定是另外一些人赔进去的，因此，出于对各自利益的考虑，投资者之间也出现了激烈的竞争，一些有“能力”的投资者便为其他投资者设下了种种陷阱，通过各种手段从其他投资者手中赚取巨额利润。新股民要学会识破这些圈套，防范落入他人的陷阱之中。

2.3.1 小道消息陷阱

在多头市场出现的时候，股票市场的小道消息也就开始盛行。因为在此时，买方气盛，一些投资者习惯于听信消息而追进，这就间接地助长了该股的涨势，于是，原本纯属子虚乌有的消息，会因投资者盲目听从而收到推波助澜的作用。某些投资者由于相信传闻而获得一两次利润，进而更加相信市场传闻或小道消息，甚至完全放弃对股市的研究。

只依据传闻从事股票投资不是明智之举。市场消息或许有其出处，但绝对不能用来当作投资股票的唯一依据。因为传闻本身具有“以讹传讹”的不确定性，而且很难求证消息的来源，尤其是如果市场传闻是源自于炒手的蓄意制造，那么，毋庸置疑，听信这些市场传闻抢进抢出的投资者，必将成为小道消息的受害者和牺牲品。

股票投机者通过散布谣言来抬高或压低股价的事常常发生，其主要的目的是从中渔利。投资者一定要冷静地分析股市的基本面以及公司提供的有关资料，切不可盲目听信消息。

2.3.2 专家荐股陷阱

作为普通的投资者，听股评是提高炒股水平的途径之一，大多数投资者都把股市专家视作权威。但是有些股评专家与主力或上市公司勾结，接受上市公司的贿赂而大肆鼓吹股票，无原则地毒害投资者。或者当主力的托儿，主力进货时大唱悲观论调，制造利空消息陷阱，诱导散户投资者斩仓割肉，主力出货时则“强力推荐”，制造利空消息陷阱，误导散户投资者高位接货，帮助机构大户共同欺骗中小投资者。所以当专家以荐股名义另有他图的时候，投资者就一定得多长个心眼了。

2.3.3 主力骗线陷阱

主力骗线就是主力设计出美妙的 K 线图，诱骗那些主要靠技术分析来作为自己投资决策依据的投资者掉进陷阱中，从而便利主力高价出货或者低价进货。一旦股票跌破支撑点或者突破压力带时，就代表着新的低价时代或者高价时代可能来临，这是绝好的建仓或者出货机会，操作得当可以在短时间里获取丰厚的利润回报或减少损失。

主力骗线的关键点就在于让股票跌破成交密集的支撑位，即所谓“破位”，或是穿越牢不可破的“压力带”，即所谓“出线”，诱使投资者或是卖盘杀出，抑或是买盘抢进，从而中计。主力可以借助美妙的 K 线图来诱导新投资者。

如图 2—12 所示，主力可以从单根 K 线上迷惑投资者的判断，也可以从组合形态上去诱导投资者上当。投资者一定要在熟悉一个股票主力的操作手法后，尝试着去跟庄操作练习，切忌不可跟主力对着干。须知：力量小时要忍耐，识时务者为俊杰。

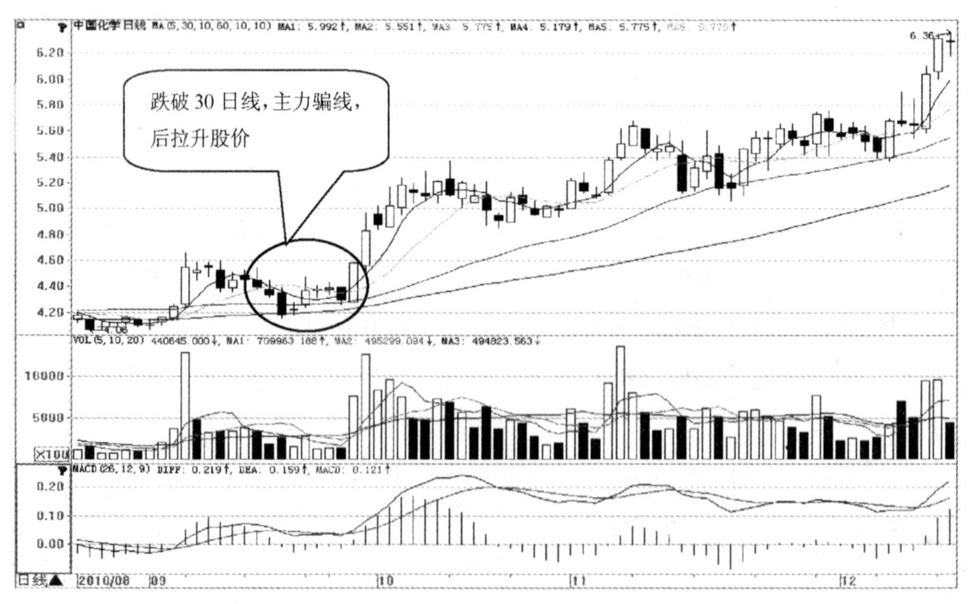

图 2—12　中国化学日 K 线

2.3.4 钓鱼网站陷阱

钓鱼网站通常伪装成黑马、涨停股、内幕消息甚至是证券公司网站，窃取访问者提交的账号和密码信息。钓鱼网站一般通过网络渠道，为相信有内幕消息的人提供建议，进行盈利分成。有时候也通过发送邮件到投资者电脑中，此类邮件中一个经过伪装的链接将收件人连到钓鱼网站。钓鱼网站页面与真实网站界面完全一致，要求访问者提供账号和密码。访问者一旦上当，其损失就比较大。投资者一定要明白：活到老学到老。相信别人不如相信自己，一切从零学起，自己买股票书籍，自己钻研，只有自己掌握了，那才是永远的知识，永远的赚钱方法。

第 3 章

分时盘面分析

3.1 用炒股软件查看分时图

3.1.1 大盘分时图界面

打开炒股软件后，按【F3】键可以进入上证指数大盘分时图；按【F4】键可以进入深证指数大盘分时图。

图 3—1 中大盘当日走势情况表示上证指数，即上海证券交易所综合指数的当日走势情况。其中包括以下几部分：

大盘分时线表示当前大盘指数的变动情况。而领先分时线则表示在不考虑权重的情况下，计算出来的指数点位。

红绿柱线表示当前市场上买卖双方的力量对比情况。红色柱线越长，说明买方力量越强；绿色柱线越长，说明卖方力量越强。

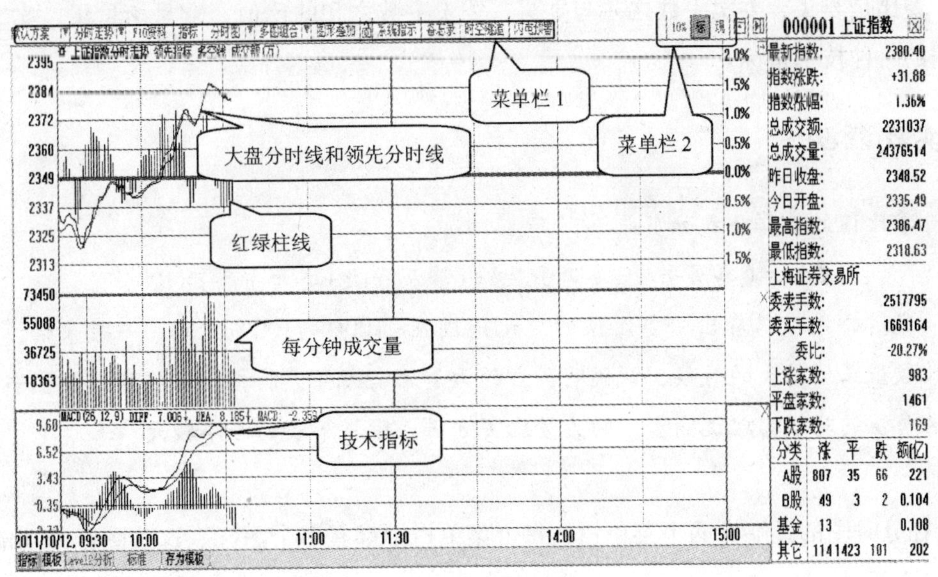

图 3—1 大盘分时走势

➲ 延伸阅读

在计算大盘指数时，要考虑到每只股票的权重。即市值越大的股票，其股价涨跌对大盘的影响就越大。而计算领先分时线时，不考虑权重。即所有股票对领先分时线的影响是相同的。

所以投资者可以认为，大盘分时线更多地考虑了大盘股的涨跌，领先分时线则更多地考虑了小盘股的涨跌。

每分钟成交量单位为手，最左边的一根线为集合竞价时的交易量，后面是每分钟出现一根。

技术指标是大智慧软件新近加上去的，用于短线投资者判断当日波段高低点，起到很好的警示作用。

在右侧信息栏中，也有几个数据是投资者应该重点注意的。

总成交额是当日交易成功的总金额，以万元为单位。

总成交量是所有成交量的总和。

委卖手数是当前所有个股委托卖出前 5 档的手数总和。

委买手数是当前所有个股委托买入前 5 档的手数总和。

委比是委买、委卖手数之差与委买、委卖手数之和的比值，它是衡量买、卖力量强弱的一种技术指标。

➲ 实战经验

委比值的计算公式如下：

委比=(委买手数-委卖手数)÷(委买手数+委卖手数)×100%

通过公式可以看出，委比值的变化范围在-100%~100%之间。一般来讲，当委比数值正值很大的时候，就说明买方的力量比卖方强，股指上涨概率较大；当委比为负值的时候，就说明卖方的力量比买方强，股指下跌的概率较大。

在分时图的顶端有两个菜单栏，每个菜单栏中都有多个图标。这些图标的功能见表 3—1。

表 3—1　　菜单栏 1、2 说明

菜单栏 1	默认方案	选择窗口界面方案
	分时走势	切换页面类型
	F10 资料	切换到基本资料显示
	指标	选择技术指标
	分时图	切换分析周期
	多图组合	切换多图组合方式
	图形叠加	叠加股票或指数走势
	“锁键”	设定叠加方式
	系统指示	图上标注系统指示
	备忘录	设置个股备忘录
	时空隧道	回忆历史分时走势
	闪电预警	设置价格预警
菜单栏 2	10%	按±10%幅度显示标尺
	标	委托交易标注
	现	分笔成交再现

3.1.2　个股分时图界面

如图 3—2 所示，个股分时走势图的基本界面和大盘分时走势图基本类似。其中不一样的地方主要在于分时走势和右侧的信息栏。

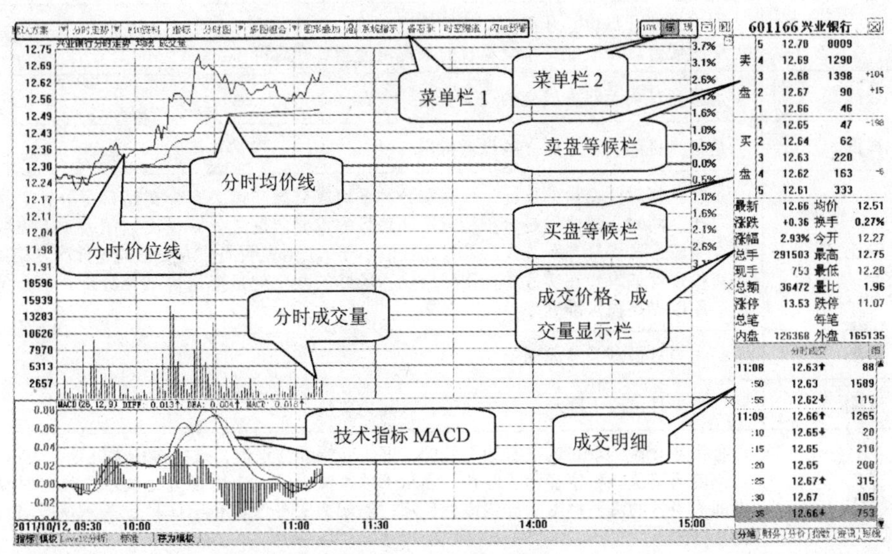

图 3—2　兴业银行分时走势

个股分时走势中的两条线分别是分时价位线和分时均价线。其中分时价位线表示个股当前价位。而分时均价线则表示个股自开盘到当前时刻的平均价格。其作用类似于K线图中的均线。

个股分时走势图中的右侧信息栏与大盘分时走势大不相同。其中的不同主要包括以下几点：

（1）买卖盘等候显示栏

卖盘等候显示栏中卖1、2、3、4、5表示依次等候卖出。按照“价格优先、时间优先”的原则，谁卖出的报价低谁就优先排在前面，如果卖出的报价相同，谁先报价谁就排在前面，而这个过程都由电脑自动计算，以保证公平客观。

1、2、3、4、5后面的数字为价格，再后面的数字为在该价格上等候卖出的股票总手数。比如该栏显示“1　12.66　46”，表示第一排等候卖出的报价是12.66元，共有46手股票。

买盘等候栏中1、2、3、4、5表示依次等候买进，规则是谁买进的报价高谁就优先排在前面，如买进的报价相同，谁先报价谁就排在前面。比如显示“1　12.65　47”，表示在第一排等候买入的报价为12.65元，共有47手股票。

（2）成交价格、成交量显示栏

成交价格、成交量显示栏显示的项目见表3—2。

表3—2　成交价格、成交量显示栏科目说明

均价	指从开盘到现在买卖双方成交的平均价格。计算公式为：均价=成交总额/总成交量。收盘时的均价为当日交易总价
今开	即当日的开盘价。开盘价是第一笔成交价。如开始后某只股票半小时内无成交，则按上交所规定以该股上一个交易日的收盘价为当日开盘价
最高	是指当日买卖双方成交的最高价格
最低	是指当日买卖双方成交的最低价格
量比	是衡量相对成交量的指标，代表每分钟平均成交量与过去5个交易日每分钟平均成交量之比。同时，量比也是分析行情短期趋势的重要依据之一。量比数值大于1表明当前成交量较5日均量有所放大；若量比数值小于1，则表明当前成交量与5日均量相比在缩小。投资者如果想在实战中运用好量比，最好的办法就是把量价结合分析，学会量价关系，用以提高投资准确率
最新	是指当日最新一笔成交价
涨跌	是指当日该股上涨和下跌的数值，以元为单位
涨幅	是指从开盘到现在的上涨或下跌的幅度。若幅度为正值，数字显示为红色，表示上涨；若幅度为负值，数字显示为绿色，表示下跌。涨幅的大小用百分比表示。收盘时涨跌幅度即为当日的涨跌幅度。如幅度栏显示“涨幅2.93%（红色字体）”，表示该股当日涨幅为2.93%

续表

总手	是指从开盘到当前的总成交手数。收盘时“总手”表示当日成交的总手数。如显示“总手 291503”，表明当日该股一共成交了 291 503 手，即 29 150 300 股
现手	是指最新一笔成交的手数。在盘面的右下方为即时的每笔成交明细，红色向上的箭头表示以卖出价成交的每笔手数，绿色箭头表示以买入价成交的每笔手数
外盘	即主动性买盘，就是按卖方价格直接买进后成交的总手数，成交价为卖出价
内盘	即主动性卖盘，就是按买方价格直接卖出后成交的筹码，成交价为买入价

在表 3—2 中，如果外盘比内盘大且股价上涨，说明很多人在抢盘买股票；如果内盘比外盘大，而股价下跌，说明很多人在抛售股票。外盘比内盘大出很多，而股价处于低位，表明主力正在逢低吸货，股价随时可能暴涨。当股价处于高位，明细中大卖单不多，表明该股人气旺盛，仍有冲高的可能。如果内盘与外盘相比，明显大很多，则极有可能是主力在出货，投资者最好避而远之。

（3）成交明细

每 5 秒钟左右更新一次当前市场上的成交情况。例如上图中，“11:09　12.66↑ 1265”表示在 11 点 8 分 56 秒至 11 点 9 分整这段时间内，最后一笔交易的成交价为 12.66 元，股价上涨，总成交量为 1 265 手。其中“1265”显示为红色，显示这些买单中的最后一笔是主动性买单。

当成交明细栏中出现大笔买卖单时，就是市场上有主力在操作的迹象。此时投资者要注意观察分时图走向和买卖盘等候区的变化，分析主力大笔买卖股票的目的。

3.2 分时图分析

分时图是指大盘和个股的动态实时分时走势图，其在实战盘中的地位极其重要。那么如何去把握分时图上提供的信息呢？下面介绍一下用分时图去看涨跌。

3.2.1 分时线和分时均线

把股票开盘后每分钟的最后一笔成交价连成线，这条线就叫作分时线。如果用当天开盘至当时所有成交总金额除以成交总股数得到的平均价的连线就叫作分时均线。

在分时线涨跌过程中，分时均线会起到重要的阻力和支撑作用。当分时线突破分时均线时，往往视为是看涨信号，短线投资者可积极买入股票。当分时线跌破分时均线时，往往是看跌信号，短线投资者应积极卖出股票。

如图 3—3 所示，2011 年 11 月 29 日，百花村（600721）分时图上出现分时线上穿分时均线，随后在分时线上方强势运行，最终封住涨停。这说明在分时线上穿分时均线是一个看涨信号。投资者在看到此分时走势时，可买入股票。

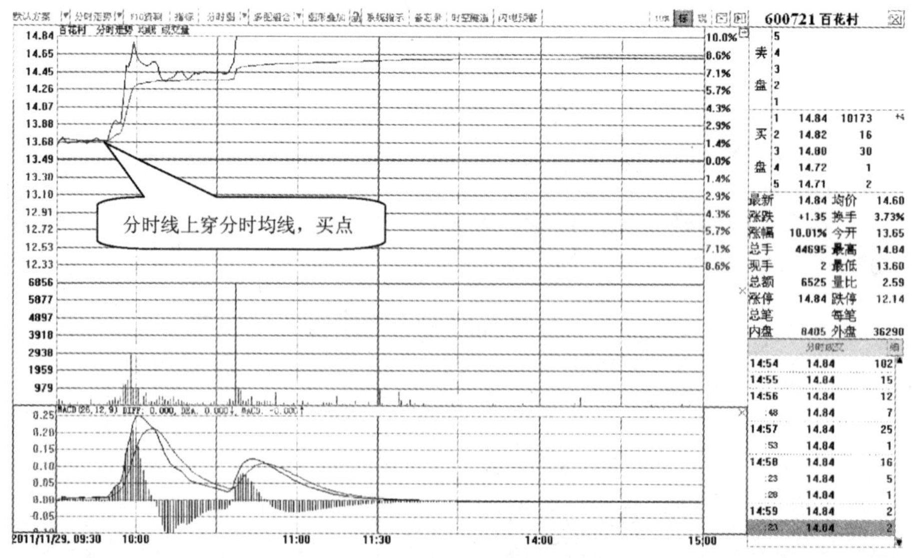

图 3—3　百花村分时图

如图3—4所示，2011年11月29日，中视传媒（600088）分时图上出现分时线跌破分时均线，随后股价放量下跌，一直在分时线下运行。这说明分时线跌破分时均线是一个看跌信号，投资者在看到此分时走势时，可以卖出股票。

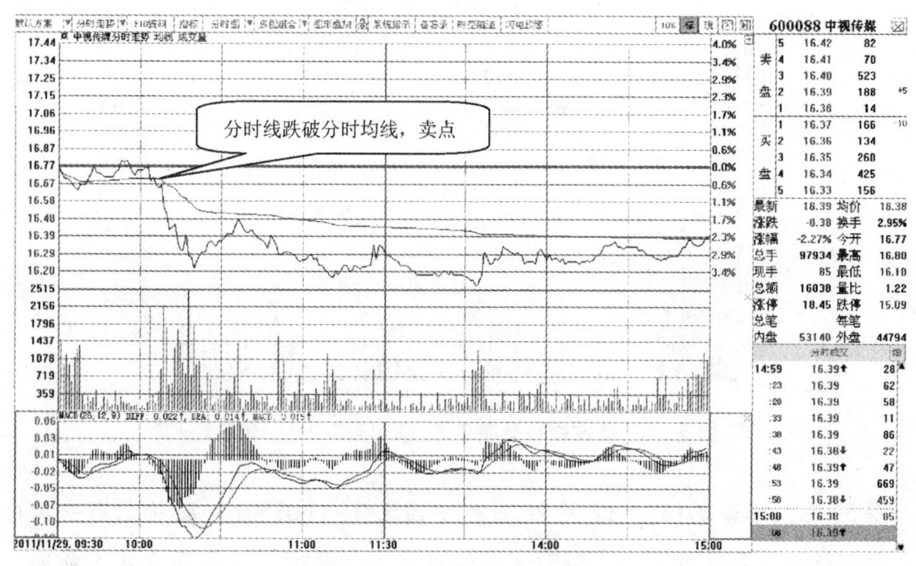

图3—4　中视传媒分时图

3.2.2　分时图看涨信号

当分时线本身出现各种看涨信号时，投资者也可以积极买入股票。分时线的看涨信号包括以下几类：

（1）分时线经过一段时间下跌后，在底部形成W底、三重底、头肩底等见底反弹的信号。一旦股价突破形态颈线，就是买入机会。

（2）当分时线在横盘整理过程中形成矩形、三角形、旗形等形态时，一旦股价突破形态上边线，就是买入机会。

（3）当分时技术指标形成看涨买入信号时，也是投资者买入股票的机会。

如图3—5所示，2011年1月19日开盘，浦发银行（600000）股价小幅回落后在底部形成了双底形态。这个形态显示股价在底部获得有效支撑，是股价将见底反弹的信号。

上午10:50左右，股价突破双底颈线。这说明多方已经开始拉升股价，此时投资者可以积极买入股票。

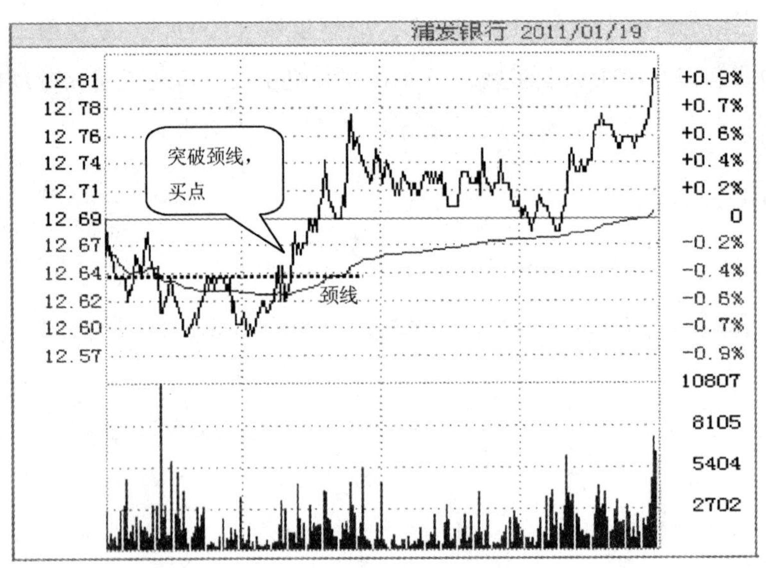

图3—5　浦发银行分时走势（2011年1月19日）

如图3—6所示，2014年12月26日，中国太保（601601）股价上涨一段时间后在高位横盘整理。整理过程中，股价震荡幅度较小，每次上涨的高点基本相同，低点也相同，形成了矩形整理形态。这个形态说明多方正在积攒力量，未来股价还可能被拉升。

下午开盘后，股价突破矩形上边线，向投资者发出买入股票的信号，此时投资者可以果断地买入该股。

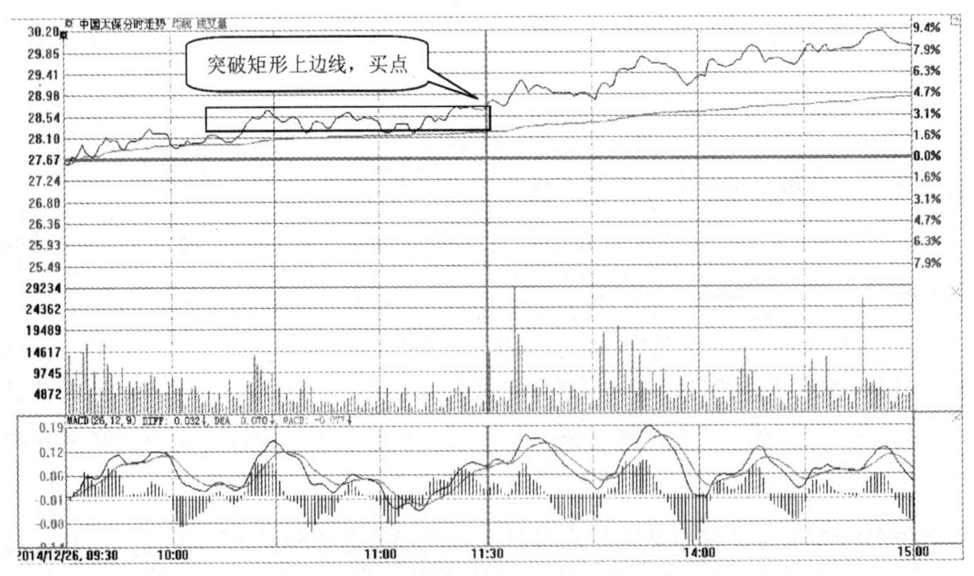

图3—6　中国太保分时走势（2014年12月26日）

如图 3—7 所示，2011 年 4 月 12 日下午开盘后，芜湖港（600575）股价小幅回调。此后该股 MACD 指标中的两条曲线在 0 轴附近完成了金叉形态。这个形态说明当前股价正在由下跌趋势转为上涨趋势。此时出现 MACD 金叉是很好的看涨买入信号。

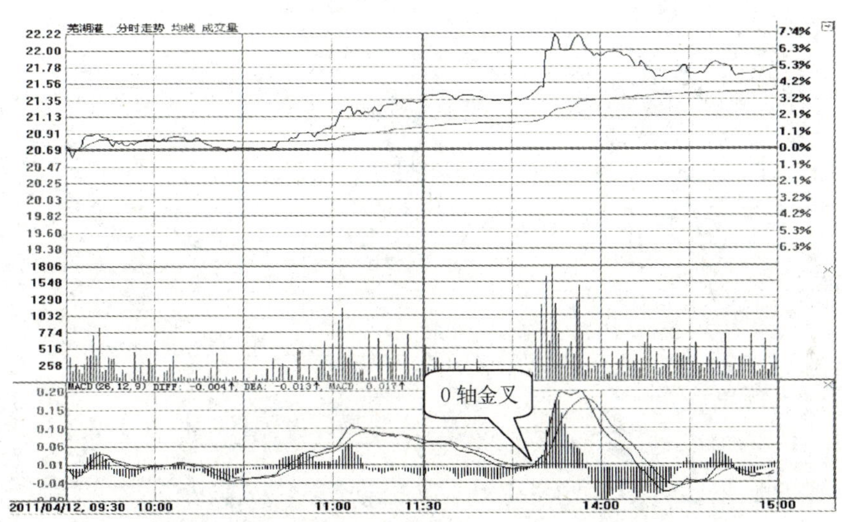

图 3—7　芜湖港分时走势（2011 年 4 月 12 日）

➲ 操作提高

投资者切换到 K 线图，然后将十字光标移动到过去某天日 K 线图上，单击空格键，即可查看该日的分时走势。

3.2.3　分时图看跌信号

与分时图的看涨信号对应，分时图上的看跌信号也有三大类。

（1）分时线经过一段时间上涨后，在底部形成 M 顶、三重顶、头肩顶等见顶下跌的信号。一旦股价跌破形态颈线，就是卖出机会。

（2）当分时线在横盘整理过程中形成矩形、三角形、旗形等形态时，一旦股价跌破形态下边线，就是卖出机会。

（3）当分时技术指标形成看跌卖出信号时，也是投资者卖出股票的机会。

如图 3—8 所示，2011 年 10 月 14 日，中国神华（601088）的分时线下穿分时均线且顶着分时均线向下滑落，形成 M 顶看跌形态，此时空方力量强势，股价处于弱势，短线下跌概率较大。短线投资者应在跌破分时均线时卖出股票。

当分时图上出现M顶看跌形态的同时，其MACD指标和股价也形成了顶背离形态。这同样是看跌卖出信号。

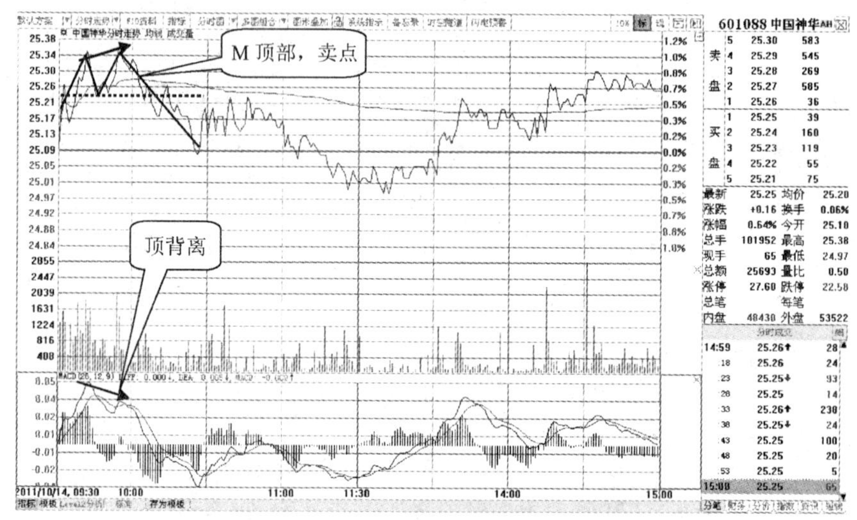

图3—8　中国神华分时走势（2011年10月14日）

如图3—9所示，2014年12月26日，新纶科技（002341）股价小幅下跌后，在低位形成了一个矩形平台整理形态。与此同时，成交量持续萎缩。

这个形态说明有抄底资金进入，多方开始有所抵抗。但是随着股价迟迟不能上涨，多方信心也会逐渐丧失。下午开盘后，股价跌破了平台区域。此时投资者应该卖出股票。

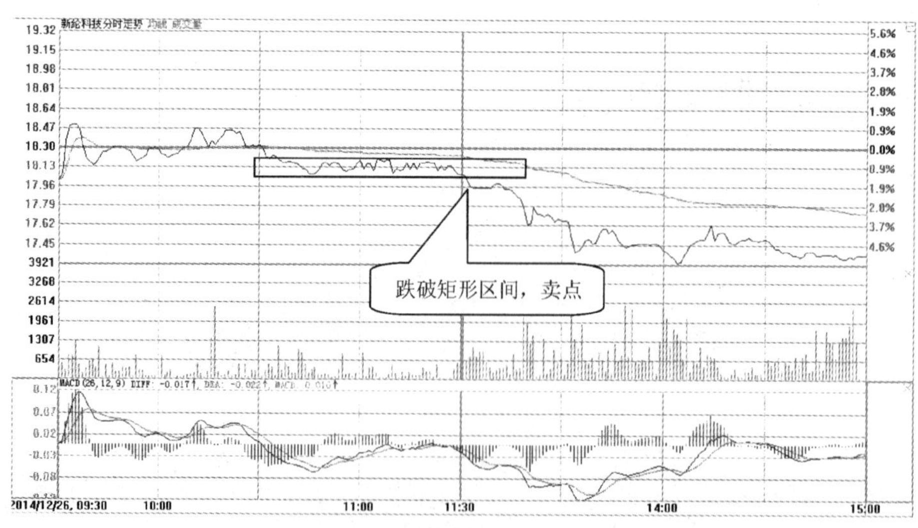

图3—9　新纶科技分时走势（2014年12月26日）

3.3 分时盘口分析

分时盘口分析是指广大投资者通过对主力机构在买卖盘中的动作进行归类分析后，得出一定的操作手法，而后根据这些操作手法判断主力机构意向的行为。

3.3.1 大买单扫盘

大买单扫盘是指主力机构通过注入足够多的资金跳价向上购买股票筹码，从而拉动股价上涨，将上档卖盘一笔买入的行为。

大买单扫盘可分为以下两种情况：

（1）大买单扫盘在历史低价区出现。

如图3—10和图3—11所示为乐山电力（600644）走势图和分时图。当大买单扫盘在低价区出现时，说明多方力量强势，股价大幅上涨吸引了很多跟风盘，这些跟风盘协助主力拉抬股价。由此使更多的投资者看好后市，卖盘压力减小，股价强势上涨。在此之后，如果次日多方力量依然很强势，则股价很容易被拉高。

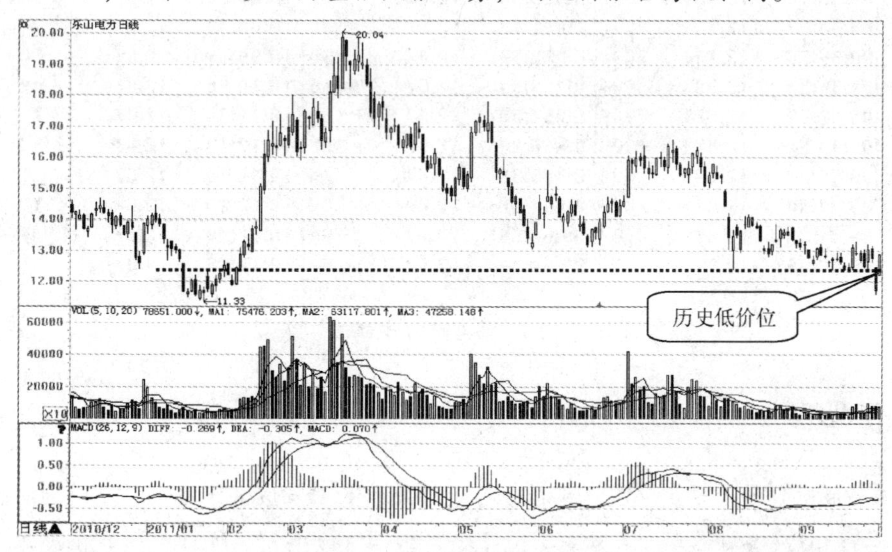

图3—10 乐山电力走势图

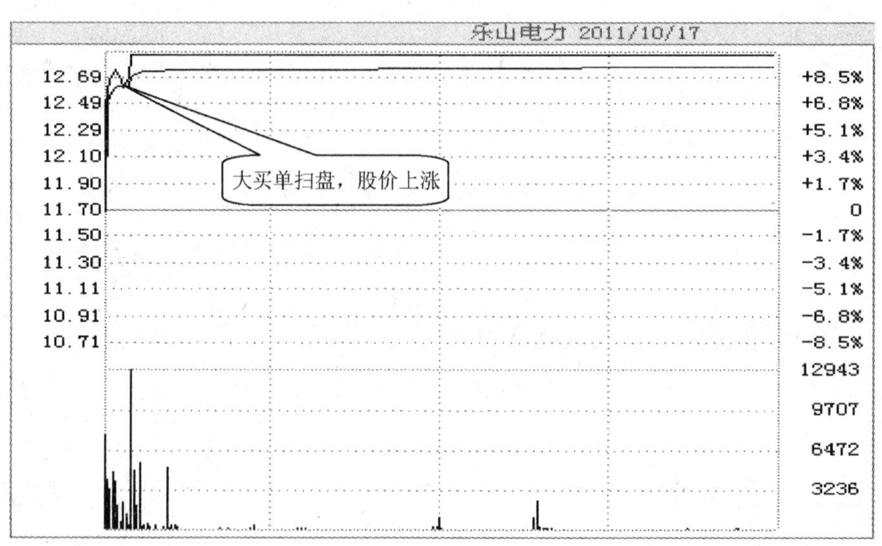

图 3—11　乐山电力分时图

如图 3—12 所示，乐山电力分时成交图上连续出现数笔大买单扫盘，不断拉抬股价，这种现象表明多方力量强烈看好后市，激进的投资者可积极买入股票。

09:22:28	12.77	0	09:43:53	12.87	5515	10:00:53	12.87	44
09:22:48	12.76↓	0	09:44:33	12.87	292	10:01:58	12.87	31
09:22:53	12.70↓	0	09:45:48	12.87	389	10:02:18	12.87	5
09:25:03	12.20↓	2306	09:46:43	[illegible]	[illegible]	[illegible]3:18	12.87	15
09:30:58	12.48↑	5355	09:47:[illegible]	[illegible]	[illegible]	[illegible]3:53	12.87	66
09:31:58	12.59↑	4160	09:48:33	12.87	82	10:04:58	12.87	47
09:32:58	12.69↑	3352	09:49:53	12.87	412	10:05:58	12.87	31
09:33:48	12.72↑	4697	09:50:58	12.87	111	10:06:53	12.87	33
09:34:53	12.76↑	3984	09:51:13	12.87	85	10:08:38	12.87	44
09:35:58	12.73↓	2034	09:52:38	12.87	256	10:09:43	12.87	58
09:36:23	12.69↓	661	09:53:53	12.87	5115	10:10:58	12.87	49
09:37:58	12.62↓	2249	09:54:28	12.87	153	10:11:38	12.87	73
09:38:58	12.67↑	1325	09:55:28	12.87	397	10:12:13	12.87	53
09:39:28	12.69↑	438	09:56:38	12.87	374	10:12:18	12.87	5
09:40:48	12.87↑	12943	09:57:58	12.87	290	10:12:23	12.87	12
09:41:53	12.87	4907	09:58:58	12.87	80	10:12:48	12.87	47
09:42:58	12.87	2091	09:59:48	12.87	52	10:12:58	12.87	31

大买单扫盘，股价上涨

图 3—12　乐山电力分时成交图

➲ 操作提高

在炒股软件的个股走势图（包括分时走势图和 K 线走势图）中按【F1】键，可以进入个股当日的分时成交列表界面；按【F2】键，可以进入个股当日的分价表界面。

（2）大买单扫盘在历史高价区出现。当大买单扫盘在高价区出现时，说明主力机构借大买单吸引投资者的目光，引来跟风盘，悄悄出货。在该操盘动作中，如果成交量放大但股价出现滞涨，则主力机构借大买单扫盘出货的概率较大。投资者应及时卖出股票。

如图3—13和图3—14所示为六国化工（600470）走势图和分时图。累计涨幅约达70%，9月22日主力机构借大买单扫盘，快速拉升股价，随后悄悄出货，至尾盘时，主力机构更是大肆出货。因此，投资者在看到大买单扫盘时，一定要分析好主力是在吸货还是在出货，而后做出正确的跟风操作。

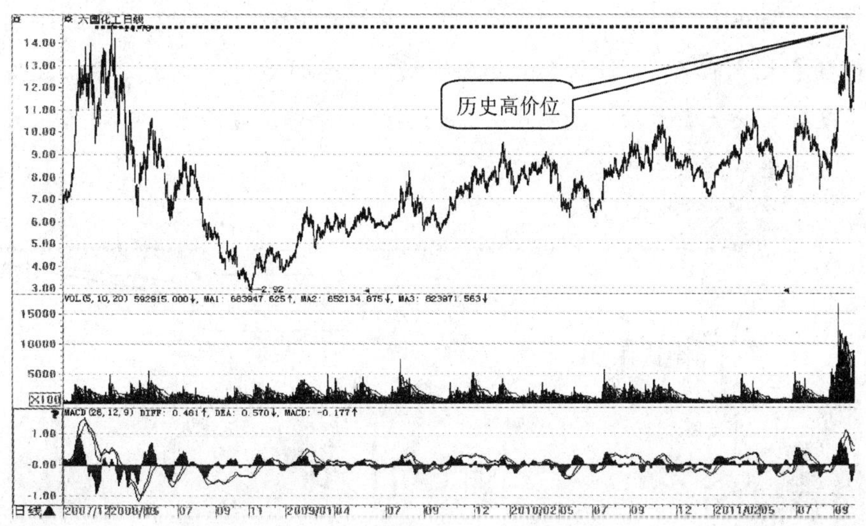

图3—13　六国化工走势图

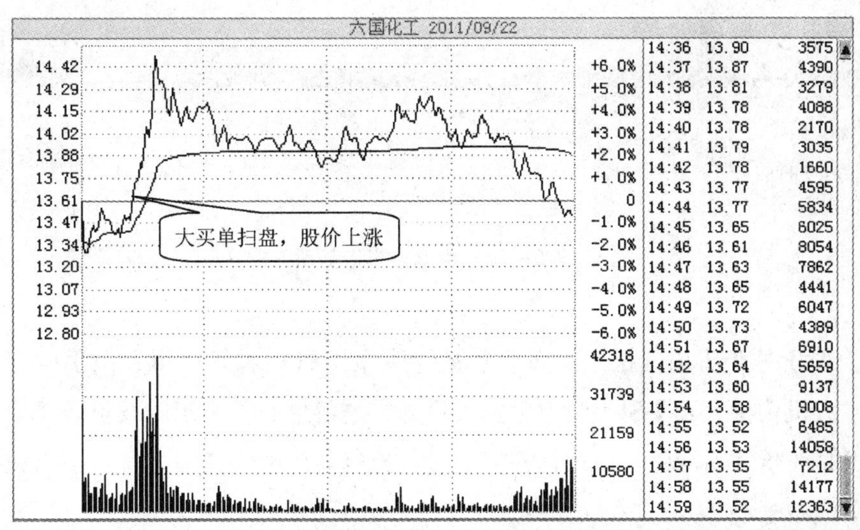

图3—14　六国化工分时图

3.3.2 大卖单砸盘

大卖单砸盘是指主力机构通过注入足够多的股票筹码跳价向下卖出股票，从而打压股价，使下档买盘一笔成交的行为。大卖单砸盘可分为以下两种情况：

（1）股价处于历史高位，大卖单砸盘说明主力机构不看好后市，积极卖出股票。出现这种情况时，投资者应跟风操作。

如图3—15、图3—16和图3—17所示为中钢吉炭（000928）走势图、分时图和分时成交图。自2011年8月初至10月中旬，其累计涨幅约达60%。且在10月18日，股票出现数笔大卖单砸盘，股价急剧下跌。随后，跟风盘涌入卖出股票，股价新低不断，最终跌停。此大卖单扫盘说明主力机构已经不看好该股后市，积极卖出股票，带动了中小投资者跟风卖出股票，致使股票跌停。

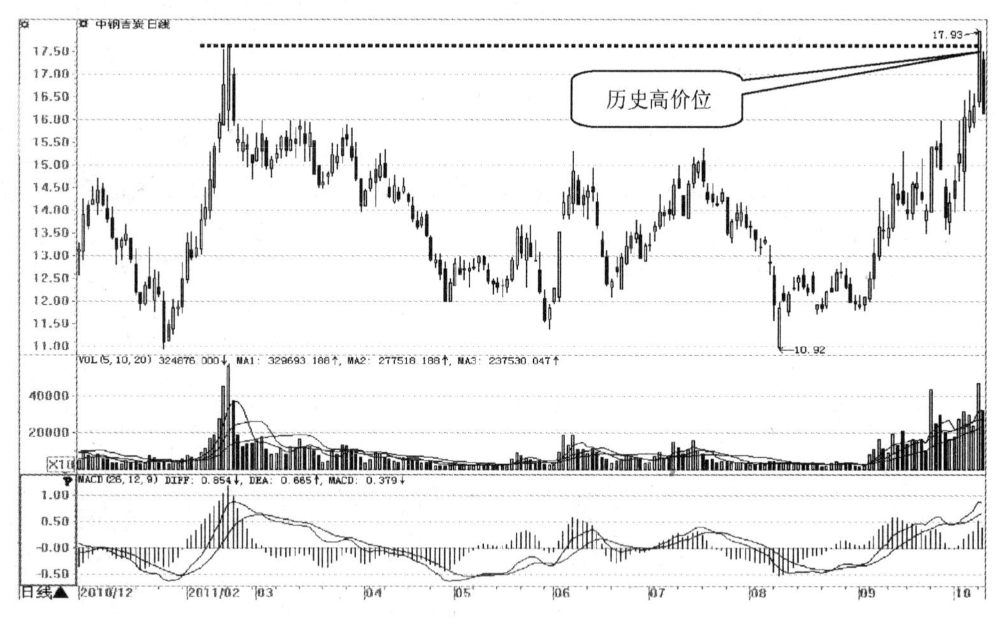

图3—15 中钢吉炭走势图

（2）股价处于历史低位，大卖单砸盘说明主力机构看好后市，但手中筹码较为有限，主力机构借大卖单砸盘吸引投资者目光，诱使信心不坚定的投资者将手中筹码让出，但是股价并不深跌。出现这种情况时，投资者应耐心持股，等待主力机构拉抬股价。

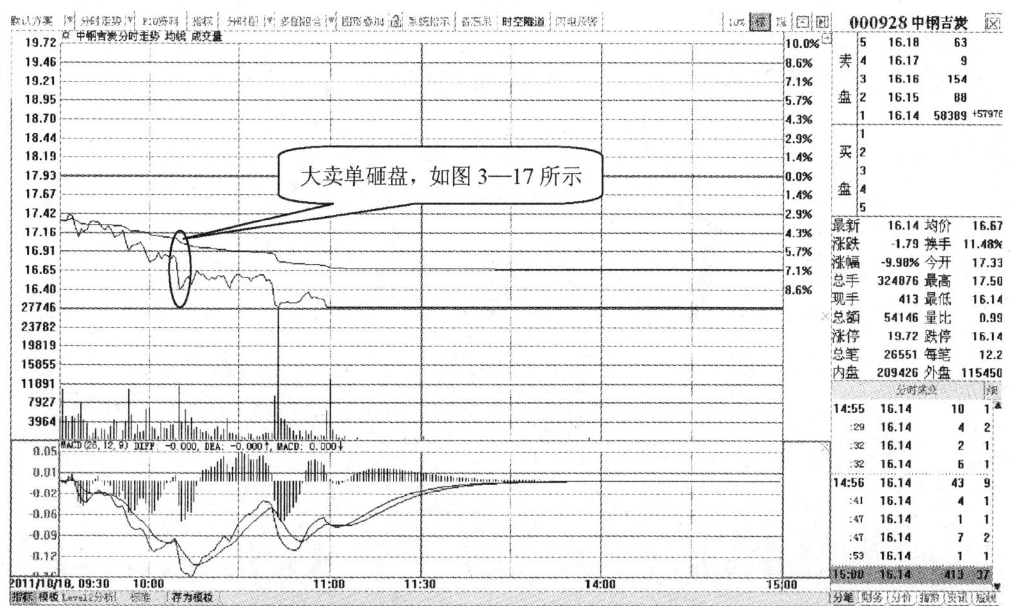

图 3—16　中钢吉炭分时图

10:05:42	16.85	65	8	10:08:03	16.84	47	7	10:09:54	16.48↓	552	39
10:05:45	16.88↑	48	6	10:08:09	16.81↓	125	13	10:09:57	16.40↓	541	56
10:05:48	16.88	11	1	10:08:12	16.81	14	[illegible]	[illegible]	[illegible]	533	11
10:05:51	16.88	94	8	10:08:15	16.81	16	[illegible]	10:10:03	16.40	824	7
10:05:54	16.87↓	23	4	10:08:18	16.81	168	27	10:10:06	16.39↓	49	15
10:05:57	16.85↓	688	31	10:09:18	16.68↓	4997	447	10:10:09	16.41↑	615	40
10:06:42	16.84↓	2793	206	10:09:21	16.68	142	22	10:10:12	16.41	134	11
10:06:48	16.81↓	165	22	10:09:24	16.65↓	634	62	10:10:18	16.50↑	626	45
10:06:51	16.83↑	42	5	10:09:27	16.61↓	1146	36	10:10:21	16.39↓	736	51
10:06:54	16.83	168	24	10:09:33	16.60↓	279	32	10:10:24	16.39	263	33
10:07:00	16.80↓	154	19	10:09:36	16.60	43	7	10:10:27	16.41↑	457	25
10:07:06	16.80	116	10	2	16.60	141	13	10:10:30	16.41	70	13
10:07:24	16.83↑	810	71	10:09:42	16.58↓	359	26	10:11:18	16.49↑	4404	340
10:07:54	16.82↓	1204	51	2	16.53↓	360	10	10:11:21	16.50↑	275	22
10:07:57	16.80↓	854	47	10:09:48	16.51↓	1093	51	2	16.49↓	81	10
10:08:00	16.82↑	305	17	10:09:51	16.53↑	480	58	10:11:24	16.50↑	278	30
2	16.84↑	62	5	2	16.51↓	147	27	10:11:27	16.51↑	7	3

图 3—17　中钢吉炭分时成交图

如图 3—18、图 3—19 和图 3—20 所示，2011 年 10 月 18 日，长春经开（600215）的股价在上午时段出现数笔大卖单砸盘，诱使很多持股的投资者纷纷挂单卖出。午盘后，主力机构开始拉升股价，上方委托卖单都已成交。主力机构吸货不够，股价还会调整，待调整完毕后，股价会有快速的上涨。此时，投资者应跟风主力，耐心持股的投资者继续持股，想买入的投资者可以分批建仓。

图3—18　长春经开历史低位

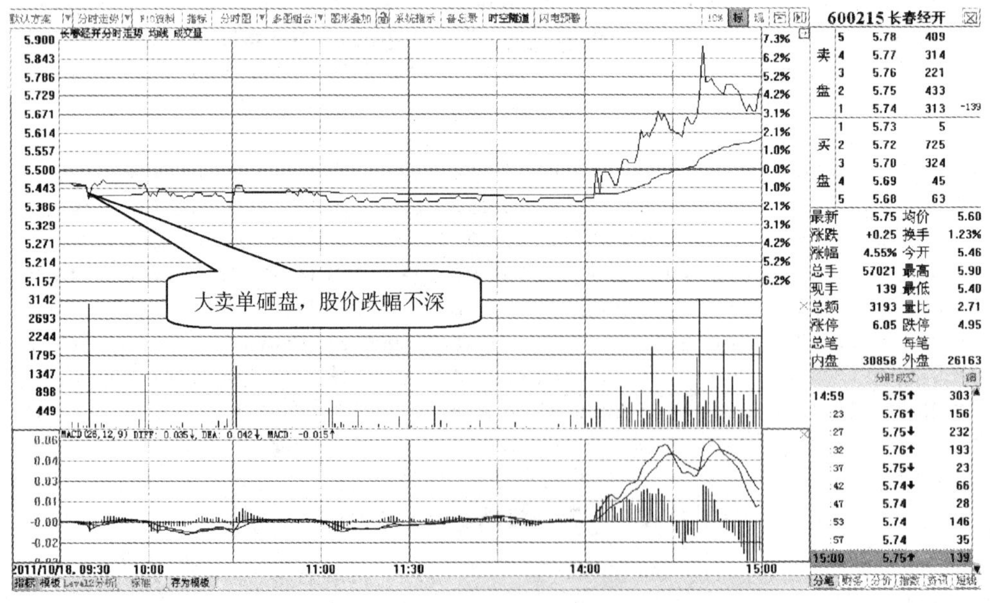

图3—19　长春经开分时图

时间	价格	成交量	时间	价格	成交量	时间	价格	成交量
09:30:07	5.46	8	09:42:42	5.45↓	8	09:53:52	5.46	6
09:30:37	5.46	1	09:43:12	5.46↑	138	09:54:32	5.46	20
09:32:57	5.46	3	09:43:17	5.46	3	09:55:37	5.46	11
09:33:02	5.45↓	88	09:43:57	5.46	10	09:56:17	5.45↓	152
09:33:32	5.46↑	29	09:44:02	5.46	1	09:56:32	5.45	50
09:33:52	5.46	64	09:44:22	5.47↑	16	09:56:37	5.45	30
09:35:27	5.45↓	159	09:44:37	5.47	100	09:57:27	5.45	18
09:36:27	5.45	10	09:[illegible]	[illegible]	5	09:58:12	5.45	306
09:37:27	5.45	95	09:46[illegible]	[illegible]	31	09:58:32	5.45	982
09:37:42	5.45	5	09:4[illegible]	5.46	10	09:58:37	5.45	10
09:37:57	5.45	1	09:[illegible]47	5.46	10	09:58:47	5.46↑	28
09:38:32	5.45	86	0[illegible]48:52	5.46	38	09:59:22	5.44↓	74
09:39:37	5.45	34	[illegible]9:49:57	5.46	17	09:59:47	5.43↓	32
09:39:57	5.41↓	3000	09:50:17	5.46	3	10:00:02	5.43	5
09:40:27	5.45↑	14	09:51:07	5.46	10	10:00:47	5.42↓	9
09:41:12	5.45	100	09:52:47	5.46	45	10:02:37	5.42	49
09:41:47	5.46↑	30	09:52:52	5.46	12	10:03:07	5.44↑	2

图 3—20　长春经开分时成交图

➲ 实战经验

长期底部出现的大卖单砸盘是诱使不坚定看好后市的投资者将股票卖出，随后主力机构便从低位分批吸货，达到洗盘目的。当大卖单砸盘在低价区出现时，若股价大幅下跌，则投资者跟风卖出。若股价未出现明显下跌，投资者可耐心等待，股价随时会被主力拉升上去。

3.3.3　破位打压后再拉升

当股价在一个支撑位获得支撑，在该价位处整理一段时间后，可能先向下跌破支撑位，然后再快速上涨，这种情况说明主力已经悄悄介入，开始拉抬股价。如果之前涨幅不大，后市可积极看涨。

如图 3—21 所示，2011 年 10 月 17 日，凤凰股份（600716）于开盘半小时内，借着前一日涨停的强势劲头，开盘后强势拉升。当接近涨停时，抛盘压力集中涌出，主力机构亦趁势打压股价，股价跌破分时均线支撑后，部分信心不坚定的投资者出货走掉。随后主力机构轻轻将股价拉到分时均线上方，此时投资者跟风意愿不强，抛盘压力也减弱。下午开盘，主力机构强势拉涨停，初步完成了对该股的第一步洗

盘动作。

该股票股价短期涨幅较大，后市可能会有回调，投资者可以逢回调买进股票。

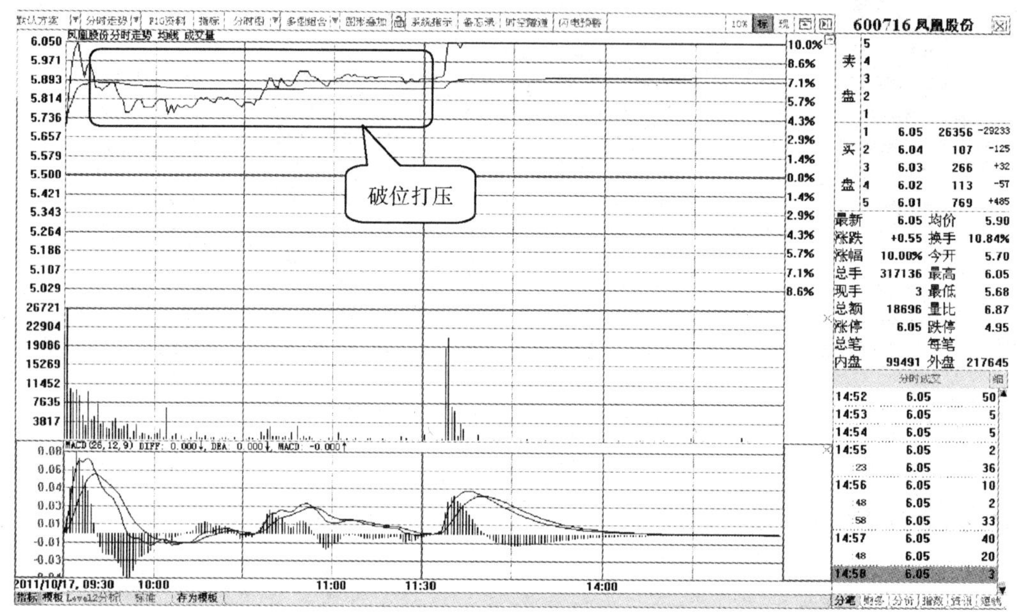

图 3—21　凤凰股份

3.3.4　随股价上涨买单不断跟进

当主力机构强势拉升股价时，难免有获利盘涌出。为了防止这些获利盘对股价造成太大影响。主力在向上买入拉升股价的同时，也会在买方一些重要的技术点位挂上大买单。这样做不仅可以减少获利盘压力，也可以防止股价下跌。这种步步为营的盘口形态显示主力想要稳健地持续拉升，未来股价将有一定的上涨空间。

如图 3—22 和图 3—23 所示，2011 年 10 月 17 日，露笑科技（002617）开盘后股价快速上涨。在一些重要的点位上不断出现大买单。这显示主力机构在拉升股价的同时不愿股价深度回调，是股价将持续上涨的信号。

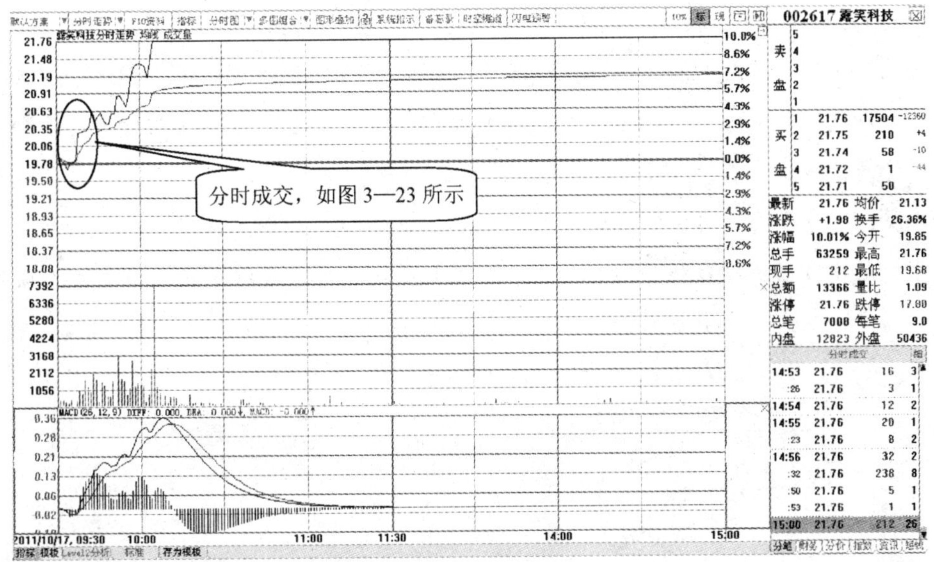

图 3—22　露笑科技

09:25:00	19.85	128	09:46:42	20.49↓	1317	10:02:27	21.20↓	29
09:30:57	19.88↑	405	09:47:33	20.42↓	669	2	21.18↓	19
09:31:57	19.81↓	447	09:48:30	20.41↓	660	10:02:33	21.18	4
09:32:57	19.79↓	310	09:49:54	20.58↑	1570	10:03:54	21.42↑	2326
09:33:45	19.68↓	257	09:50:06	20.59↑	97	10:04:54	21.76↑	7392
09:34:51	19.78↑	456	09:51:33	20.86↑	3050	10:05:57	21.76	1190
09:35:12	19.78	46	09:52:42	20.88↑	1733	10:06:57	21.76	846
09:36:24	19.85↑	431	09:53:51	20.80↓	1608	10:07:18	21.76	103
09:37:57	20.27↑	1055	09:54:30	20.70↓	772	10:08:51	21.76	721
09:38:33	20.28↑	818	09:55:36	20.85↑	1154	10:09:39	21.76	262
09:39:24	20.31↑	1615	09:56:57	21.18↑	2800	10:10:57	21.76	603
09:40:45	20.31	1226	09:57:57	21.35↑	1222	10:11:54	21.76	646
09:41:48	20.40↑	945	09:58:57	21.39↑	1465	10:12:57	21.76	538
09:42:57	20.62↑	2033	09:59:54	21.40↑	1360	10:13:51	21.76	102
09:43:57	20.45↓	1706	10:00:57	21.38↓	1270	10:14:57	21.76	165
09:44:27	20.54↑	312	10:01:15	21.36↓	297	10:15:54	21.76	114
09:45:48	20.60↑	1503	10:02:24	21.21↓	728	10:16:45	21.76	138

图 3—23　露笑科技分时成交图

3.3.5　股价长期横盘且买卖盘稀少

如果股价持续横盘时间较长，且在此期间成交低迷，买卖委托单较少，说明投资者对这只股票的后市走势不明朗。此时，有很少投资者因为看好股票而买入，也有很少投资者想要卖出。一旦股价横盘了足够长的时间，看淡后市的投资者就会卖出股票，这将打压股价，使看好的投资者越来越少，造成股价持续下跌。

如图 3—24、图 3—25 和图 3—26 所示，2011 年 10 月 18 日，凤凰光学（600071）股价一开盘就下跌，随后经历了一段时间的徘徊整理后，看淡后市的投资者终于按捺不住，纷纷卖出股票，在上午 11 点出现一波快速下跌。午后开盘股票继续横盘，成交量更加惨淡，下午 2 点，更多的投资者加入到空方来，股价出现更深幅下跌。因此，当股价处于长期横盘且买卖盘稀少时，投资者应果断卖出股票，谨防下跌造成更大的损失。

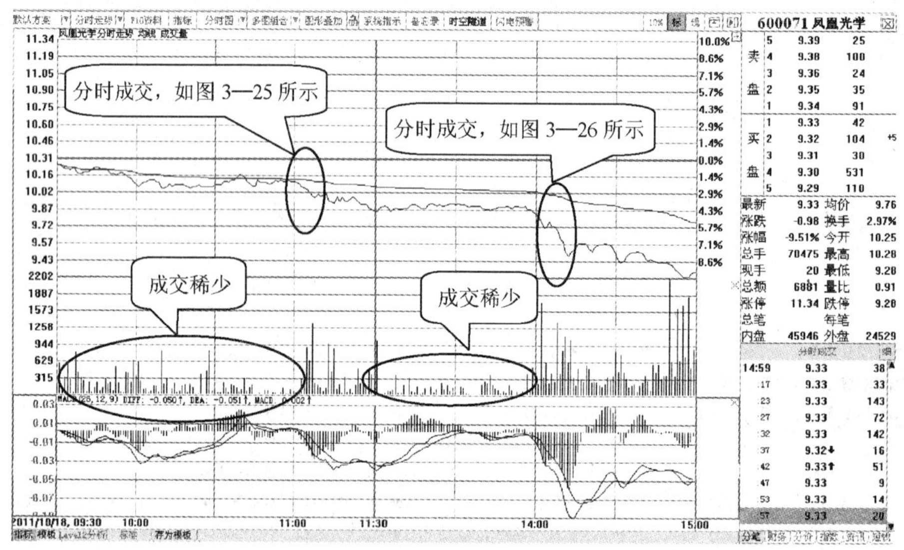

图 3—24　凤凰光学分时图

时间	价格	成交量	时间	价格	成交量	时间	价格	成交量
11:00:52	10.10	20	11:04:42	10.02↓	508	11:06:37	10.00↑	10
11:01:02	10.10	17	11:04:52	10.04↑	15	11:06:42	9.96↓	110
11:01:32	10.10	42	11:05:02	10.01↓	93	11:06:47	10.00↑	20
11:01:57	10.09↓	1	11:05:07	10.02↑	2	11:06:52	10.00	14
11:02:07	10.09	8	11:05:12	10.02	32	11:06:57	9.98↓	64
11:02:22	10.09	7	11:05:17	10.01↓	85	11:07:02	9.98	17
11:02:32	10.09	17	11:05:22	10.02↑	1	11:07:12	9.98	50
11:02:47	10.06↓	286	11:05:27	10.01↓	30	11:07:17	9.98	5
11:03:07	10.06	52	11:05:37	10.00↓	388	11:07:22	9.98	10
11:03:17	10.06	32	11:05:47	10.01↑	10	11:07:27	9.98	36
11:03:22	10.06	3	11:05:52	10.01	2	11:07:32	9.98	39
11:03:37	10.07↑	2	11:06:02	10.00↓	1016	11:07:37	9.98	23
11:03:42	10.06↓	67	11:06:07	10.00	8	11:07:42	9.96↓	18
11:03:52	10.06	189	11:06:12	10.00	2	11:07:47	9.97↑	6
11:03:57	10.05↓	35	11:06:17	9.98↓	55	11:07:52	9.97	10
11:04:07	10.04↓	122	11:06:22	9.98	[illegible]	[illegible]	9.97	15
11:04:22	10.03↓	231	11:06:27	9.98	[illegible]	[illegible]	9.97	45
11:04:37	10.03	24	11:06:32	9.98	5	11:08:12	9.97	38

大笔卖单

图 3—25　凤凰光学分时成交图

14:00:32	9.81	167	14:03:22	9.70	196	14:05:27	9.75↑	10
14:01:02	9.80↓	531	14:03:27	9.71↑	85	14:05:37	9.75	167
14:01:12	9.80	177	14:03:32	9.71	15	14:05:47	9.74↓	83
14:01:17	9.80	39	14:03:37	9.72↑	7	14:05:52	9.74	5
14:01:22	9.80	777	14:03:42	9.72	[illegible]	[illegible]	9.73↓	66
14:01:27	9.78↓	85	14:03:47	9.75↑	21	14:06:07	9.73	47
14:01:32	9.78	17	14:03:52	9.72↓	50	14:06:17	9.72↓	11
14:01:37	9.78	20	14:04:02	9.72	16	14:06:22	9.72	36
14:01:42	9.78	15	14:04:07	9.72	60	14:06:27	9.72	47
14:01:47	9.77↓	37	14:04:17	9.75↑	18	14:06:32	9.72	101
14:01:57	9.76↓	41	14:04:22	9.74↓	115	14:06:47	9.72	20
14:02:42	9.74↓	232	14:04:32	9.75↑	5	14:07:17	9.71↓	840
14:02:47	9.71↓	105	14:04:37	9.75	16	14:07:22	9.72↑	4
14:02:57	9.71	1	14:04:52	9.77↑	12	14:07:27	9.71↓	163
14:03:02	9.70↓	57	14:05:02	9.77	29	14:07:32	9.70↓	313
14:03:07	9.72↑	47	14:05:07	9.77	6	14:07:47	9.69↓	20
14:03:12	9.70↓	82	14:05:17	9.76↓	10	14:07:52	9.69	29
14:03:17	9.70	46	14:05:22	9.74↓	58	14:08:02	9.68↓	40

图 3—26　凤凰光学分时成交图

3.3.6　涨停板特殊盘口

涨停板特殊盘口通常会出现阶梯形大单封住涨停、涨停板封单被突然撤销、涨停板封单重新排列三种盘口。

(1) 阶梯形大单封住涨停是指股价被大单封在涨停板上时，在委托买二、买三位置上仍然出现大买单。这些大买单明显不是为了买入股票，而是主力特意挂在这里的。主力这样做的目的主要是防止股价下跌。有时既有大量散户想在涨停板上买入股票，也有大量散户想要逢高卖出。这时主力就会任由散户在涨停的价位上交易股票，自己只要将大买单挂在买二或者买三的位置，以此保证股价不再下跌。

如图 3—27 所示，2011 年 3 月 25 日，漳泽电力（000767）股价涨停后，其涨停封单呈现了阶梯形态。即除买一位置的大单外，从买二至买五的位置也有大单存在。这个形态说明在涨停价位上有大量卖单压力，而下方买盘力量也很充足。主力只要确保股价不下跌，可以任由散户在涨停价位上交易。

➲ 实战经验

主力在涨停板买二、买三位置挂大单的另一个目的可能是为了造势出货。主力在涨停价位出货时，为了防止散户因为涨停板打开而恐慌，往往需要在一些较低的位置上使用大买单托市。

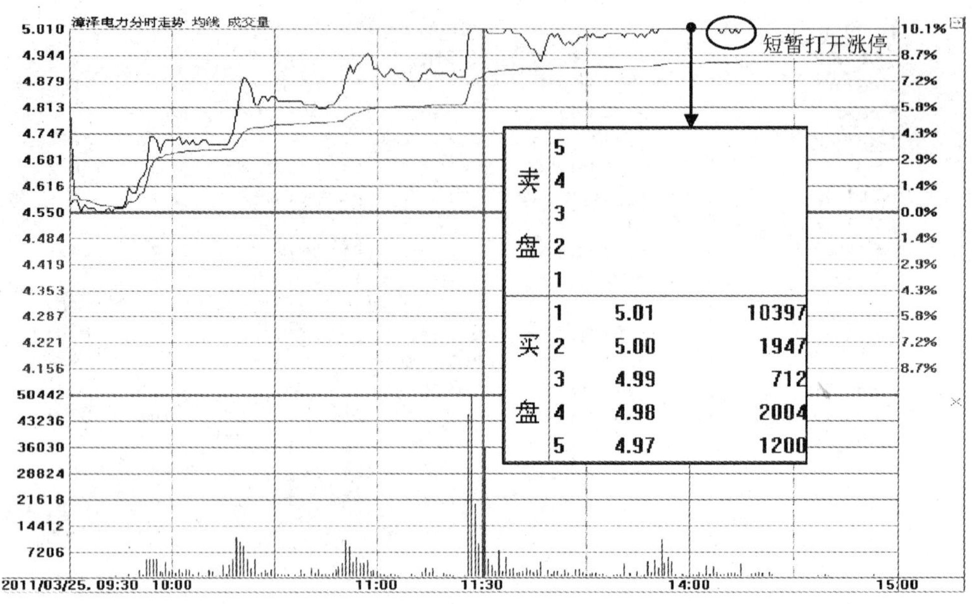

图3—27　漳泽电力分时盘口（2011年3月25日）

（2）涨停板封单被突然撤销是指在买一委托上的大笔买单突然减少很大一笔数量，而成交量很少时，说明主力将自己全部或者一部分的买单撤销了。主力这样做的目的可能是借势出货。主力之前拉升股价到涨停位置或许只是为了吸引跟风盘，为出货进行准备。当股价涨停、大量跟风盘进入后，主力的准备工作就已经完成。此后主力自然就会将自己的买单撤销，大力向下卖出。此前在涨停板上排队等待的散户看到有涨停板打开的机会，多数也会继续向上买入。

如图3—28所示，2011年4月19日开盘后，＊ST偏转（000697）股价很快就被封在涨停板上。直到11:00之后，封住涨停板的大买单突然减少。图中所示为连续两分钟的分时盘口。从中我们可以看到，买一位置的超过10 000手买单瞬间减少为7 000多手，而这一分钟内的累计成交量只有300手左右。这明显是主力将自己的买单撤销了。这种盘口形态给投资者一个明确的信号，主力将要借涨势出货了。

如图3—29所示，从K线图中可以明显看出，截至4月19日开盘，＊ST偏转已经连续多个交易日涨停，上涨趋势已经形成。这也正是主力出货的最好时机。

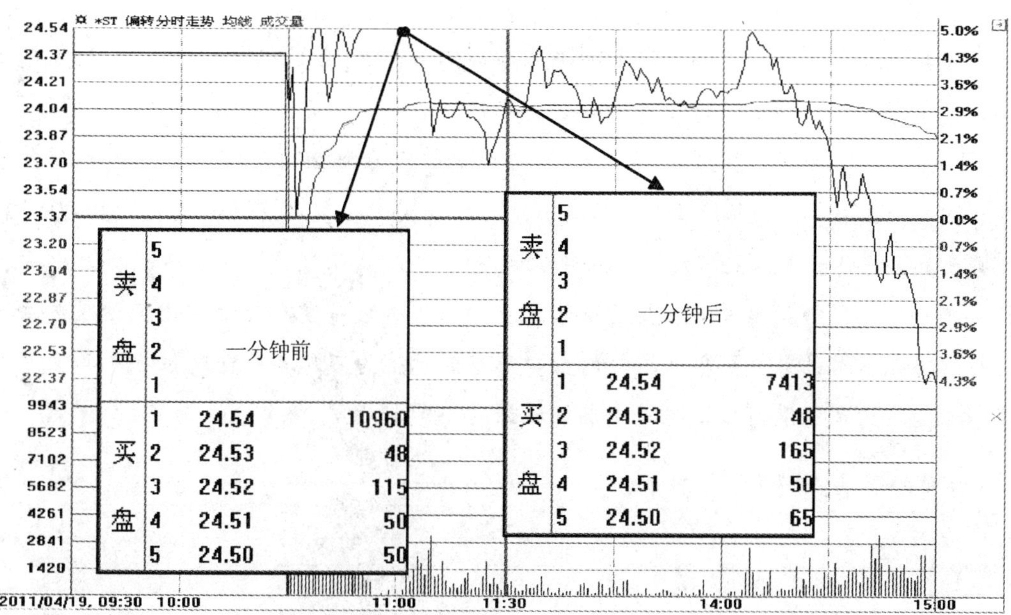

图 3—28 ＊ST 偏转分时盘口（2011 年 4 月 19 日）

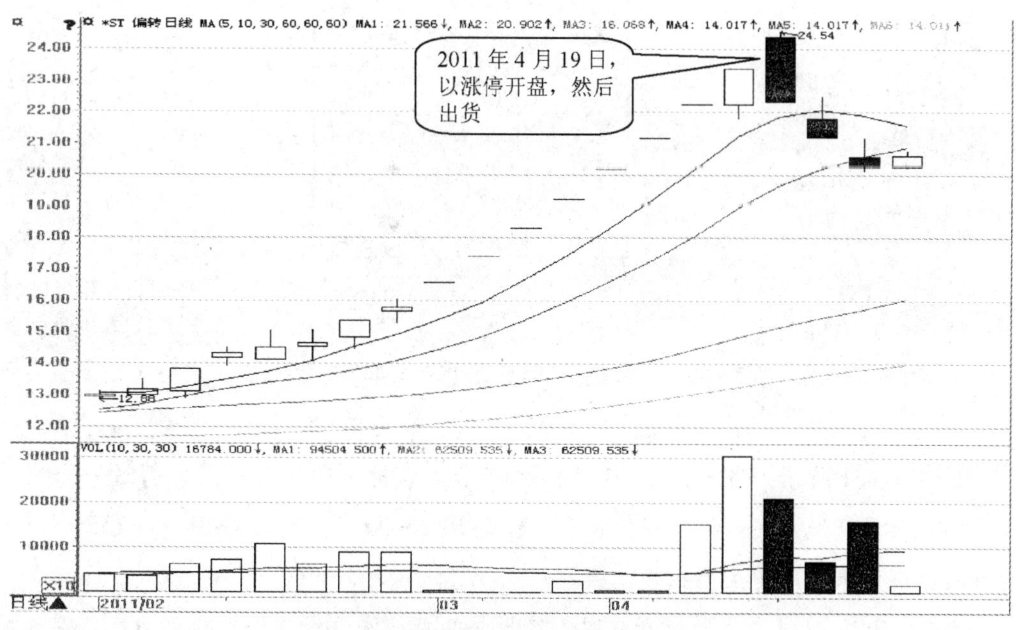

图 3—29 ＊ST 偏转日 K 线

（3）涨停板封单重新排列是指主力凭借股票交易中的“时间优先”原则，在强力封上涨停后，主力并不打算买入股票，会把自己的大买单分批撤销，然后再挂上，这样就可以在总封单不变的情况下使自己的买单挂在买入队列的最后。当有人在涨停板卖出股票时，首先买入的是排在前边的散户买单。主力大单放在队尾，虽然看似涨停封板十分牢固，实际上主力并没有买入股票。

如图 3—30 所示，2011 年 3 月 29 日开盘后，如意集团（000626）股价被快速拉升至涨停。上午 10:50—11:00 之间，分时盘口中买一位置的买单从超过 20 000 手迅速减少到 4 000 多手，之后又增加到超过 15 000 手。这明显是主力在重新排队，先撤销买单然后重新将买单挂上。此后虽然封涨停的买单数量没有太大变化，但首先成交的将是排在前边的散户买单。这样的盘口形态显示主力不愿在涨停价位上承接太多股票。这是主力已经没有信心将股价继续拉升的信号。

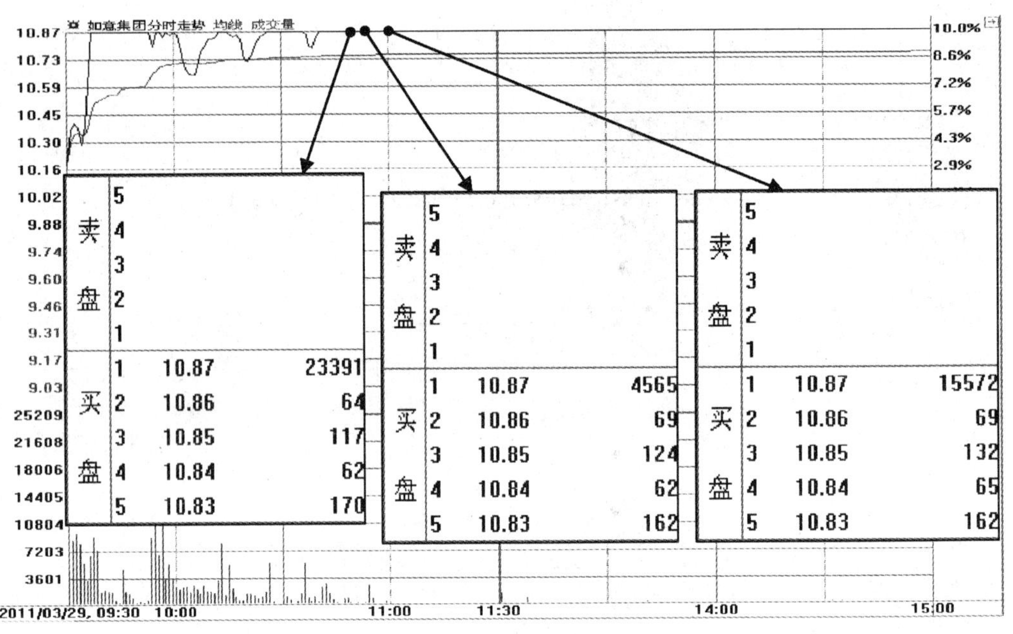

图 3—30 如意集团分时盘口（2011 年 3 月 29 日）

如图 3—31 所示，当 3 月 29 日股价涨停后，如意集团停盘一天。再过一个交易日股价直接低开低走，最终以跌停收盘。结合此前一段时间的 K 线图可以看出，这天股价放量跌停很可能是主力在砸盘出货。

至此，3 月 29 日主力的操盘意图已经十分明显。在这个涨停之前主力已经对继续拉升股价没有信心，而且想要尽快将手中的股票卖出。这个交易日股价涨停只是主力为了吸引跟风买盘，并且为之后的砸盘出货留下下跌空间。

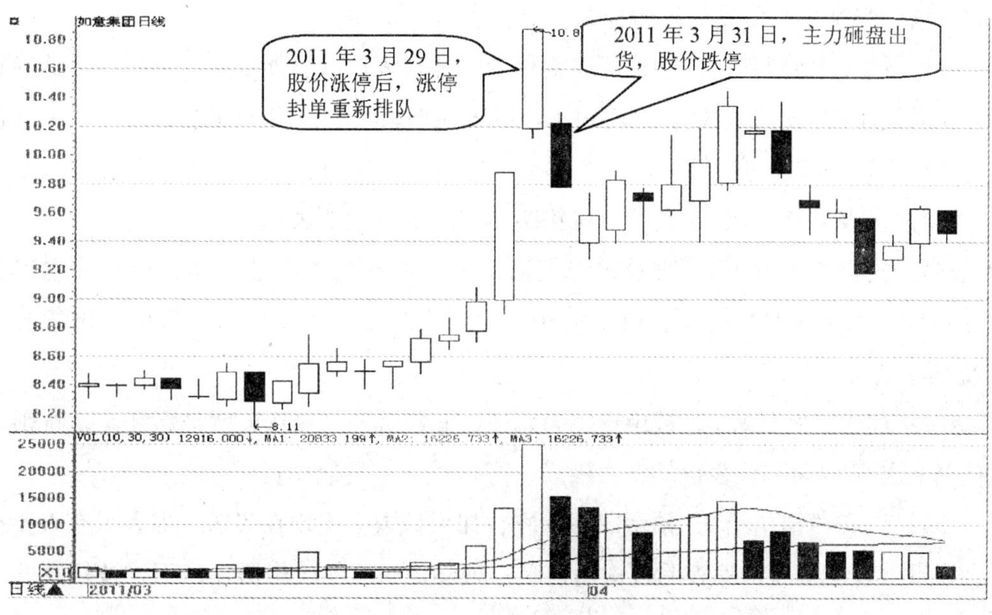

图 3—31　如意集团日K线

➲ 实战经验

主力这样做的目的可能是不想买入太多股票甚至想在涨停板上卖出部分股票，或者就是想出货。当主力机构在涨停板上出货时，可能会使用这种买单重新排队的方法，这样操作后，主力在涨停板上小单出货时，首先成交的是排在前边的散户买单。而散户看到后边有主力封单保护，暂时也不会感到恐慌。

3.3.7　泄露主力操盘密码的买卖挂单

主力操盘密码是指主力对主力或其他机构市场参与者产生快速沟通暗示的数字。在股票的分时图上，右上角的上下买卖挂单和成交量的数字价格都暗藏玄机，这就被称为各大主力的操盘语言密码。

这些买卖挂单形成的盘口语言通常都意味着某种约定。由于机构在做盘时，出于某种目的不能利用当代通信工具沟通，所以在挂单上打出特殊数字的买卖大单也就成为一种信号，这种信号可能意味着建仓或出货，也意味着警告做多或引诱。下面笔者根据市场资料举一些常见的特殊挂单，仅供参考。

111：代表“要要要”，如果压在卖单处，那代表该股可能下跌，将还有更低的卖点；如果是压在主动买盘处，那就预示该股可能即将拉升。需要注意的是，如果是在历史高位，拉升波段可能结束。

222：代表“让让让”，是某一机构暗示单方面行动的表示。

333：代表“赚赚赚”，表示即将上涨，无论是挂在买盘还是卖盘；另外也代表“闪闪闪”，如果该股在高位，或连续在卖单出现此数字，那可能是机构要出货的一种表示。

444：代表“死死死”，被市场称为恶庄，不是用大单疯狂买就是疯狂卖，特别是在挂单上出现 4444，代表机构实力极强，不惜成本买货或卖货。

555：代表“捂捂捂”，预示即将上涨，如果该数字出现在买盘，那表示有人要接盘；如果出现在卖盘，那表明机构还在吸筹阶段，叫其他机构捂住，不要被短期的波动所左右。

666：代表“溜溜溜”和“留留留”，如果出现在卖单，则可判断是主力要出货的一种暗示；而出现在买单，是一种叫各大机构留住股票的暗示。

777：代表“吃吃吃”，表明主力要吃货，手中筹码不够的一种表现，也是多家机构共同买股的信号。

888：代表“发发发”，通常代表发财的意思，出现此密码，代表该股将进入拉升阶段，但是随着近期该密码被市场所熟悉，现在的 888 多为发货的意思，即主力出货。

999：代表“救救救”，一般是指某一家机构的现金或筹码用光了，打出该密码，让另外一个合作机构接盘的意思。

168：代表“一路发”，一般这种挂单如果出现在低位横盘时，是一种拉升前的征兆，代表一路持有、一路发财。但值得警惕的是，如果该股在高位，可能是主力机构放出的烟幕弹。

158、1558、1588：代表“我要发”的多种组合，此数字代表机构仍然在建仓，一般在刚开始建仓和建仓进行到一半的过程中发出。

5858：代表“捂发捂发”，此种密码出现，代表主力很可能将此股做成长线牛股，出现慢牛的可能性比较高。

123、456、789：类似这种三个连续数字的密码，也值得关注，一般都是个股需要启动的信号。

如图3—32所示，2011年10月24日，久其软件（002279）尾盘出现156手，可译为“要捂牢”表明主力暗示，涨幅初期，有洗盘需要，请配合的投资者捂住筹码。

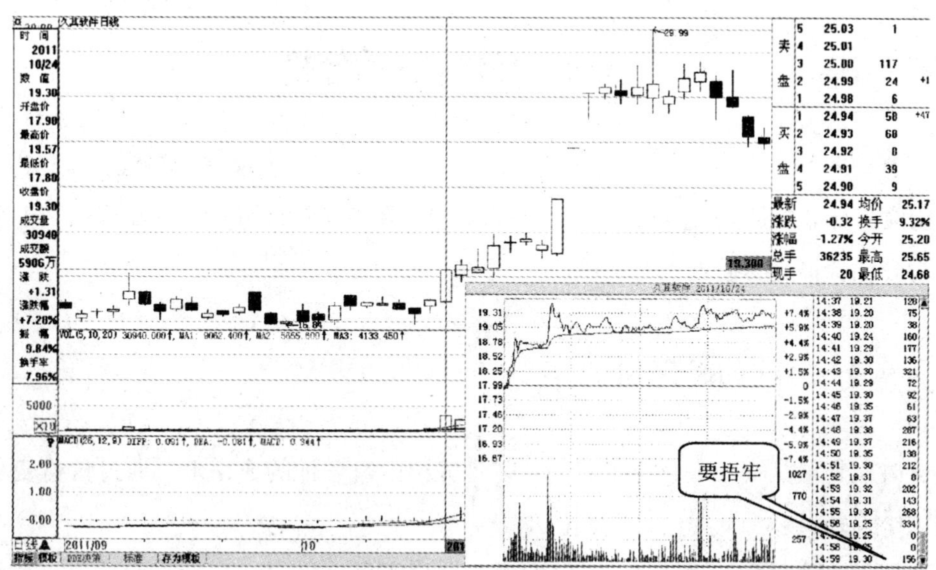

图3—32 久其软件

3.4 分时指标分析

分时指标是指股票交易软件里的日分时走势图及其下面的分时技术指标。可以显示出每分钟行情交易情况的走势图。

3.4.1 分时成交量

分时成交量是指在大盘或个股的分时走势图中每分钟的成交量。通过价格变化和量的大小关系可以推断分时线的趋向走势。

如图3—33所示，2011年10月19日，威海广泰（002111）一开盘便受到抛盘力量打压，股价一度下跌，但受到多方力量的强烈支撑后，股价企稳。分时成交量都比较大，说明此时多空双方争斗激烈。午后，股价围绕分时均线震荡，分时成交量更加萎缩。尾盘时，多方力量再次发力上攻，站上分时均线。从分时成交量来看，股价在此价位受到强烈支撑，但上方抛盘压力仍然很大，除非多方力量愿意用更多资金来拉抬股价，否则股价很难上涨。由此得出，持有该股的投资者可暂时持有，若股价跌破强烈支

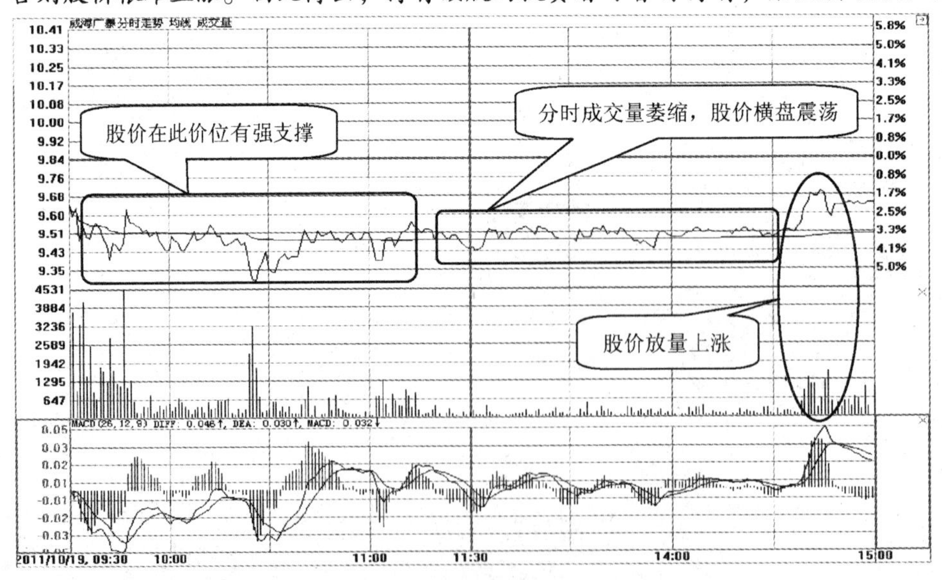

图3—33 威海广泰分时走势图

撑，则卖出股票。若股价被多方拉升，则继续持有股票，待有利时机，再卖出股票。

3.4.2 量比指标

量比是衡量相对成交量的指标，代表每分钟平均成交量与过去5个交易日每分钟平均成交量之比。同时量比也是分析行情短期趋势的重要依据之一。量比数值大于1表明当前成交量较5日均量有所放大；若量比数值小于1，则表明当前成交量与5日均量相比在缩小。量比计算公式为：

量比=现成交总手数÷(过去5日平均每分钟成交量×当日累计开始时间)

从量比的计算过程可以知道，该指标反映当前盘口的成交力度与最近5天的成交力度的差别。这个差别值越大表明当日该股流入的资金越多，盘口成交越趋活跃。因此，量比资料可以说是盘口语言的翻译器，它是超级短线临盘实战中洞察主力短时间动向的秘密武器之一，更适用于短线操作。

如图3—34所示，2011年11月23日，金运激光（300220）的分时指标上的量比指标极度活跃，只用了15分钟，股票即封上涨停。其量比曲线呈现出圆弧形的形状。股票开盘，量比指标显示买盘力量涌入，主力趁势买入筹码，盘中散户投资者跟风意愿强烈，主力进一步拉升至涨停。投资者顿时惜售，不再卖出股票。

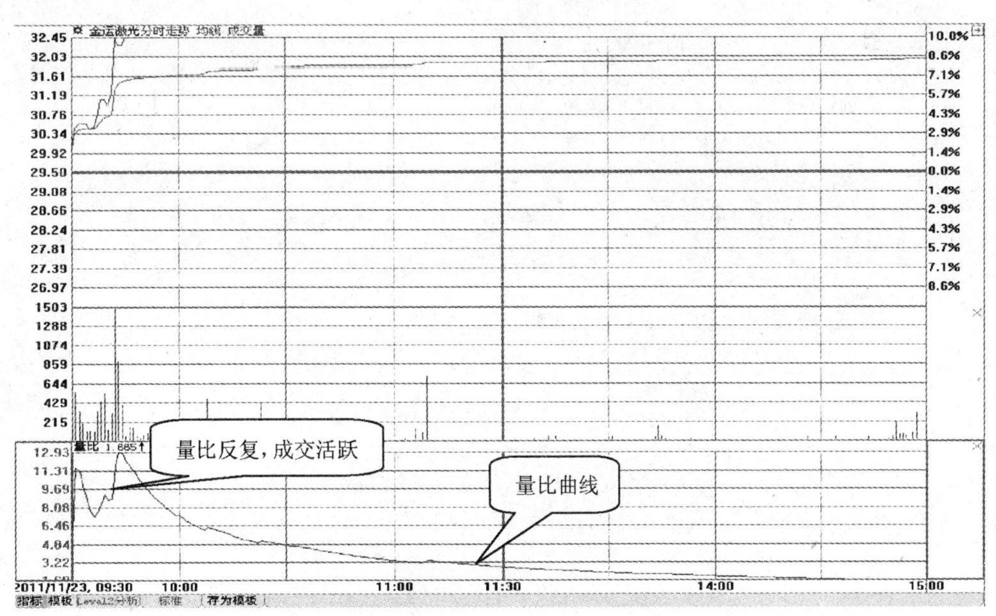

图3—34 金运激光分时走势图

第 4 章

K 线形态分析

4.1 用炒股软件看 K 线

4.1.1 查看大盘和个股 K 线图

投资者进入大盘分时走势界面以后，双击分时走势界面就可以进入大盘的 K 线图形，如图 4—1 所示。再次双击就可以退回大盘分时走势。

图 4—1 上证指数 K 线图

同样，在个股分时图界面中，投资者双击就可以进入个股 K 线图界面，再次双击可以退回分时图界面。如图 4—2 所示为浦发银行（600000）K 线图。

➲ 操作提高

投资者使用【F5】键，可以在分时图和 K 线图间切换；使用回车键，可以在分时图、K 线图和股票行情界面三者间切换。

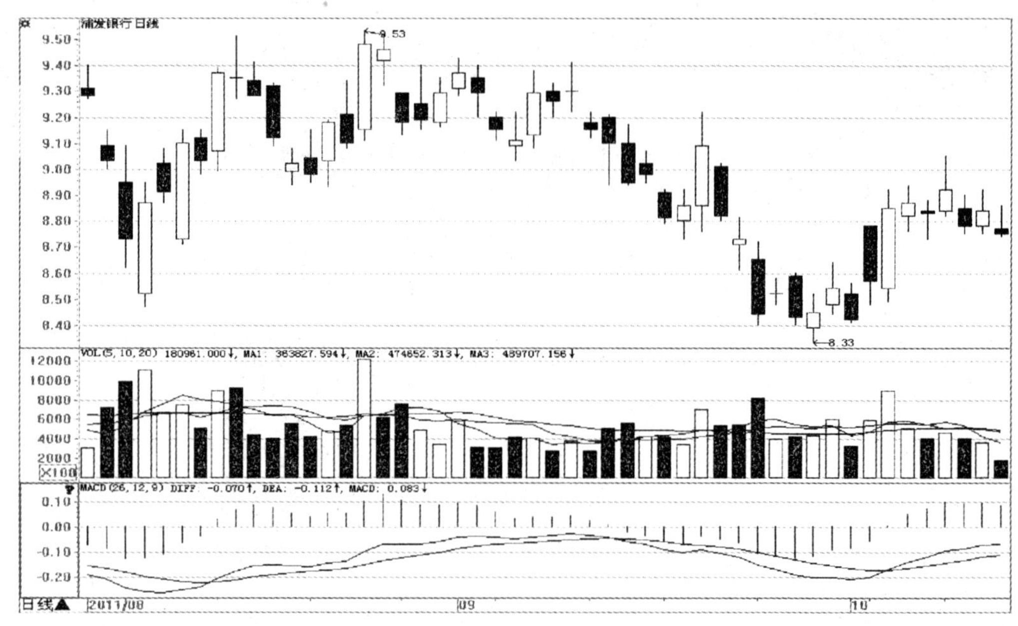

图 4—2　浦发银行 K 线图

4.1.2　K 线图的基本操作

在 K 线图中，按“↑↓”上下键可以放大缩小图形，按“← →”左右键可以移动查看历史 K 线，按【Page Up】【Page Down】两个键可以翻看前一只股票和后一只股票。

投资者第一次查看 K 线图时，图上会默认叠加一组移动平均线。如果投资者不想被移动平均线干扰，可以选中其中一条曲线后单击右键，从中选择“删除指标”功能，如图 4—3 所示。

➲ 操作提高

调用移动平均线指标的快捷键为“ma”加回车。如果投资者不想查看移动平均线，也可以再次输入“ma”加回车将曲线删除。

3012.04
F10资料
加入自选股
加入到板块
所属板块
显示备忘录
新增备忘录
标注备忘录
十字光标
复制数据
锁定显示时段
新增闪电预警
指标用法注释
调整指标参数
删除指标
修改指标公式
指标横向分布
隐藏快速页面工具栏
显示常用指标工具栏
重新设计版面
保存版面设计
切分子窗口

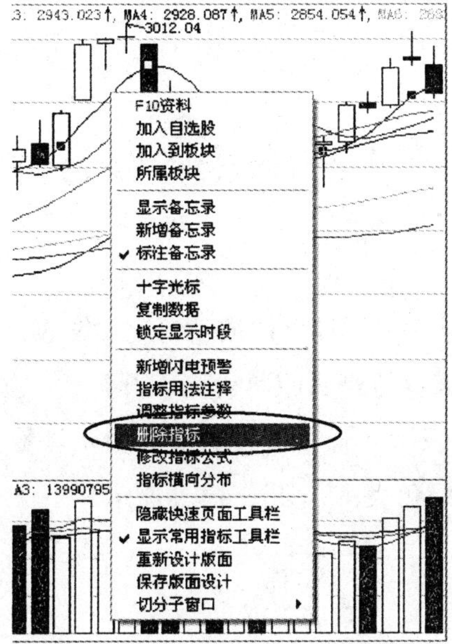

图 4—3 删除移动平均线

4.2　单根K线分析

K线图是反映价格在某一时间周期内波动情况的图表，它由开盘价、收盘价、最高价、最低价4个要素构成。若当日收盘价高于开盘价，则表明价格处于上涨状态，此时K线多用白色或红色表示；若当日收盘价低于开盘价，则表明价格处于下跌状态，此时K线多用黑色或绿色表示，如图4—4所示。

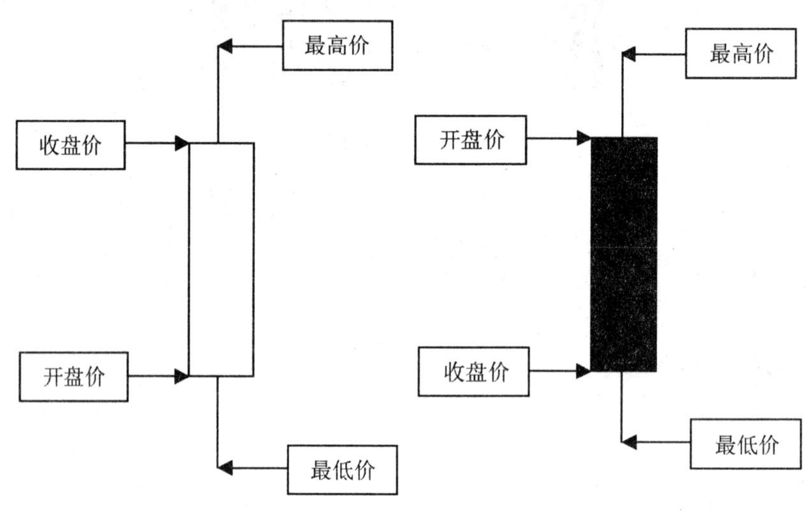

图4—4　阳K线和阴K线

K线图上面布满了黑白各式各样的K线，那么如何来看这些K线，这里简单介绍一下看K线的基本方法。

一看阴阳

阴阳代表趋势方向，阳线代表股价将继续上涨，阴线表示股价将继续下跌。以阳线为例，在经过一段时间的多空拼搏，收盘高于开盘表明多头占据上风。根据惯性，若空方力量不再增加，则价格仍将按原有方向与速度运行，因此，阳线预示下一阶段仍将继续上涨，最起码能保证下一阶段能惯性上冲。故阳线往往预示着继续上涨，这一点也极为符合技术分析中三大假设之一的股价沿趋势波动，而这种趋势而为也是技术分析最核心的思想。

二看实体大小

实体大小代表内在动力，实体越大，上涨或下跌的趋势越是明显，反之趋势越不明显。以阳线为例，其实体就是收盘高于开盘的那部分，阳线实体越大说明了上涨的动力越足，就如质量越大与速度越快的物体，其惯性冲力也越大的物理学原理。阳线实体越大代表其内在上涨动力也越大，其上涨的动力将大于实体小的阳线。同理可得阴线实体越大，下跌动力也越足。

三看阴线长短

影线代表转折信号，向一个方向的影线越长，越不利于股价向这个方向变动，即上影线越长，越不利于股价上涨，下影线越长，越不利于股价下跌，以上影线为例，在经过一段时间多空斗争之后，多头终于晚节不保败下阵来。不论 K 线是阴还是阳，上影线部分已构成下一阶段的上档阻力，股价向下调整的概率较大。同理可得下影线预示着股价向上攻击概率较大。

4.2.1 大阳线

一般而言，当 K 线涨幅达 7%以上时，称此 K 线为大阳线。大阳线表示买盘相当强劲，后市看涨，但在不同时期，应区别对待。在低价区域突然出现大阳线，投资者可以看涨买进。在长期盘整之后突然出现大阳线，投资者也可果断买进。在高价区出现大阳线时，应谨慎对待。

如图 4—5 所示，2011 年 6 月 23 日，百润股份（002568）日 K 线图上出现了上影线略长于下影线的大阳线。底部带量出现大阳线，激进的投资者可以买入股票。但因其上影线较下影线长，稳健的投资者可以等回调后再买入股票。

➲ 实战经验

1. 大阳线出现在下跌行情的底部，其往往伴随着较大的成交量。

2. 若股价在底部大阳线之后出现连续上涨，则预示该股很强势，投资者可追涨买入。

3. 若股价在底部大阳线之后有回调，则只要回调幅度不跌破阳线实体的 1/2，投资者可在回调处加仓买入，否则卖出。

图4—5 百润股份日K线

4.2.2 大阴线

当K线跌幅达7%以上时，称此K线为大阴线。大阴线表示卖盘强劲，后市看跌，但在不同的阶段，应区别对待。在高价区出现大阴线时，是股价反转之兆，投资者应卖出股票，走为上策。在盘整之后，出现大阴线时，表示多数投资者看淡后市，此时投资者应卖出股票。在低价区出现大阴线时，市场的卖压并非较大，投资者可持观望态度。

如图4—6所示，2011年8月8日和9月28日，六国化工（600470）日K线图上先后出现了底部大阴线跟高位大阴线，两个大阴线因其所处位置不同，所以起到的作用也不相同。底部大阴线出现时，股价跌幅已经较大，此时卖出颇不划算，投资者可耐心持股观望。高位大阴线出现后，股价跌破前期整理区间，投资者可卖出股票。

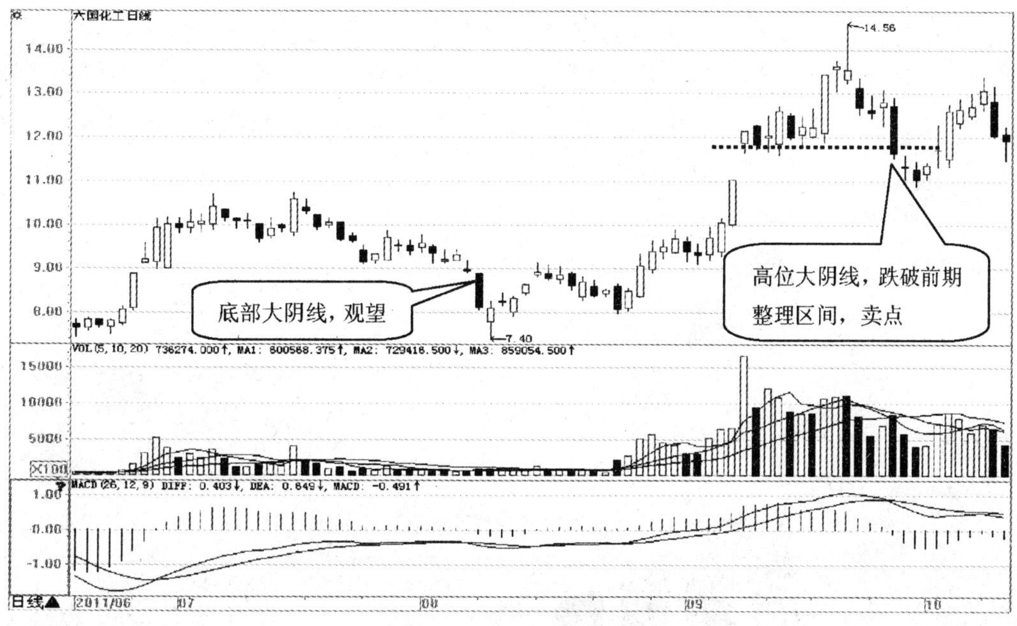

图 4—6　六国化工日 K 线

➲ 实战经验

1. 大阴线出现在下跌行情的初期，往往伴随着较明显的看跌信号。

2. 若股价在底部大阴线之后出现连续上涨，当且仅当股价突破大阴线最高点时，预示着该股发生反转，投资者可追涨买入。

3. 若股价在大阴线之后有个小反弹，只要反弹幅度和成交量不能有效放大，这仅是机构诱多，投资者应果断卖出股票。

4.2.3　十字线

K 线的开盘价与收盘价在同一价位上且其最高价与最低价不在同一价位上时，一般称此 K 线为十字线。十字线表示买卖双方的力量势均力敌。十字线可以用来判断短线行情是否反转，一般来说，如果十字线出现在连日上涨之后，就可能是下跌的信号；而如果出现在连日下跌之后，就可能是上涨信号。

如图4—7所示，2011年10月10日，西部材料（002149）经过一波下跌后出现十字线，股价随即反转上涨。10月17日，股价上涨一波结束时，出现十字线，随即股价下跌。由此推断，当十字线完成时，投资者可以买入或卖出股票。

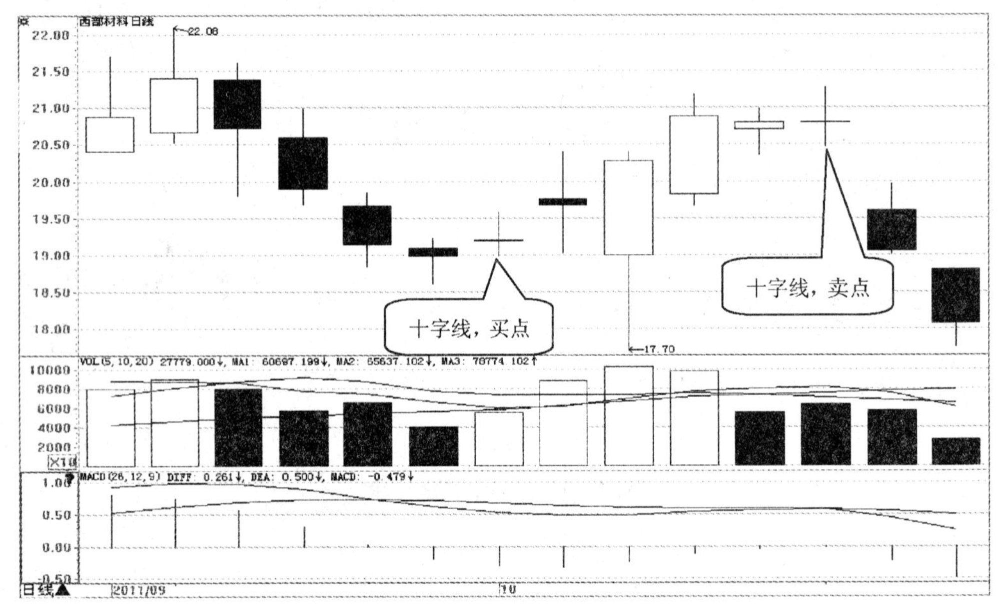

图4—7　西部材料日K线

➲ 实战经验

1. 投资者在低位十字线买入股票后，可将止损位设在十字线的最低点。

2. 投资者在高位十字线卖出股票后，若股价突破十字线高点，投资者可以考虑再买回来。

3. 十字线出现在震荡行情时，其信号最强烈；出现在上涨行情或下跌行情时，其信号往往出现反复。

4.2.4　锤头线

锤头线的形状类似于锤头。其实体部分很小，下影线很长，其下影线至少是实体的2倍，且其上影线很短或没有上影线。锤头线出现在下跌行情底部，表明空方力量衰竭，多方力量增强。说明股价将见底，后市上涨概率较大。

如图 4—8 所示，2011 年 6 月 21 日，隆基机械（002363）在一波急速下跌后出现了锤头线，表明空方力量衰竭，多方发力拉升股价，股票将展开一波上涨行情。6 月 22 日，股价跳空高开，投资者可积极买入股票。

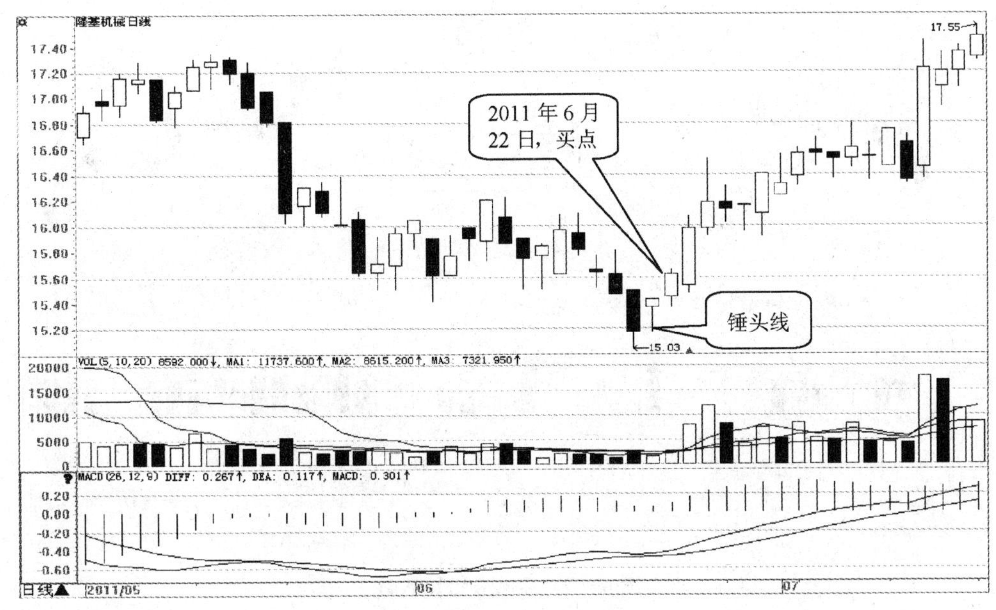

图 4—8　隆基机械日 K 线

➲ 实战经验

1. 若第二日股价突破锤头线最高价，投资者可以买入股票。若股价再次跌破该形态底部，则投资者应卖出股票。

2. 若锤头线与前一根 K 线组合成一组 K 线看涨形态，则该锤头线的看涨信号更强烈，投资者可在锤头线形成当日买入股票。

4.2.5　流星线

流星线往往出现在上涨行情中的顶部，其形状像流星一样在天空中划过，表明顶部已经来临。如出现流星线，投资者可以先卖出一部分股票。若次日继续下跌，投资者要全部卖出。流星线的实体部分很小，上影线很长，其上影线至少是实体的 2 倍。

如图 4—9 所示，2011 年 7 月 8 日，盐湖股份（000792）经过一波上涨后出现流星线，创出当日最高价后，留下了一根长长的上影线。K 线中上影线代表上方压力巨大，股价上涨无望，此处是波段高点，又出现流星线，投资者应果断卖出股票。

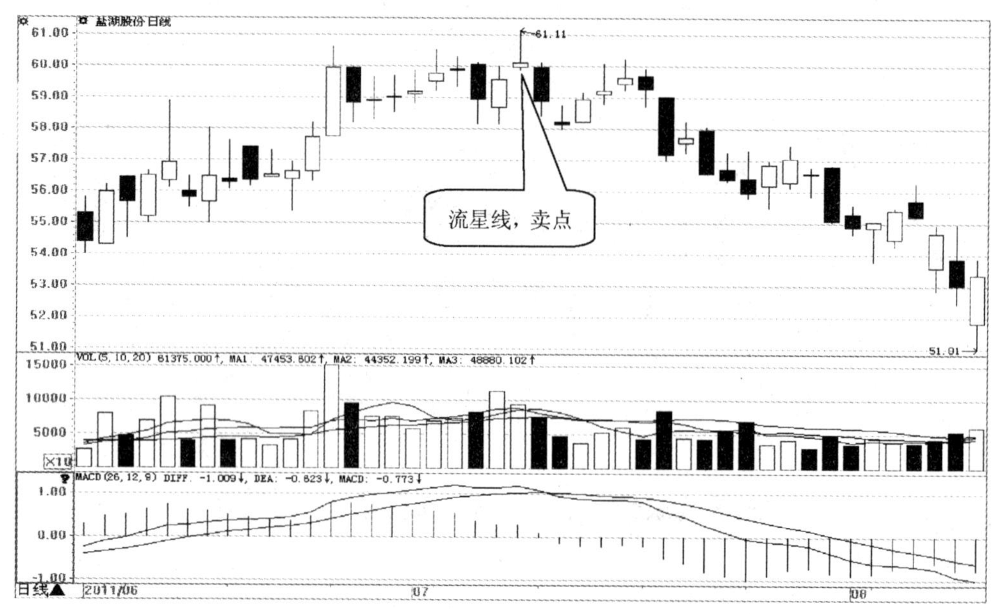

图 4—9　盐湖股份日 K 线

➲ 实战经验

1. 投资者在高位流星线卖出股票后，若股价突破流星线高点，投资者可以考虑再买回来。

2. 流星线出现在上涨行情高位时，其信号最强烈；出现在震荡行情时，其信号往往出现反复。

4.3 看涨 K 线组合形态

4.3.1 曙光初现

曙光初现形态出现在下跌行情中，由一阴一阳两根 K 线组成。

如图 4—10 所示，在股价持续下跌过程中，先是出现一根中阴线或者大阴线 a。这表示下跌行情还在继续。接着阴线 a，出现一根跳空低开的中阳线或者大阳线 b。阳线 b 虽然低开，但开盘后持续上涨，最终收盘价深入到阴线 a 实体的 1/2 以上处。

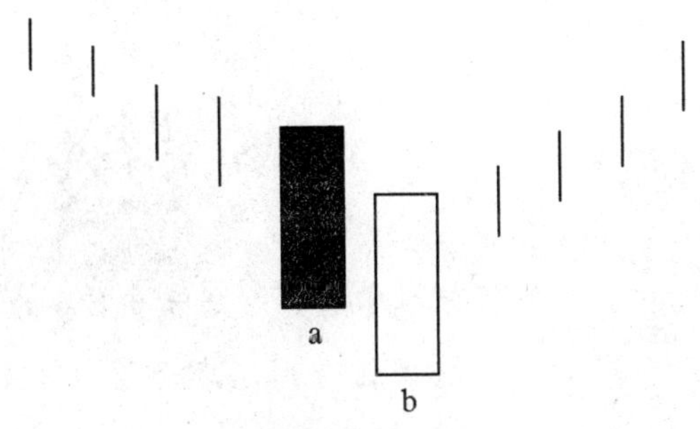

图 4—10　曙光初现

如图 4—11 所示，2011 年 6 月 22 日至 23 日，潜能恒信（300191）经过一波快速的下跌后出现了曙光初现形态，这个形态表明多方力量开始增强，空方力量衰竭，随后股价展开一波上涨行情。当形成曙光出现形态时，投资者可以买入股票。

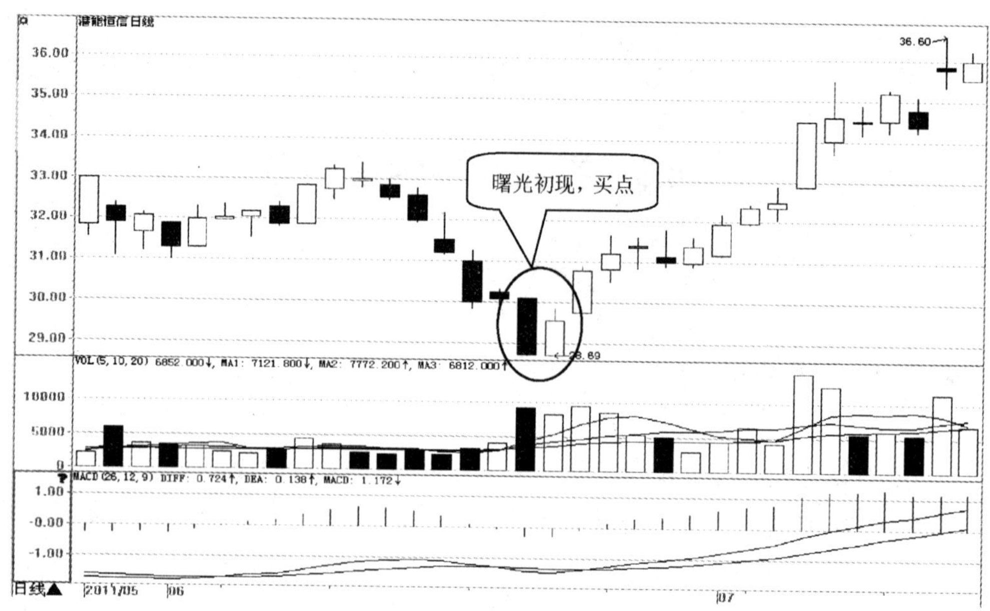

图 4—11 潜能恒信日K线

➲ 实战经验

1. 曙光初现形态中阳线b的收盘价一定要穿入到阴线a实体的1/2以上，否则形态无效。

2. 在曙光初现形态中，阳线低开幅度越小，其后市上涨的概率就越大。

3. 曙光初现形态后，若股价跌破该组合形态底部价位，则投资者应止损卖出股票。

4.3.2 看涨孕育线

看涨孕育线是后一根K线完全孕育在前一根阴K线之内的K线组合。

如图4—12所示，看涨孕育形态出现在股价下跌过程中，先出现一根大阴线或者中阴线a，表示空方强势。紧跟阴线a之后出现一根小K线b。K线b可以是小阳线、小阴线或者十字线。

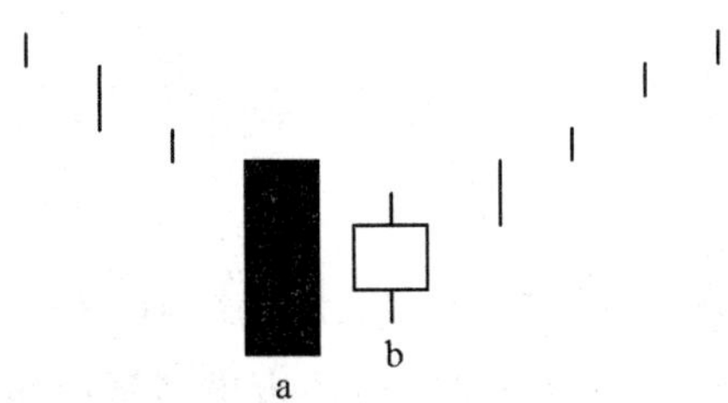

图 4—12 看涨孕育形态

如图 4—13 所示，2011 年 6 月 20 日至 21 日，康力电梯（002367）经过一段调整，在短幅下跌后出现了看涨孕育形态。这个形态表明市场由空方主导的下跌行情正在转变为多方主导的上涨行情。股价即将上涨，6 月 23 日，股价放量上涨突破大阴线的开盘价，投资者可以买入股票。

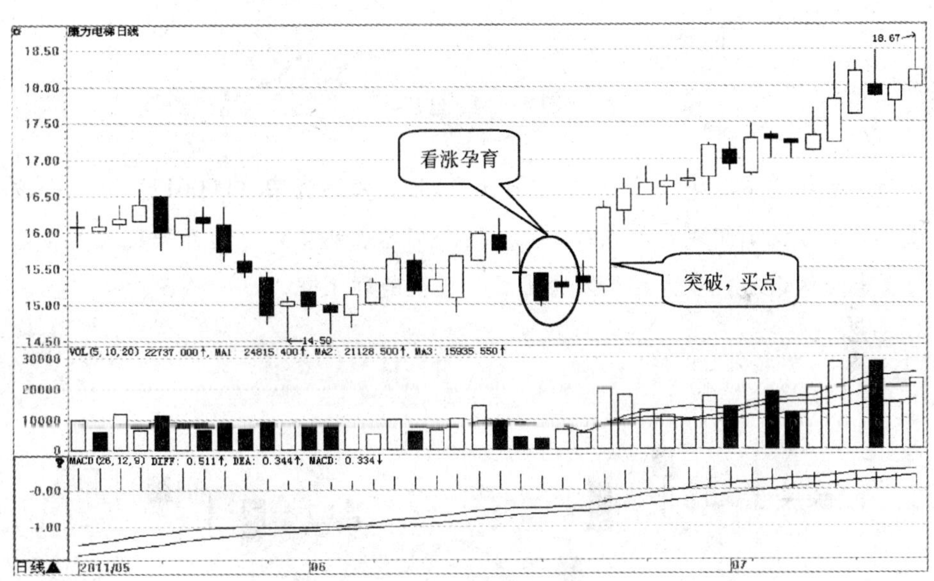

图 4—13 康力电梯日 K 线

➲ 实战经验

1. 看涨孕育形态表示市场行情由空方主导变成多空僵持，为股价见底的信号。此时投资者不宜贸然买入股票，可以先观察一段时间。

2. 如果未来股价突破阴线 a 的开盘价，则可以买入股票。

3. 如果未来股价跌破阴线 a 的收盘价，则投资者应止损卖出股票，后市股价还会下跌。

4.3.3 红三兵

红三兵形态一般出现在下跌行情中或者横盘整理行情中，由三根小阳线组成。

如图4—14所示，在红三兵形态中，连续出现三根小阳线a、b、c。这三根小阳线的收盘价均高于前一根K线的收盘价。三根小阳线可以有上下影线，也可以没有。

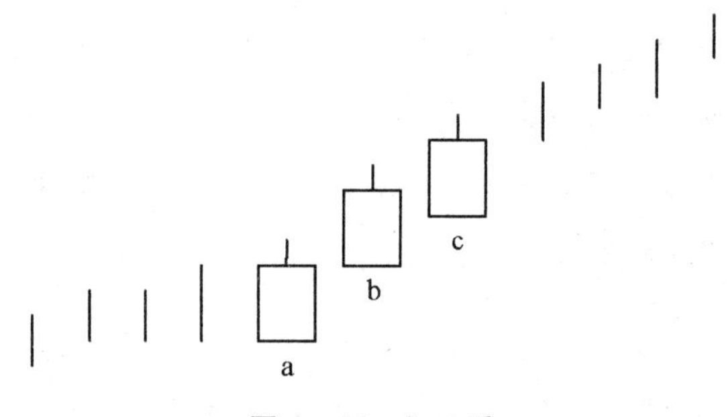

图4—14　红三兵

如图4—15所示，2011年6月20日至22日，石油济柴（000617）经过一波下跌后，连拉三根带量小阳线，形成红三兵。这个形态表明多方力量开始反攻，在站稳红三兵打下来的江山后，多方继续发力上攻，股价随即上涨。

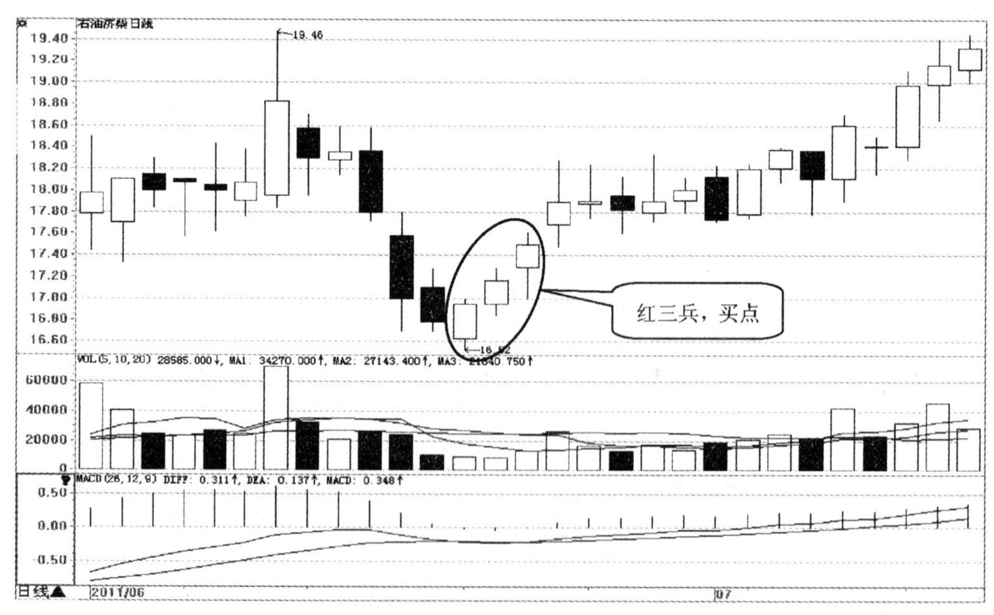

图4—15　石油济柴日K线

➲ 实战经验

1. 在红三兵形态完成后，股价出现回调时，其回调幅度在三根小阳线实体的一半幅度内，投资者可以加仓股票，否则观望。

2. 投资者可以将止损价位设定在小阳线 a 的最低点。如果股价跌破这个价位，说明形态失败，这时投资者需要果断卖出股票。

3. 在红三兵形态完成后，投资者可以积极买入，等待股价上涨。

4.3.4 早晨之星

早晨之星形态往往出现在下跌行情中，一般由三根 K 线组成。

如图 4—16 所示，在股价下跌行情中，首先出现一根中阴线或大阴线 a，表示市场持续下跌，抛压巨大，空方占据主动。紧跟阴线 a 之后，出现一根向下跳空的小十字线 b。十字线 b 可以是小阳线，也可以是小阴线，还可以是小星线，其带有较长的上下影线。这表示多空双方陷入僵持，股价有止跌反弹趋势。星线 b 构成形态中的早晨之星。在星线 b 之后又出现一根中阳线或大阳线 c。阳线 c 的实体深入到阴线 a 中甚至将其覆盖。这表示多方开始反攻并逐渐占据优势。

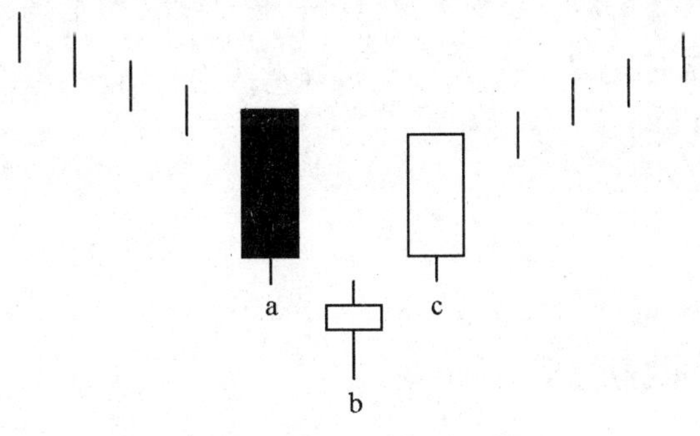

图 4—16 早晨之星

如图 4—17 所示，2011 年 9 月 6 日，长江电力（600900）经过小幅调整后出现了早晨之星，这个形态表明空方力量短期衰竭，多方力量增强，股价上涨。投资者可以在形成早晨之星时买入股票。

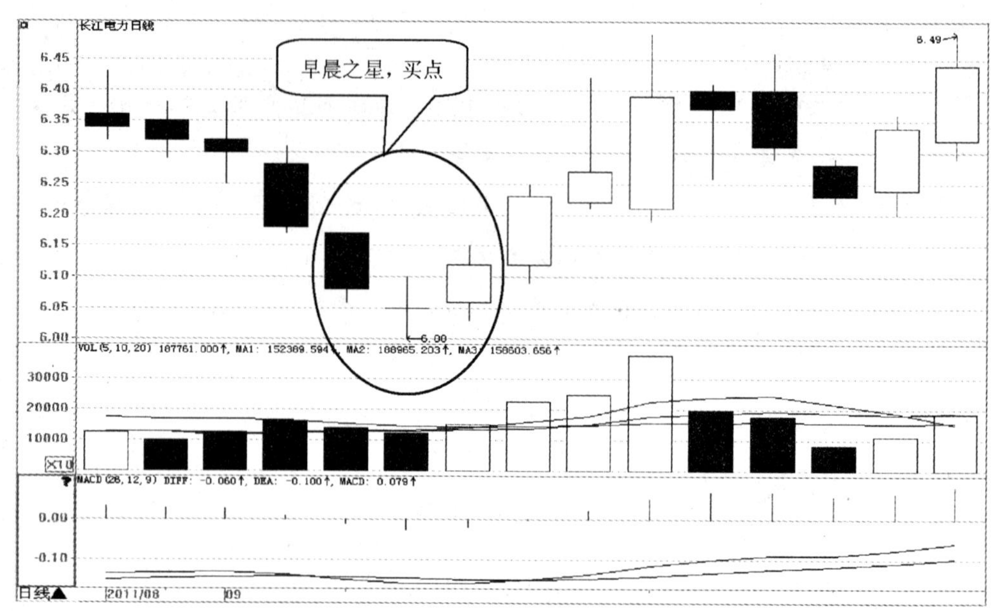

图4—17　长江电力日K线

实战经验

1. 早晨之星的买入点在阳线c完成后。阳线c一旦完成，表示行情已经转变，投资者可以积极买入。

2. 早晨之星形态完成后，投资者应该将止损位设定在星线b的下影线上。

3. 如果在出现早晨之星后几天内股价跌破星线b的下影线，表示形态失败，这时投资者必须马上卖出。

4.3.5　上升抵抗线

上升抵抗线是指股价上涨过程中出现的抵抗性假阴线。所谓假阴线就是虽然实体为阴线，收盘价低于开盘价，但实际股价上涨的K线。

如图4—18所示，在股价上涨过程中，首先出现多根连续上涨的阳线。在出现阳线a后，股价跳空高开，但收出一根假阴线b。当假阴线b出现在多根阳线之后，就被称为上升抵抗线。

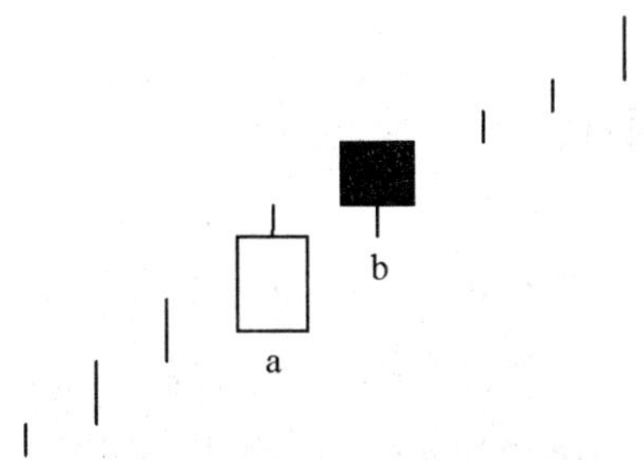

图4—18 上升抵抗线

如图4—19所示，2011年7月4日至6日，易华录（300212）经过缓慢爬升后出现了上升抵抗线形态。这个形态表明股价虽然短期受阻，但是空方力量不足，是股价还将持续上涨的信号。7月7日，股价突破假阴线高点，投资者可以买入股票。

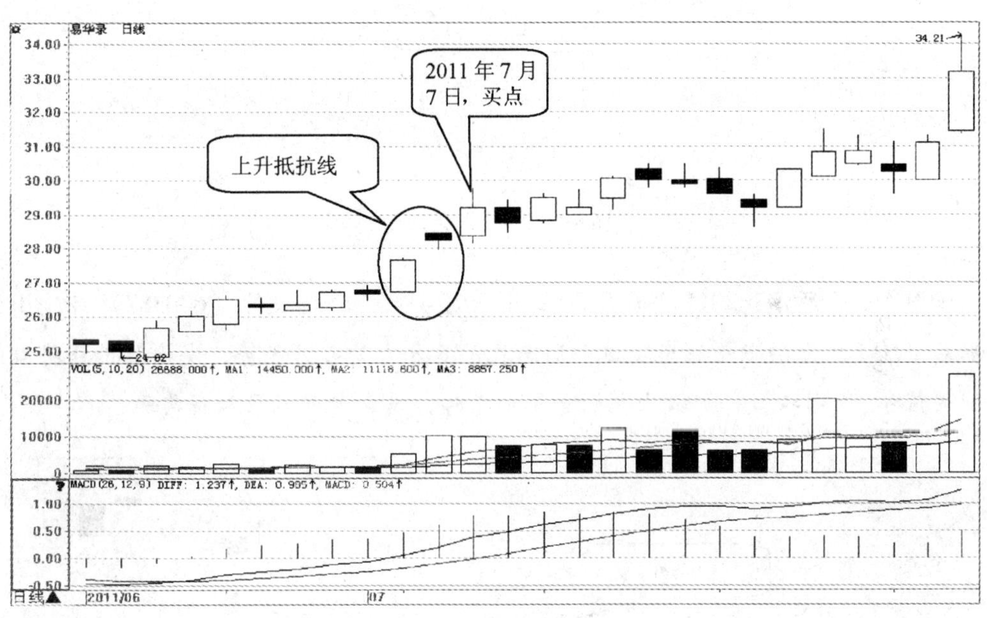

图4—19 易华录日K线

➲ 实战经验

1. 投资者买入股票后，若股价跌破上升抵抗线阳线的收盘价，应严格止损卖出股票。

2. 假阴线的上涨幅度越大，则该看涨信号越强烈。

3. 假阴线向上跳空缺口越大，则其后市上涨动能也就越大。

4.3.6 上涨两颗星

上涨两颗星形态出现在上涨行情中，其由一根大阳线和两根小星线组成。

如图 4—20 所示，在股价上涨过程中，首先出现一根大阳线 a，随后股价跳空高开高走，连拉两根小阳线 b 和小阳线 c。这两个小阳线的开盘价和收盘价都逐次上涨。这种 K 线组合，即为上涨两颗星。

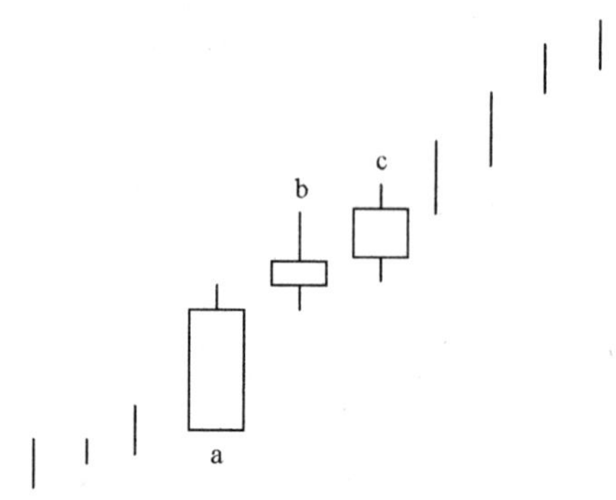

图 4—20 上涨两颗星

如图 4—21 所示，2011 年 6 月 30 日至 7 月 4 日，海越股份（600387）经过小幅上涨后出现了上涨两颗星形态。这个形态表示多方力量占据优势，发出股价还将继续上涨的信号。7 月 4 日，形成上涨两颗星形态时，投资者可以买入股票。

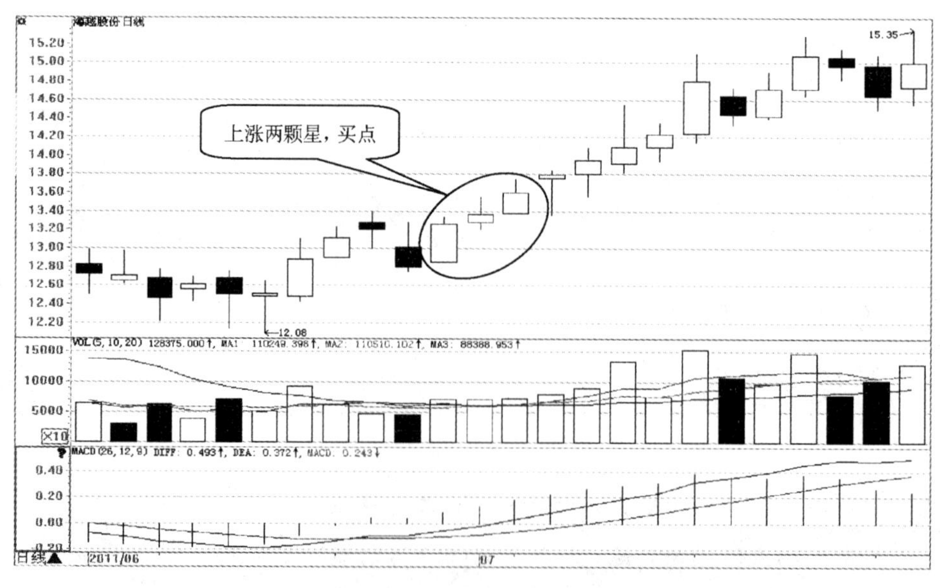

图 4—21 海越股份日 K 线

➲ 实战经验

1. 投资者买入股票后，若股价跌破上涨两颗星形态中大阳线的收盘价时，应止损卖出股票。

2. 在上涨两颗星中，投资者要注意是“一大两小”，即一根涨幅大于3%的阳线和两根涨幅小于3%的小阳线。

3. 如果股价放量突破上涨两颗星顶点时，投资者可以加仓买入股票。

4.3.7 多方尖兵

多方尖兵形态出现在上涨行情中，由一根带长上影线的K线和一根中阳线或大阳线组成。

如图4—22所示，在股价上涨一段时间后，出现一根带长上影线的K线a，同时股价创新高。这根K线a的实体部分可以是阳线也可以是阴线。其阴影部分就是形态中的“尖兵”，是多方在拉升股价前刺探股价上方抛盘压力的信号。

经过一段时间调整后，出现一根中阳线或者大阳线b。阳线b的收盘价超过K线a的最高价。

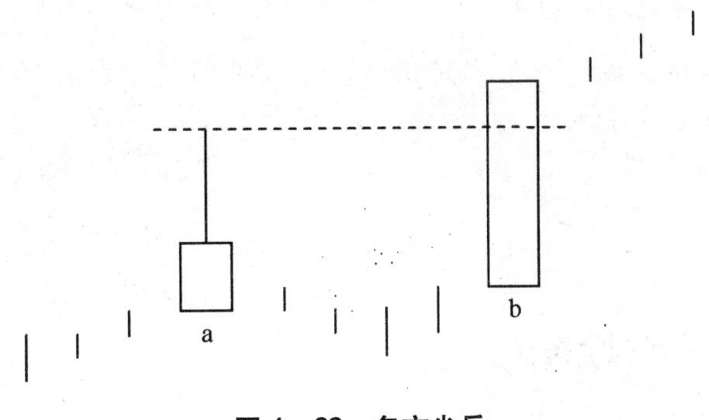

图4—22 多方尖兵

如图4—23所示，2011年3月28日至4月8日，美欣达（002034）经过短暂上涨之后出现了多方尖兵形态。这个形态表明多方力量探得上方压力后，发出强烈上涨信号。4月8日，股价突破“尖兵”顶点时，投资者就可以买入股票。4月21日，股价回踩获得支撑，投资者可在此进行加仓买入操作。

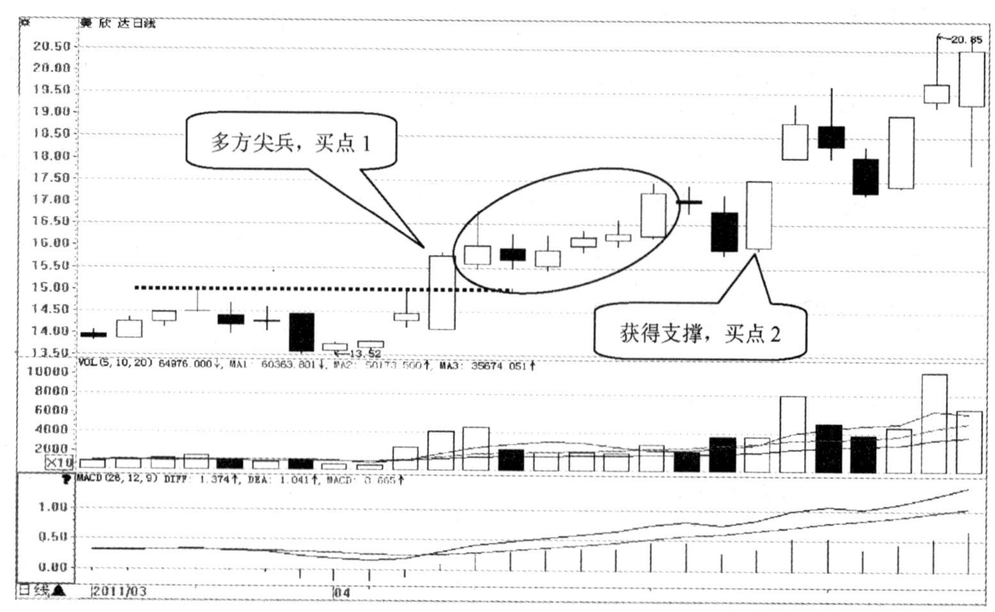

图4—23　美欣达日K线

实战经验

1. 投资者买入股票后，一旦股价跌破K线a的收盘价，应止损卖出股票。

2. 在多方尖兵形态中，其调整幅度若不低于K线a的最低点，则该多方尖兵形态形成时，其上涨信号较强烈。

3. K线a可以是阳线，也可以是阴线。如果是阴线，则表示上方抛压较大，看涨信号不如阳线强烈。

4.3.8　低档五连阳

低档五连阳形态出现在一段下跌行情之后，由连续的多根阳线组成。

如图4—24所示，在股价连续下跌后的底部区域，出现连续多根阳线。这些阳线可以是小阳线也可以是中阳线。阳线的数量最少是五根，也可以是六根或者七根。

虽然连续多天收出阳线，但股价的整体涨幅不大，这些阳线几乎横向排列。

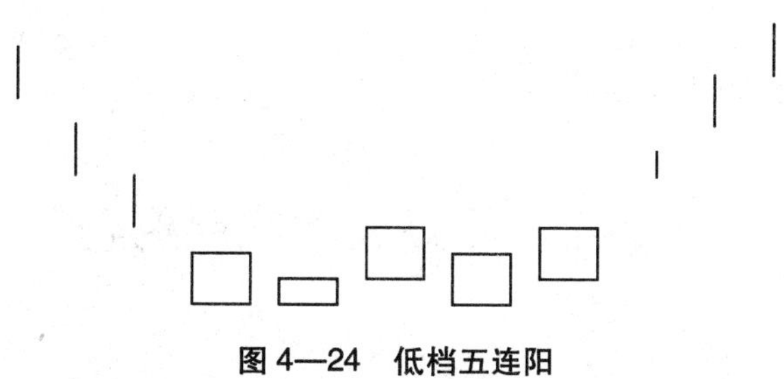

图4—24　低档五连阳

如图4—25所示，2011年1月25日至1月31日，银基发展（000511）经过一波下跌后出现了低档五连阳形态。这个形态表明多方力量在底部聚集，即将推动股价上涨，是看涨信号。2月11日，股价突破低档五连阳的最高点，投资者可以买入股票。

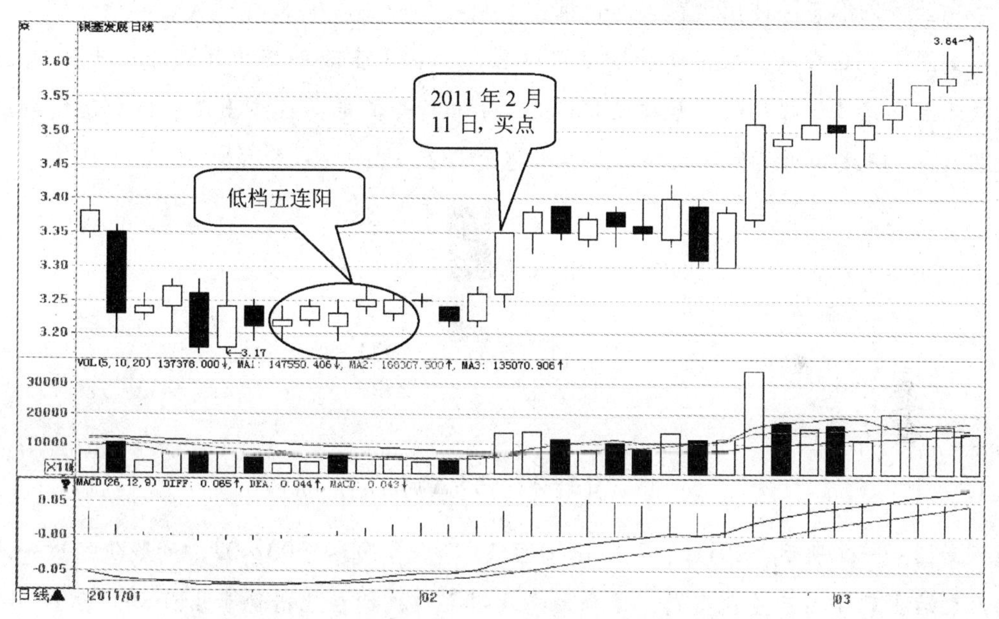

图4—25　银基发展日K线

实战经验

1. 如果股价跌破这五根阳线的最低点，投资者应止损卖出股票。

2. 低档五连阳形态中，低位并排的阳线数量越多，表示多方力量积蓄越充足，向上突破后股价的上涨空间就会越大。

3. 如果在连续五根小阳线后紧接着有一根放量的中阳线或者大阳线放量突破，则该形态的看涨信号大大增强。

4.4 看跌K线组合形态

4.4.1 乌云盖顶

乌云盖顶形态往往出现在上涨行情中，由一阳一阴两根K线组成。

如图4—26所示，在股价持续上涨过程中，首先出现一根中阳线或者大阳线a。这表示上涨行情还在继续。紧接着阳线a，股价高开低走，最终出现一根中阴线或者大阴线b。阴线b的实体深入阳线a实体超过1/2以上。

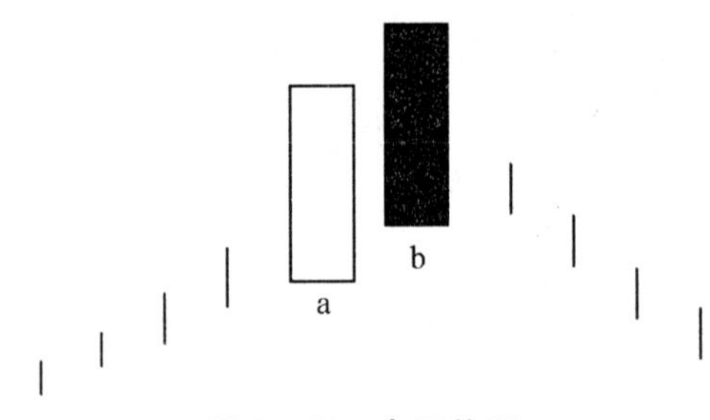

图4—26 乌云盖顶

如图4—27所示，2011年7月13日至14日，和而泰（002402）的股价经过一波上涨之后出现了乌云盖顶形态，这个形态表明主力机构在此借势卖出股票，后市还将下跌。投资者应该将手中股票尽快卖出。

➲ 实战经验

1. 看到乌云盖顶形态后，投资者应该尽快将手中的股票卖出，回避风险。

2. 乌云盖顶形态中，阳线b的收盘价一定要穿入到阴线a实体的1/2以上，否则形态无效。

3. 若股价继续上涨突破乌云盖顶高点，则该形态失败。投资者可在股票整体涨幅不大的情况下，再将股票买回。

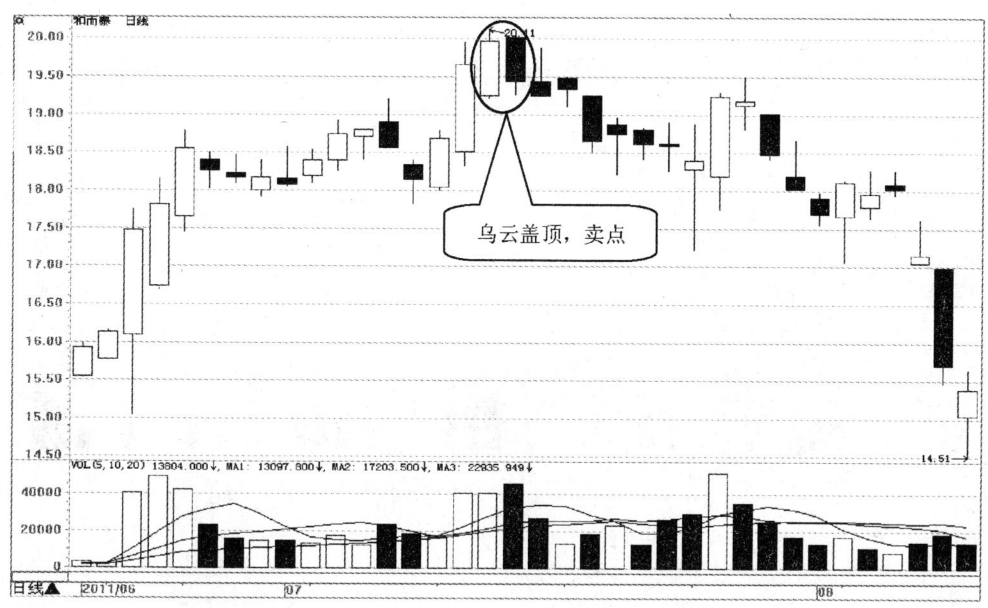

图 4—27　和而泰日 K 线

4.4.2　看跌孕育线

看跌孕育线是指后一根 K 线完全孕育在前一根阳 K 线之内的 K 线组合。

如图 4—28 所示，看跌孕育形态出现在股价上涨过程中，先出现一根大阳线或者中阳线 a，表示多方强势。紧跟阴线 a 之后出现一根小 K 线 b。K 线 b 可以是小阳线、小阴线或者十字线。表示之前强势的多方力量衰竭，多空双方陷入僵持。

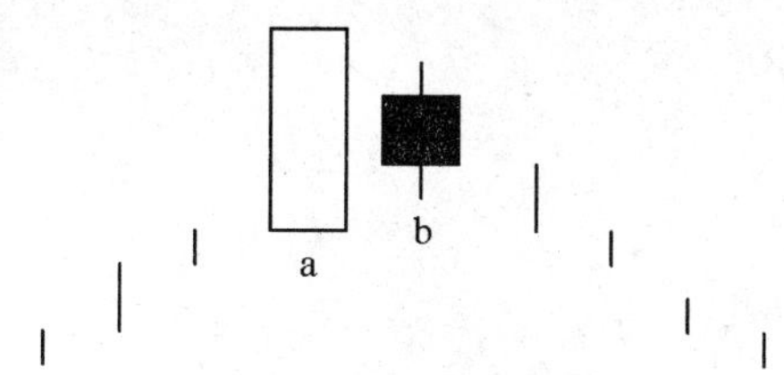

图 4—28　看跌孕育形态

如图 4—29 所示，2011 年 7 月 7 日至 8 日，杭钢股份（600126）的股价经过一波上涨后出现了看跌孕育线。这个形态表明市场行情由多方主导变为多空僵持，股价已经到了顶部，后市即将下跌。投资者看到此形态后，当股价跌破大阳线的底部时，投资者应将手中股票卖出。

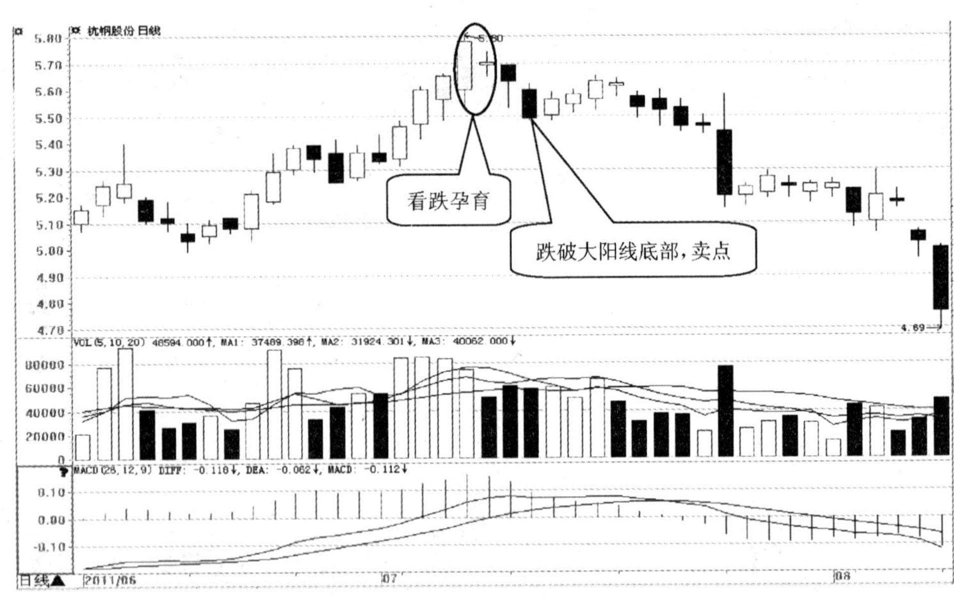

图 4—29 杭钢股份日 K 线

➲ 实战经验

1. 孕育形态的反转信号强度不如吞没形态。在孕育形态出现后，当前上涨行情将会结束，但之后市场往往会转入平静状态。

2. 如果未来股价跌破阳线 a 的最低价，投资者应将股票卖出。

3. 若股价继续上涨突破孕育形态高点，则该形态失败。投资者可在股票整体涨幅不大的情况下，再将股票买回。

4.4.3 三只乌鸦

三只乌鸦又称暴跌三杰，是由三根小阴线组成的K线组合。如果该形态出现在上涨行情中，形似三只乌鸦坐在枯萎的大树上，即“三只乌鸦挂树梢”。三只乌鸦出现，后市看淡。三只乌鸦形态一般出现在上涨行情中或者横盘整理行情中，由三根阴线组成。

如图 4—30 所示，三只乌鸦形态中的三根阴线 a、b、c 依次下跌，开盘价均高于前一根 K 线的收盘价。这三根阴线多为小阴线，可以有上下影线，也可以没有。

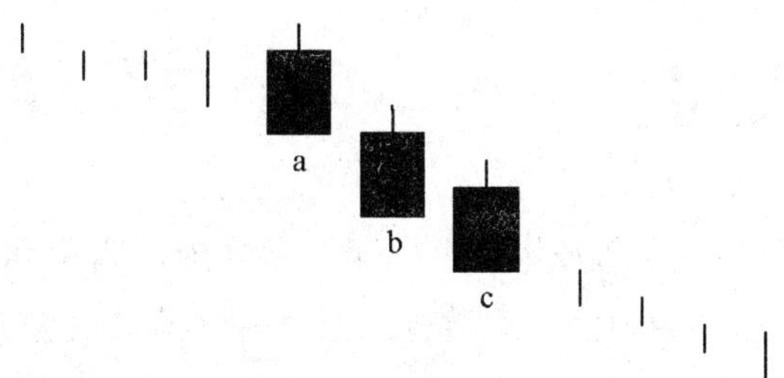

图4—30 三只乌鸦

如图4—31所示，2011年7月19日至21日，江苏吴中（600200）的股价经过一段横盘整理后出现三只乌鸦。这个形态表明空方力量逐渐聚集，股价即将加速下跌。7月21日，当最后一根K线完成三只乌鸦形态时，投资者应尽快将手中股票卖出。

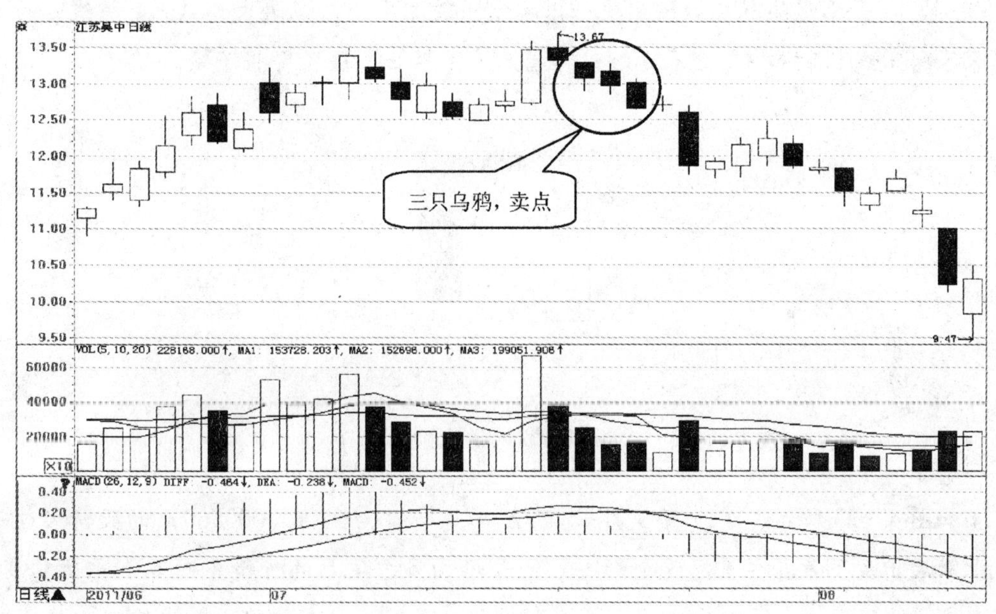

图4—31 江苏吴中日K线

➲ 实战经验

1. 看到三只乌鸦形态后，投资者需要将手中的股票尽快卖出，防止股价下跌被套。

2. 三只乌鸦出现在涨幅大的行情时，其看跌信号更强烈。

4.4.4 黄昏之星

黄昏之星比喻黄昏时间在天边出现的金星，含义为“太阳即将落山，黑夜马上来临”，是涨势结束、跌势开始的信号。黄昏之星往往出现在上涨行情中，一般由三根K线组成。

如图4—32所示，在股价上涨过程中，首先出现一根中阳线或者大阳线a，表示多方占据主动，正在推动股价上涨。紧跟阳线a之后，出现一根向上跳空的小星线b。星线b可以是小阳线或小阴线，还可以是十字星，带有较长的上下影线。这表示上方抛盘压力巨大，多空双方陷入僵持，股价有滞涨下跌的可能。星线b构成形态中的“黄昏星”。紧跟星线b之后又出现一根跳空下跌的中阴线或者大阴线c。阴线c的实体深入到阳线a实体中。这表示经过僵持后空方胜出，股价即将下跌。

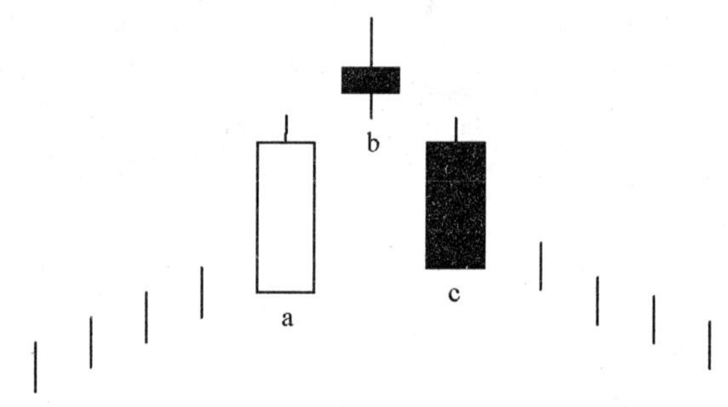

图4—32 黄昏之星

如图4—33所示，2011年7月15日至19日，昆百大A（000560）的股价经过一波上涨后出现了黄昏之星。这个形态表明市场由多方主导的行情先向多空平衡转变，后来空方力量胜出，再向空方力量为主导的行情转变。后市即将出现连绵不断的下跌行情。投资者在见到此形态后要及时卖出股票，谨防更多的盈利缩水。

➲ 实战经验

1. 黄昏之星的卖出点在阴线c完成后。阴线c一旦完成，表示行情已经转变，投资者应该尽快将股票卖出。

2. 如果股价能在几个交易日内向上突破黄昏之星形态最高点，则该形态失败，股价可能会继续上涨。之前的高点价位被突破后会变成支撑位。

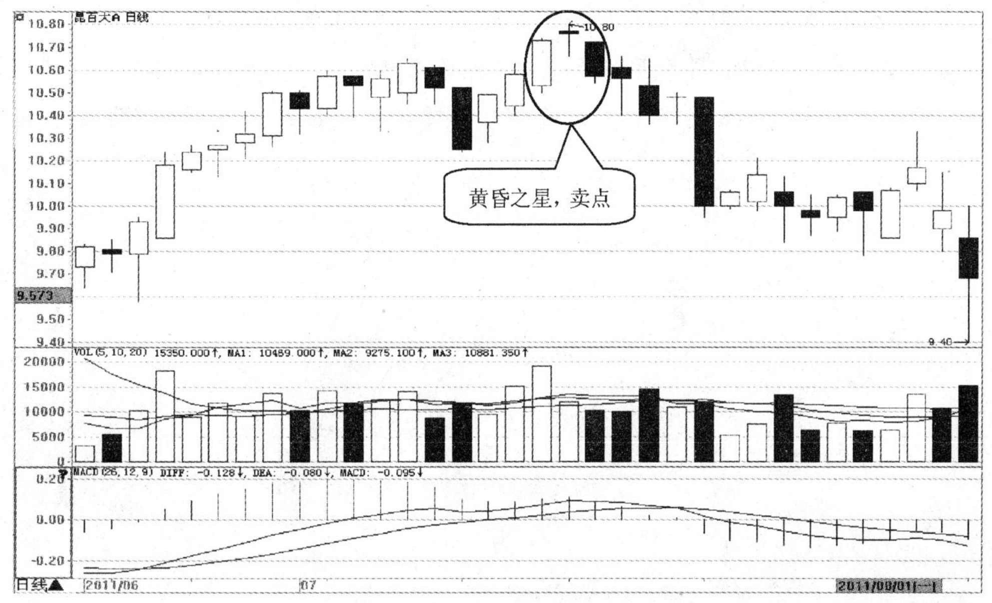

图4—33 昆百大A日K线

4.4.5 下降抵抗线

下降抵抗线出现在股价下跌过程中，是连续多根阴线中出现的假阳线。所谓假阳线就是虽然实体为阳线，但收盘价低于前一根K线的收盘价，实际股价下跌的K线。

如图4—34所示，在股价下跌过程中，出现多根连续下跌的阴线。在出现阴线a后，紧跟着股价跳空低开，虽然最终收出阳线b。但阳线b的收盘价低于阴线a的收盘价，为假阳线。

当假阳线b出现在连续多根下跌的阴线之后时，就称为下降抵抗线。

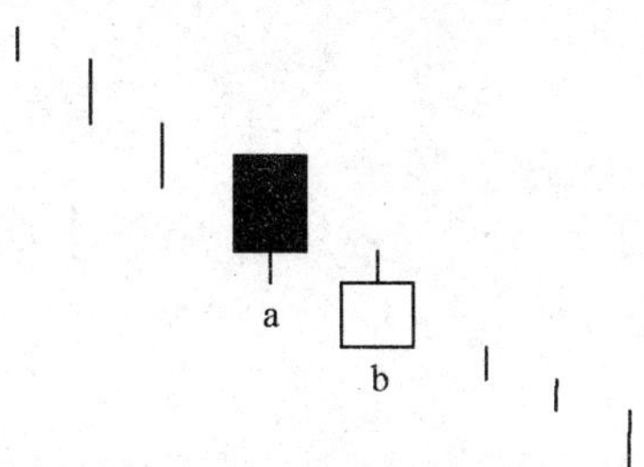

图4—34 下降抵抗线

如图4—35所示，2011年8月1日至2日，彩虹股份（600707）经过一波下跌后出现了下降抵抗线形态。这个形态表示虽然股价短暂反弹，但反弹力量不足，是下跌趋势还将继续的信号。8月5日，股价跌破下降抵抗线最低点时，投资者应将股票卖出。

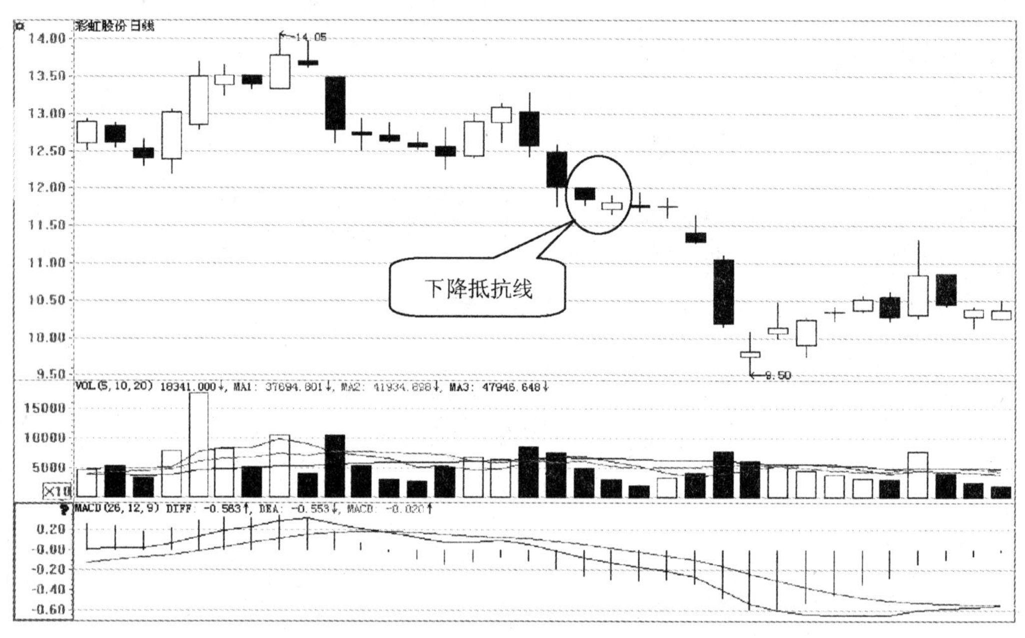

图4—35　彩虹股份日K线

➲ 实战经验

1. 如果假阳线b带有较长的上影线或者下影线，并且成交量较之前大幅放大，表示多空双方搏杀激烈，之后由哪一方主导行情存在很大的不确定性。这种情况下，投资者可以先卖出部分股票，留下部分仓位继续观望。

2. 如果下降抵抗线形态完成后股价继续高开，则表示反弹还有希望，这时投资者可以继续持股。

4.4.6　下跌强调

下跌强调形态一般出现在股价上涨行情尾端或者横盘整理行情中，由两根并排的阴线组成。

如图4—36所示，在股价上涨过程中，首先出现一根阴线a，表示股价上涨受阻，有下跌趋势。

紧跟阴线a之后，股价虽然跳空高开，几乎弥补阴线a中实体部分的跌幅。但是在开盘后股价又持续下跌，最终收盘时已经完全丧失了开盘的涨幅，形成阴线b。

阴线a和阴线b的开盘价和收盘价均大致相等，组成了并排的阴线组合。

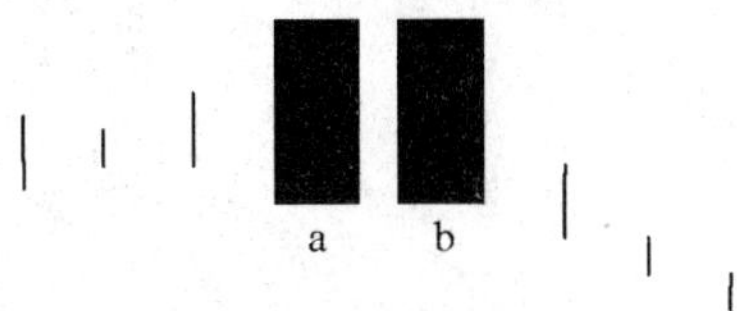

图4—36 下跌强调

如图4—37所示，2011年7月19日至20日，中通客车（000957）经过短暂上涨之后出现了下跌强调形态。这个形态表明空方力量更强势，股价有很强的下跌动力。这是股价即将下跌的信号。7月20日，下跌强调形态完成时，投资者应将股票卖出。

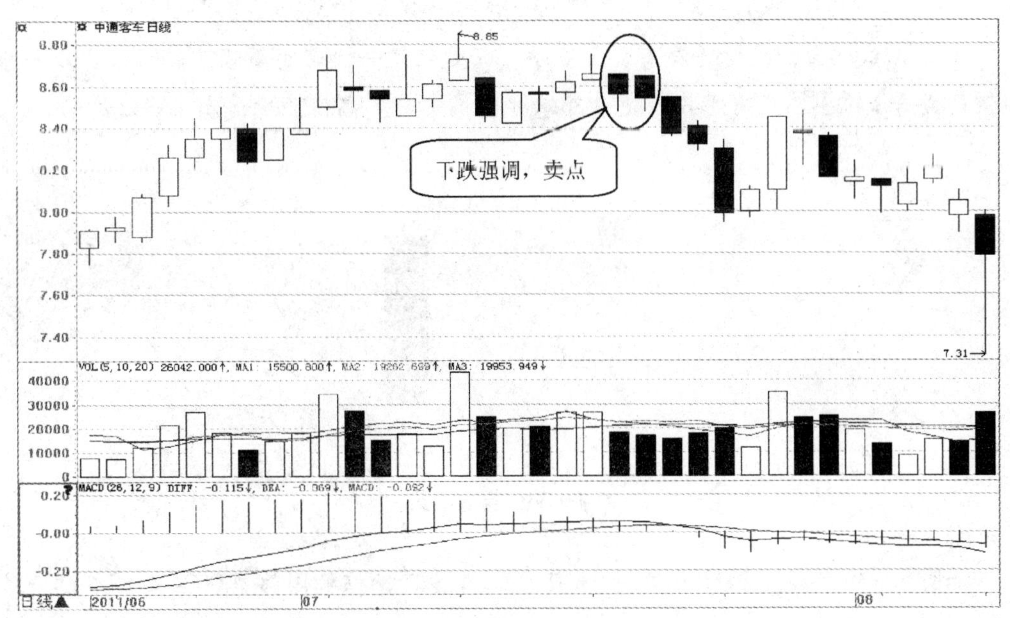

图4—37 中通客车日K线

➲ 实战经验

1. 在下跌强调形态出现后的几个交易日内，如果股价能向上突破阴线a和阴线b的顶点，则表示下跌强调形态失败，投资者可以关注后市行情。

2. 下跌强调形态的两根K线可以有下影线，但下影线长度不能超过实体长度。如果下影线的长度超过了K线实体长度，则表示股价在下方能获得支撑。这种情况下，投资者可以暂时不必卖出股票，继续观望。

4.4.7 空方尖兵

空方尖兵形态出现在下跌行情中，由一根带长下影线的K线和一根中阴线或者大阴线组成。

如图4—38所示，在股价下跌过程中，出现一根带有长下影线的K线a，同时股价创新低。这根K线a的实体部分可以是阳线也可以是阴线。其阴影部分就是形态中的“尖兵”，是空方在打压股价过程中向下试探支撑位的信号。

出现K线a后，股价并没有马上下跌，而是经过一段时间整理。之后又出现一根中阴线或者大阴线b。阴线b的收盘价超过K线a的最高价，完成向下突破。

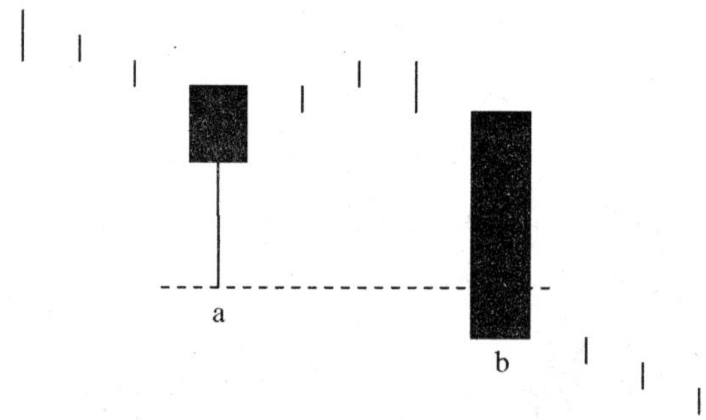

图4—38 空方尖兵

如图4—39所示，2011年8月19日至9月2日，棕榈园林（002431）经过一波下跌后出现了空方尖兵形态。这个形态表示空方在试探下方支撑位后，认为这个价位支撑力量不足，发出将股价继续向下打压的信号。9月2日，股价跌破长下影线的最低点，投资者应将股票卖出。

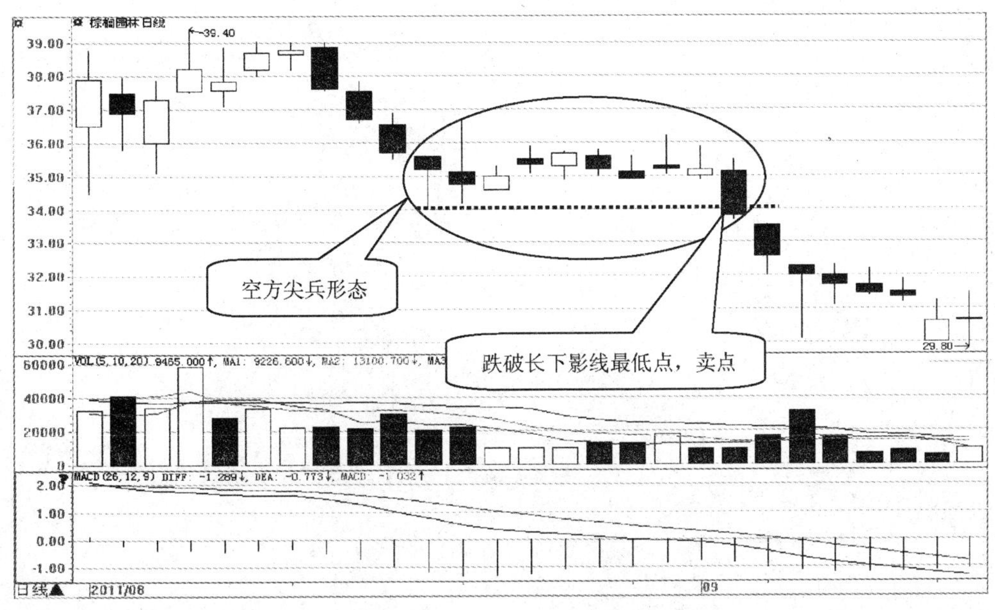

图4—39　棕榈园林日K线

➲ 实战经验

1. 只有等到阴线b完成向下突破后空方尖兵形态才算完成。在刚刚出现带下影线的K线a后，投资者可以保持观望。如果下影线不被突破，这根K线有可能变成倒锤头，为股价见底反弹的信号。

2. 在空方尖兵形态中，可能有多根带有长下影线的K线出现。这表示空方多次下探支撑位。下探次数越多，该形态的看跌信号就越强烈。

第 5 章

趋势形态分析

5.1 用炒股软件画趋势

在一个价格运动当中，如果其包含的波峰和波谷都相应地高于前一个波峰和波谷，那么就称为上涨趋势；相反，如果其包含的波峰和波谷都低于前一个波峰和波谷，那么就称为下跌趋势。如果后面的波峰和波谷都与前面的波峰和波谷基本持平，那么则称为横盘震荡趋势。

5.1.1 炒股软件的画图工具

如图 5—1 所示，投资者在炒股软件中个股或大盘 K 线图界面，可以使用画图工具中的趋势线。单击趋势线，然后在 K 线图界面选择两个相对的低点，画一条直线，这就是趋势线。同样，连接不同时间间隔的低点，就可以画出多条不同周期的趋势线。

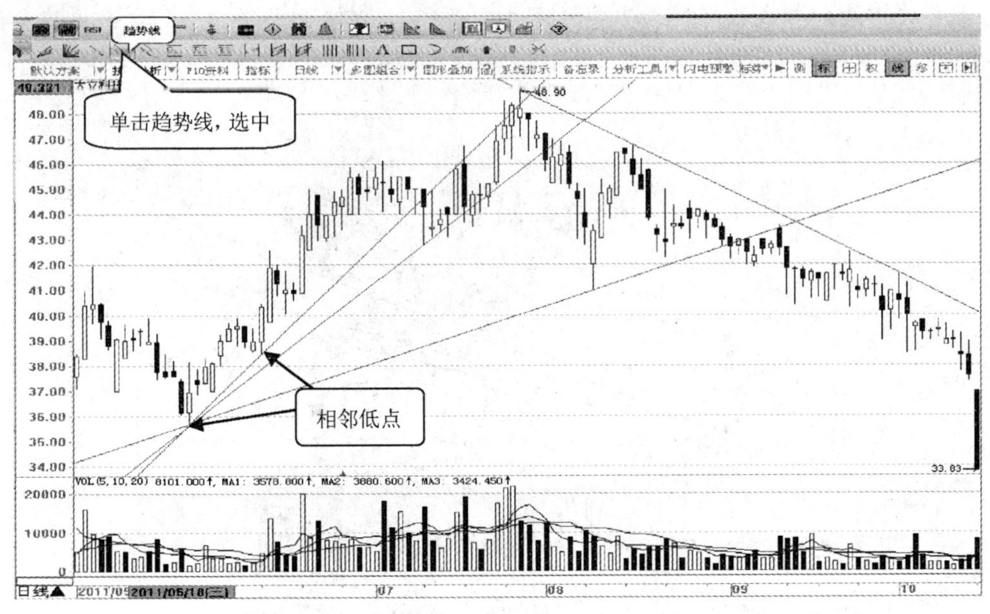

图 5—1 大立科技日 K 线

➲ 操作提高

在大智慧炒股软件中，投资者在画线时按住【Shift】键，所画直线会自动变为水平线；在画线时按住【Ctrl】键，所画直线会自动吸附到距离最近的某根K线的最高价或者最低价上。

5.1.2 上涨趋势线和下跌趋势线

趋势线按照其趋势方向可分为上涨趋势线和下跌趋势线。

（1）上涨趋势线

上涨趋势线也叫支撑线，就是将两个或两个以上的低点相连画一条直线。股价在趋势线获得支撑的次数越多，该趋势线的支撑力度也越大。

如图5—2所示，2011年8月至10月，厦门信达（000701）的股价呈现稳步上涨的走势。首先找出A、B、C、D、E、F六个低点。投资者以A和B两个低点画一条直线，得到AB趋势线1。可以看到，当股价跌到C点时，受到趋势线1的支撑，股价反弹。

当股价跌破趋势线1，由此形成了另一个低点D。我们再以AD连线画出趋势线2，投资者可由趋势线2看到，其后的两次低点E、F都受到趋势线2的强烈支撑。此时趋势线2为有效支撑线。

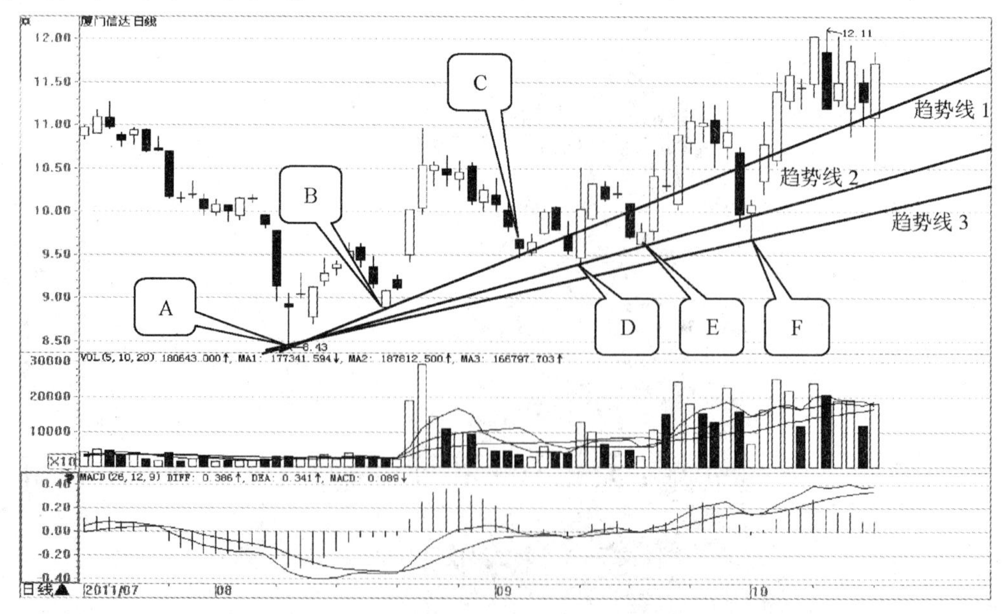

图5—2 厦门信达日K线

其中以AF为两点的趋势线3是以F点的最低点为准则画出的。若以上下影线的准则画趋势线的话，以后的支撑线就是趋势线3。

➲ 实战经验

由图5—2可以看到，趋势线1的支撑已经被破坏，其存在的只有对股价的阻力作用。趋势线2还有很强的支撑力，仅仅只有很微小的阻力作用。趋势线3仅有支撑力，但支撑强度还有待确认。因此，当趋势线越来越平缓的时候，说明股票的上涨动能越来越小。

（2）下跌趋势线

下跌趋势线也叫阻力线，就是将两个或两个以上的相邻高点相连接的直线。

如图5—3所示，2011年7月至10月，大杨创世（600233）的股价呈现趋势下跌的走势。我们以相邻两个顶点AB连线画出趋势线1。由图中可以看出，该下跌趋势线总是打压着K线的实体，不过K线的上影线总是击穿这个下跌趋势线。因此，我们沿AC两点再画一条趋势线2，此后，股价多次突破趋势线1，却又不突破趋势线2，这说明趋势线1已经不能压住股价的上升动能，但仍具有一定的阻力，而趋势线2则为强阻力线，所以股价不能突破。

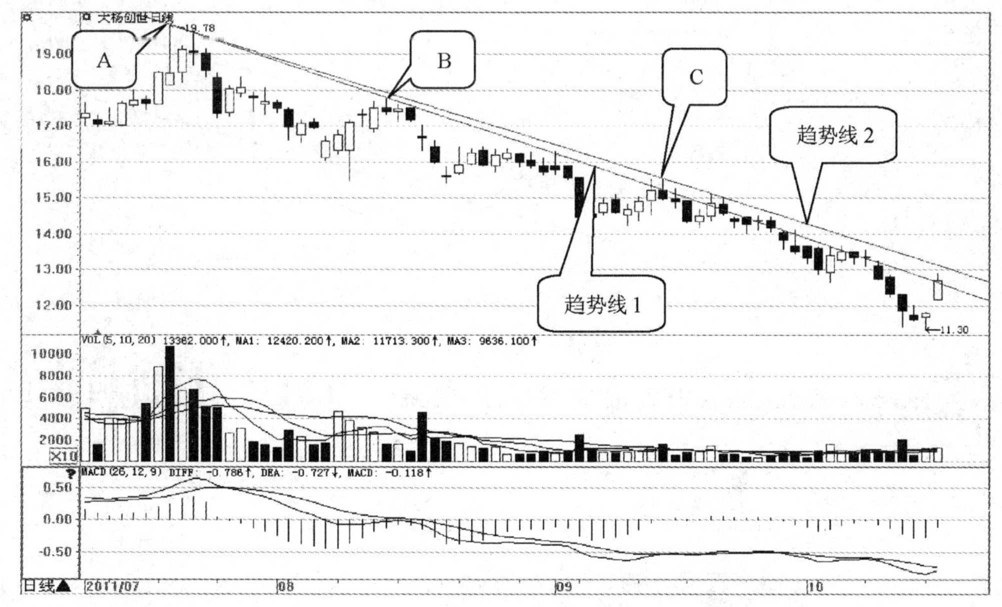

图5—3 大杨创世

5.1.3 上涨通道和下跌通道

上涨通道是股市中股票上涨的常见形态，由两条平行线组成。上涨通道是将股价各低点相连同时也将股价波动之高点相连，股价便在上下两条直线内波动。趋势线乃是以一条线预测未来股价走势，轨道则将行情局限于两条线内。因此，在正常行情发展时，轨道便成为上升时的阻力或下跌时的支撑，短线进出者常喜用此原理“抢帽子”。股价上升时，在轨道上限附近抛出股票；股价回跌时，在下限附近买入股票。

下跌通道是股市中股票下跌的常见形态，由两条平行线组成。分别将下跌过程中的低点和高点连接起来，可以得到下跌通道的上下边线。股价在下跌过程中一直在通道内运行。当跌至通道下边线时获得支撑，涨至通道上边线时遇到阻力。一旦股价能够突破下跌通道上边线，往往会出现一轮有力度的上涨行情。

如图5—4所示为陕西金叶（000812）2011年1月至5月的走势图。在其日K线图上先画一条上涨趋势线，沿趋势线平移至上轨得到上涨通道上轨。之前的上涨趋势线我们称之为上涨通道下轨。当股价紧贴着上涨通道下轨运行时，其K线多呈小阳线、小星线或小阴线。当股价紧贴着上涨通道上轨运行时，亦是如此。

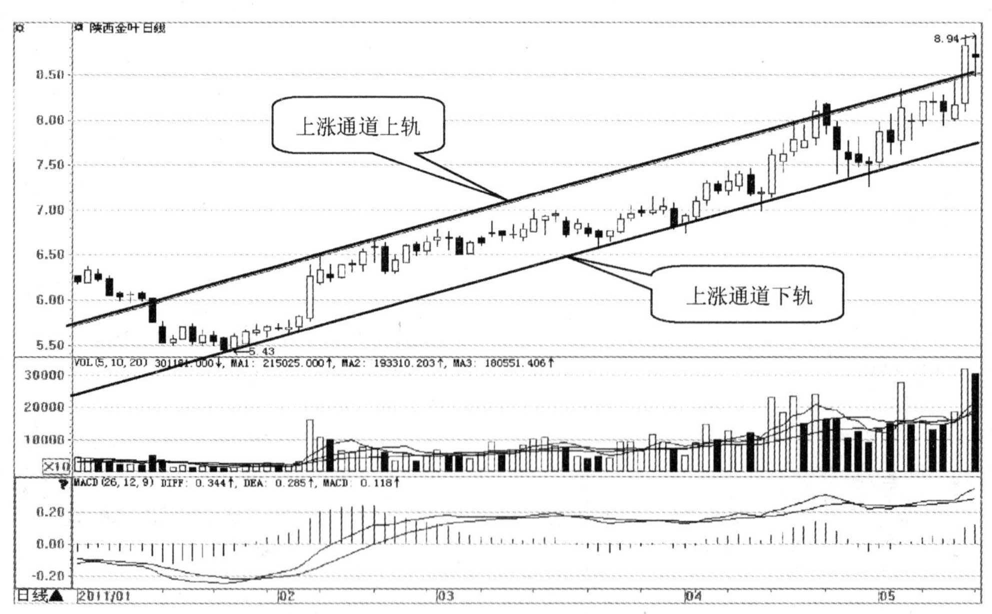

图5—4 陕西金叶日K线

如图5—5所示为东北制药（000597）2011年4月至6月的走势图。在其日K线图上先画一条下跌趋势线，作为下跌通道上边线，再沿下跌低点画一条与下跌趋势线平行的直线就得到下跌通道下边线。

投资者可以看到，在下跌通道中，股价即使反弹，上涨幅度也十分有限。此时"抢帽子"往往是不明智的。投资者可以等到股价突破下跌通道上边线时买入股票。

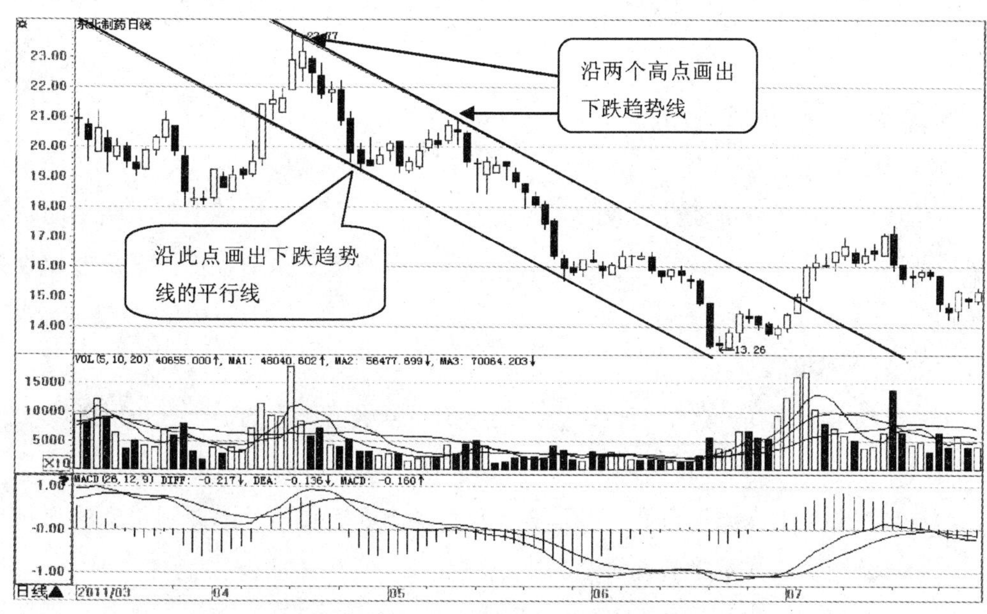

图5—5 东北制药日K线

➲ 延伸阅读

"抢帽子"原指期货市场中，投资者利用期货价格在一个交易日内的大幅波动，来不断做多或者做空赚取差价的交易方式。延伸到股市中，就是指当股价在一个明显的通道中运行时，投资者在通道下边线买入股票，在通道上边线将股票卖出的交易手段。

"抢帽子"的方法虽然可以能最大限度地提高资金利用效率，但是其中的操作风险较大。特别是在下跌通道中，不建议新股民进行这种交易。

5.2 整理形态

5.2.1 三角形形态

三角形形态是指股价经过一段时间的快速变动后，在一定区域上下窄幅变动，等时机成熟后再选择方向突破。其可分为上升三角形、下降三角形、扩散三角形和收敛三角形。

（1）上升三角形

上升三角形出现在一段上涨行情后，是股价反复震荡形成的一个三角形区域。

如图5—6所示，在反复震荡过程中，股价每次上涨的高点基本处于同一水平位置，而每次回落的低点逐渐上移。如果将上边的高点和下边的低点分别用直线连接起来，就构成一个上边线水平的三角形。

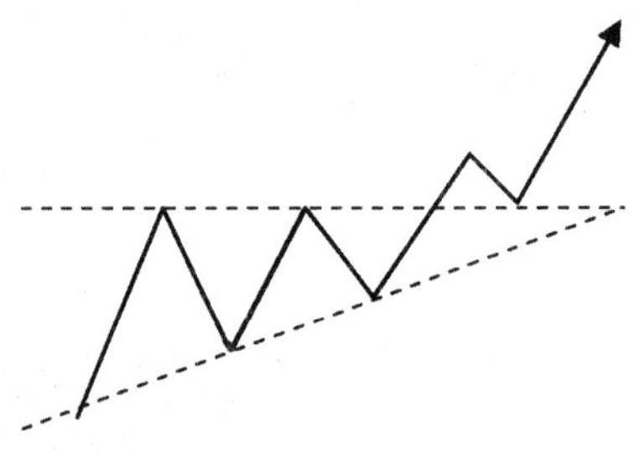

图5—6 上升三角形

上升三角形为看涨信号。虽然股价多次在同一价位遇到阻力回调，但回调低点越来越高，这说明阻力越来越弱。一旦股价向上突破，未来可能有比较大的涨幅。当股价突破阻力位时，为上升三角形的买入点。此时投资者应该积极买入股票。

如图5—7所示，中海达（300177）在底部进行震荡调整。将其在震荡中产生的阶段性高点和低点分别连接，形成上升三角形整理形态。这个形态体现了多空双方虽有争夺，但是多方仍然控制着行情的主旋律，股价低点不断上移。2014年5月22日，股价上涨突破三角形的上边界，预示着整理走势结束，股价选择向上，买点出现。

随后空方力量聚集，将股价打压至下边线，股价获得强烈支撑。待股价再一次放量上涨时，投资者可以加仓买入股票。

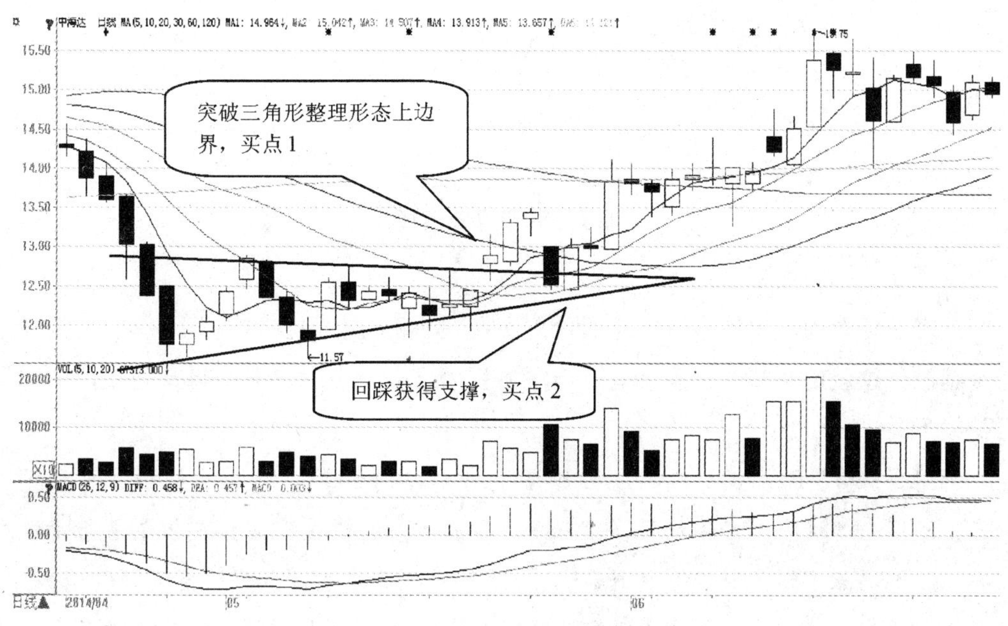

图 5—7 中海达日 K 线

➲ 实战经验

1. 当股价突破阻力位后，可能有小幅回抽。如果股价回抽到之前阻力位时获得支撑，投资者可以加仓买入。

2. 按照上升三角形的信号买入股票后，投资者可以将止损位设定在前期的支撑位上。如果股价跌破这个价位，说明突破失败。投资者应该尽快卖出手中的股票。

（2）下降三角形

下降三角形出现在一段下跌行情之后，是股价反复震荡形成的一个三角形区域。

如图 5—8 所示，在反复震荡过程中，股价多次下跌都在同一个水平位置获得支撑，而每次反弹的高点却不断变低。如果将每次波动的高点和低点分别用直线连接起来，就形成一个向下倾斜的三角形。

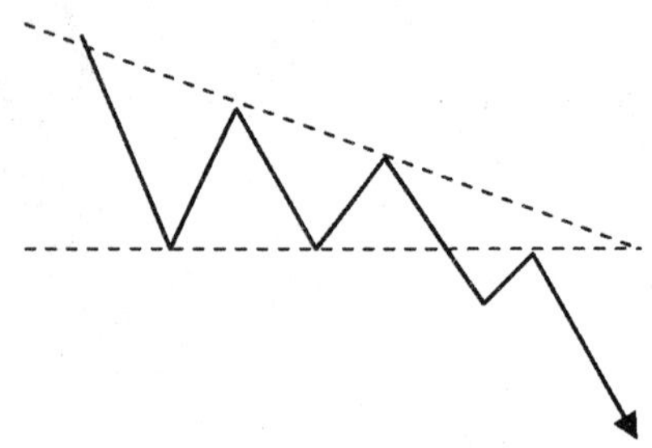

图5—8　下降三角形

下降三角形为卖出信号。虽然股价多次在同一价位获得支撑，但每次反弹的高点越来越低，这就说明多方力量不足。当空方积攒足够力量后，股价将跌破支撑位，之后持续下跌。

如图5—9所示，2011年8月至10月，营口港（600317）日K线图上出现了下降三角形形态。这个形态体现了多空双方在激烈争夺，但是空方仍然控制着行情的主旋律，股价高点不断下移。在9月23日，股价击破下边线，如果投资者还持有股票，此时应将所有股票卖出。该图中没有出现跌破支撑线后的小反弹，因此，投资者在股价跌破支撑位时，不要有侥幸心理，应及时将手中股票卖出。

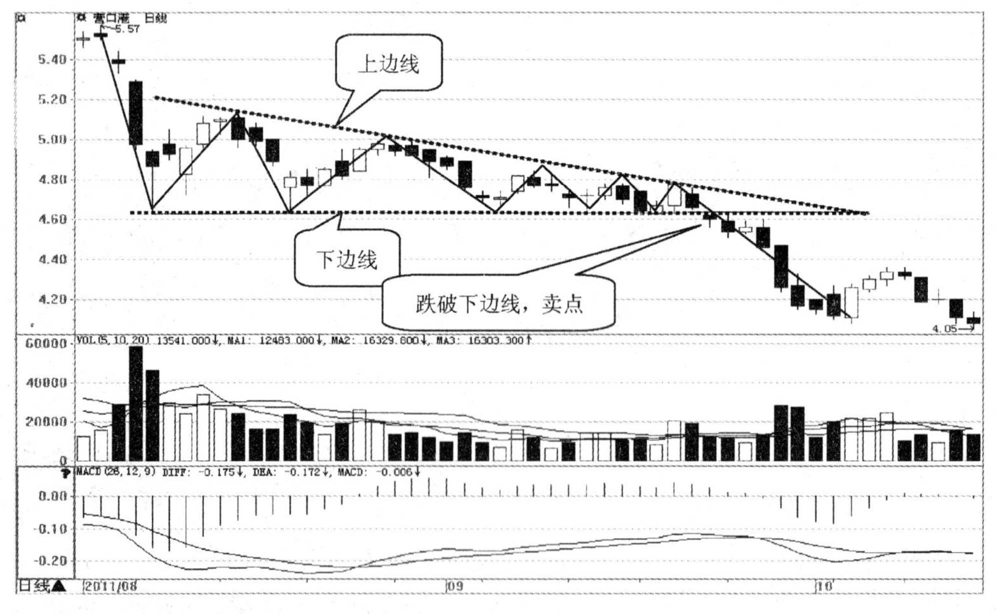

图5—9　营口港日K线

➲ 实战经验

1. 一旦股价跌破支撑位，投资者就应该尽快卖出手中的股票。

2. 当股价跌破支撑位后，可能有小幅回抽。但这种回抽不会持续太长时间。当回抽时，是投资者卖出股票的另一个机会。

3. 当股价在前期支撑位遇到阻力回调时，市场弱势已经形成。如果这时投资者手中还有股票，应该尽快卖出。

（3）扩散三角形

扩散三角形是顶点在左侧，右侧敞口不断扩大的三角形。扩散三角形往往出现在上涨行情尾端。股价在高位反复波动，每次上升的高点越来越高，而下跌的低点越来越低。如将高点连成直线，再将低点连成直线，即可形成一个扩散的三角形。

如图5—10所示，扩散三角形表示市场投机氛围浓郁。当股价上升时，投资者疯狂追涨，造成高点越来越高；一旦股价有下跌迹象，投资者就盲目杀跌，使低点越来越低。最终股价的波动幅度越来越大。如果某次股价反弹的同时成交量没有放大，则表示投机氛围已经消失。这次上涨很可能是多方的最后一搏。股价往往达不到上方压力位就会受阻回调。

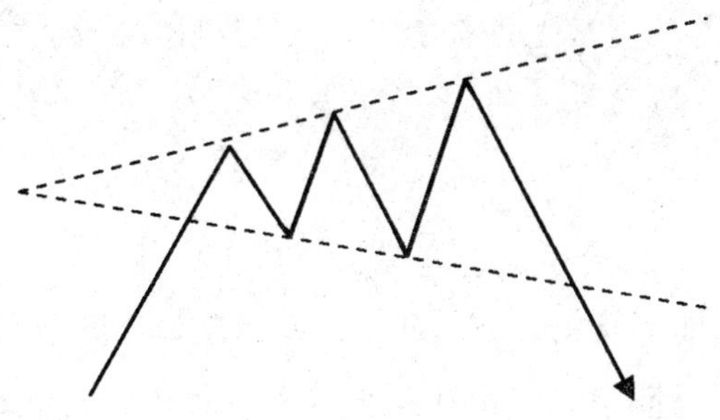

图5—10 扩散三角形

如图5—11所示，2011年2月至4月，长城开发（000021）日K线图上出现了扩散三角形形态。这个形态体现了市场投机氛围浓郁，是股价将见顶下跌的迹象。当股价每次上涨到三角形上边线时，都是投资者逢高卖出股票的机会。

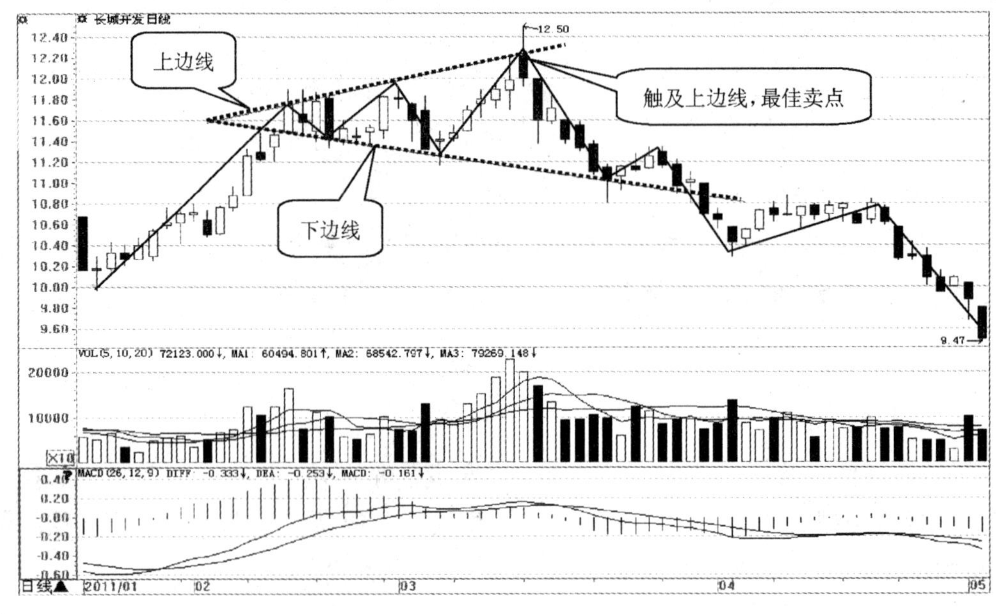

图 5—11　长城开发日 K 线

➲ 实战经验

1. 在扩散三角形中，几乎每次股价波动都有成交量的配合。这是投资者不断追涨杀跌的反应。因此，在股价高位时，投资者更要理性。

2. 一旦扩散三角形形态出现，即使股价未跌破支撑位，投资者也应该尽快卖出股票。这是因为三角形的下边向下倾斜，如果等股票跌破这根边线位置，可能已经有了较大跌幅。

（4）收敛三角形

收敛三角形是上边向下倾斜，下边向上倾斜，敞口不断收敛的三角形形态。收敛三角形可能出现在任何行情中。股价在反复波动过程中，每次波动的高点逐渐降低，而低点逐渐升高。如果将这些高点和低点分别用直线连接起来，就形成一个收敛三角形形状。

如图 5—12 所示，收敛三角形表示多空双方进入僵持阶段。在僵持过程中，成交量会持续萎缩。这说明多空双方力量均消耗严重。此时只要一方能有新力量进入，股价就将突破三角形边线，进入持续的上涨或下跌行情。当股价接近三角形顶点时，如果多空双方力量都没有增强，则股价缩量下跌的可能性较大。

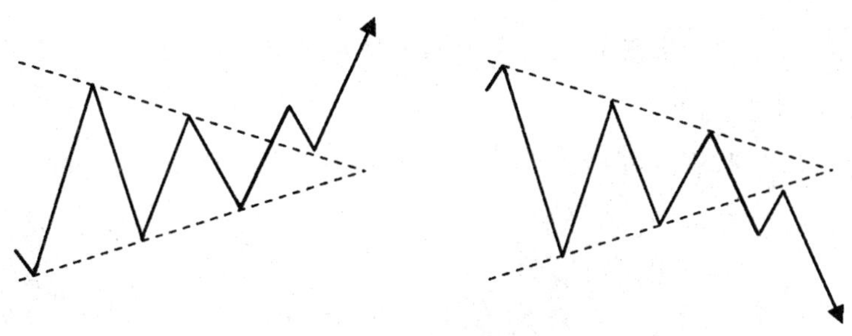

图5—12　收敛三角形

如图5—13所示，2014年11月至2015年3月，中化国际（600500）日K线图上出现了收敛三角形形态。这个形态体现了多空双方陷入僵持，随着时间的推移，多空双方力量逐渐减弱。

2015年2月17日，新的多方力量聚集，股价放量上涨，此时投资者可以买入股票。

2015年3月5日，股价回踩获得支撑后再次放量上涨，投资者可以加仓买入股票。

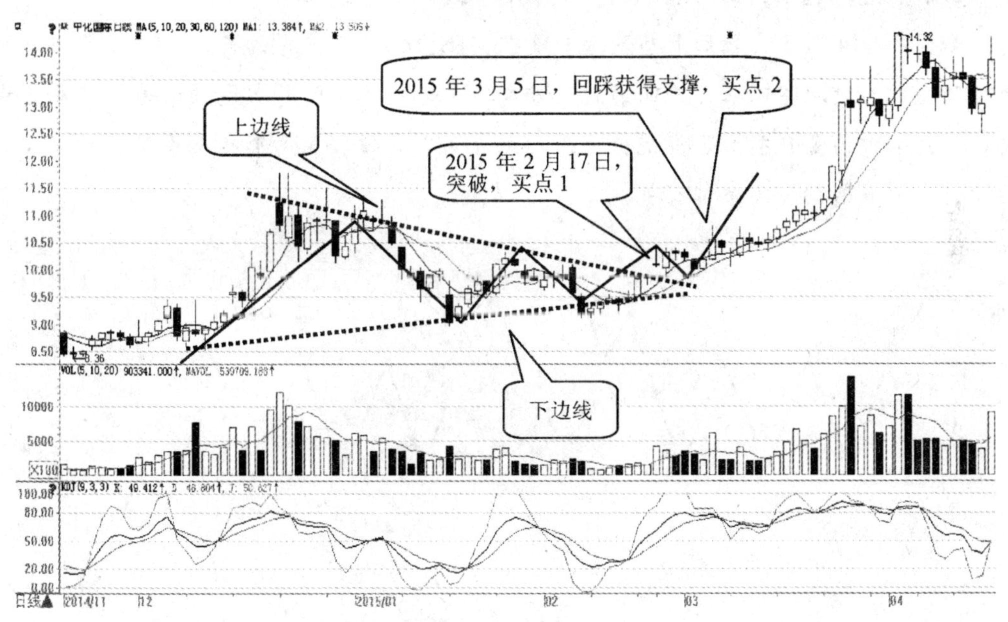

图5—13　中化国际日K线

➲ 实战经验

1. 当股价最终向上突破时，为买入信号。此时投资者可以买入股票。当股价最终向下突破时，为卖出信号。此时投资者应该将手中的股票卖出。

2. 在日K线图中，衡量收敛三角形有效突破的标准是股价突破3%，或者连续3个交易日没有跌回三角形内部。

3. 收敛三角形是个整理形态，整理结果是向上突破或向下突破均有可能。在收敛三角形形成过程中，持币的投资者可以持续观望，持股的投资者也不用急于卖出。

5.2.2 矩形形态

矩形形态又称长方形、箱形整理，是股价在一个矩形区间内横盘整理的形态。矩形形态可能出现在各种行情中。在一段时间的横盘整理行情中，如果分别将股价最高点和最低点连接起来，即可画出两条水平的直线。

如图5—14所示，矩形形态表示一段上有阻力、下有支撑的行情。当股价上升到上方阻力位时就往下回落，而回落到下方支撑位时就往上弹升。这预示着多空双方僵持。直到一方力量耗尽，股价就会选择向上或向下突破。矩形形态属于整理行情，日后股价向上或者向下突破都有可能。

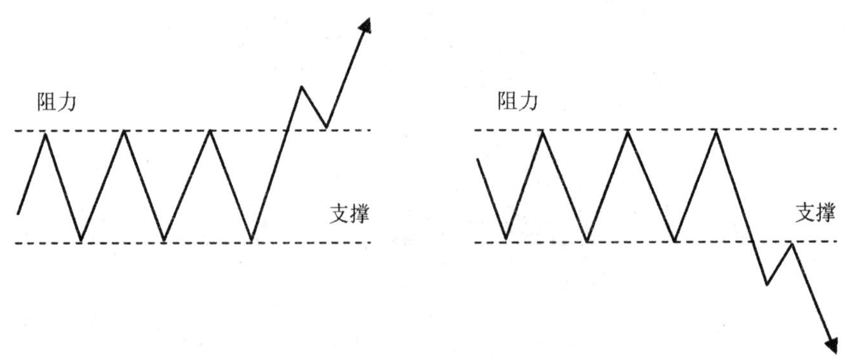

图5—14　矩形形态

如图5—15所示，经过前期上涨，中南建设（000961）股价不断震荡，形成矩形整理形态。这个形态说明多空双方力量在矩形区间内进行激烈争夺。当该形态形成后，如果区间间距较大，投资者可以在下边线附近买进，上边线附近卖出。2014年9月17日，股价放量上涨突破矩形上边界，形成买点1。此后，股价回调至矩形上边界处，得到支撑，形成买点2。

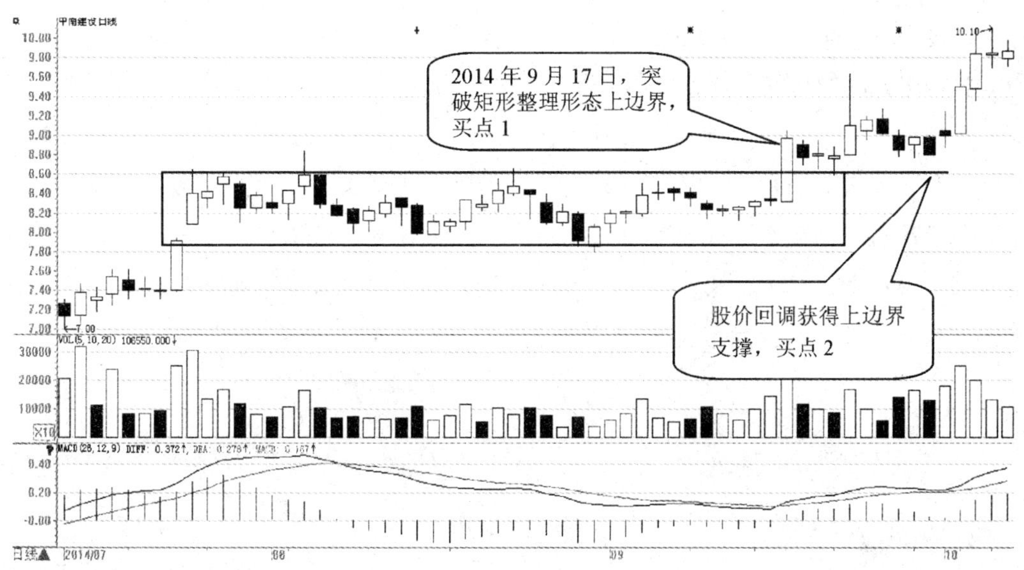

图5—15　中南建设日K线

➲ 实战经验

1. 当股价经过一段时间整理后向上突破阻力线时，表示多方力量胜出。这种形态为看涨信号。看到这种形态后，投资者可以买入股票。

2. 当股价向上突破、投资者买入股票后，止损位可以设定在原来的阻力位置。如果股价跌破这个价位，说明突破失败。投资者应该尽快将手中的股票卖出。

3. 如果股价经过一段时间调整跌破下方支撑位，表示空方力量胜出。这种形态为看跌信号。此时投资者应该尽快卖出股票。

4. 在股价完成突破后，可能会有小幅回抽。如果在回抽过程中股价没有回到原来的运行区间，则形成第二个买入点或者卖出点。

5.2.3　旗形形态

旗形形态是指股价经过一段上涨或者下跌行情后，进入整理阶段，多空双方争战虽呈拉锯战，但从图形看，仍有一方居上风，使行情逐步上升或下移，若将股价高点与低点各连成一条线，会出现两种图形：一种是上升旗形，另一种是下降旗形。

（1）上升旗形

上升旗形是股价在上涨的中途，在一个旗面形区域内波动的形态。上升旗形出现在股价经过一段时间上涨，遇到阻力回调的时候。在回调过程中，股价不断波动。如果投资者将每次波动的高点和低点分别用直线连接起来，可以发现这两根直线基本水平。

如图5—16所示，上升旗形是主力在洗盘时常用的形态。在股价上涨一段时间后，会积累大量获利筹码。为了继续拉升股价时不遇到太大阻力，主力会制造这样一个类似下降通道的旗形，使投资者看空后市。当投资者纷纷看空、卖出股票后，主力会将股价继续向上拉升。由于上方压力已经被充分消化，当主力再次拉升时，股价的涨幅可能会很大。上升旗形是上涨趋势将会持续的信号。

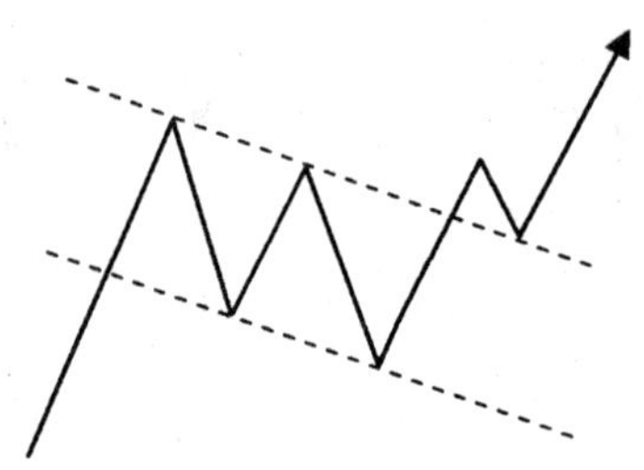

图5—16　上升旗形

如图5—17所示，2014年9月至10月，焦点科技（002315）日K线图上出现了上升旗形。这个形态体现了多方力量主导着行情的主旋律，股价的下跌只是获利抛盘力量的释放。在旗形形态以后，抛盘压力减弱，多方发力，股价继续上涨。10月24日，股价放量突破旗形上边线，此时投资者可以买入股票。

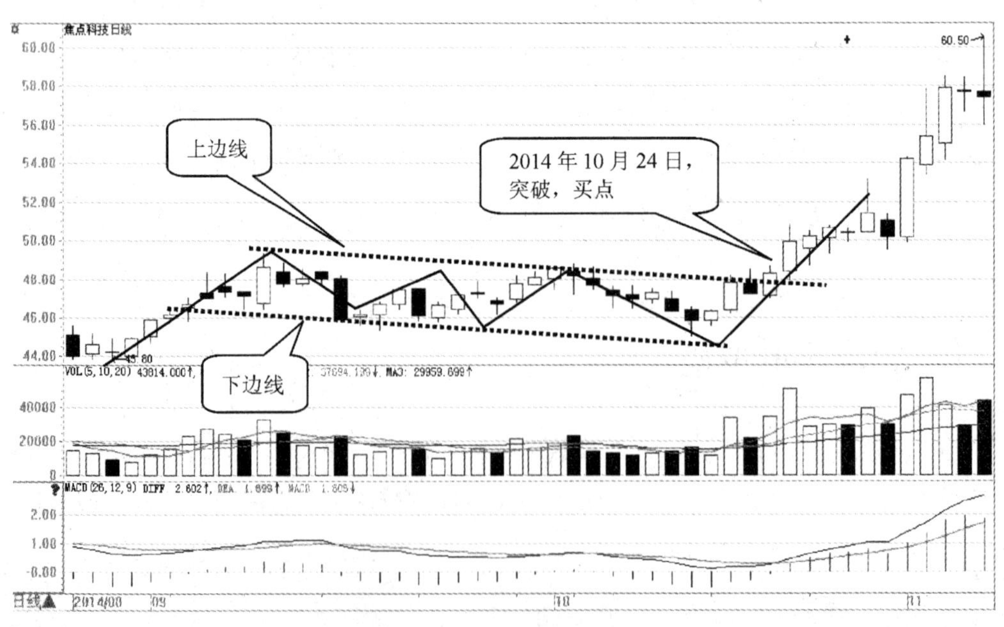

图5—17　焦点科技日K线

➲ 实战经验

1. 当看到上升旗形时，持股的投资者不必急于卖出，可以继续观望。如果投资者在下跌开始时就将手中的股票卖出，或者从来没有买入股票，可以等到股价向上突破时再买入股票。

2. 股价向上突破后可能有小幅回抽，但回抽的力量往往很弱。如果股价回抽后在之前的阻力位获得支撑，投资者可以考虑加仓买入股票。

（2）下降旗形

下降旗形是股价在下跌的中途，在一个旗面形区域内波动的形态。下降旗形出现在股价经过一段时间下跌，获得支撑反弹的时候。在反弹过程中，股价反复波动，最终每次波动高点的连线平行于波动低点的连线，而且两者均向上倾斜。

如图 5—18 所示，下降旗形是主力在出货时常用的形态。当主力连续打压股价一段时间后，发现下方承接盘不多，于是为了顺利出货，就会制造这样一个类似上升通道的旗形。当投资者受到诱惑纷纷买入股票时，主力就可以达到顺利出货的目的。下降旗形为卖出信号。

当股价跌破支撑位后，表示主力派发完成，市场上刚刚聚集的多头气氛会再次消失，此时股价会受到持续打压。

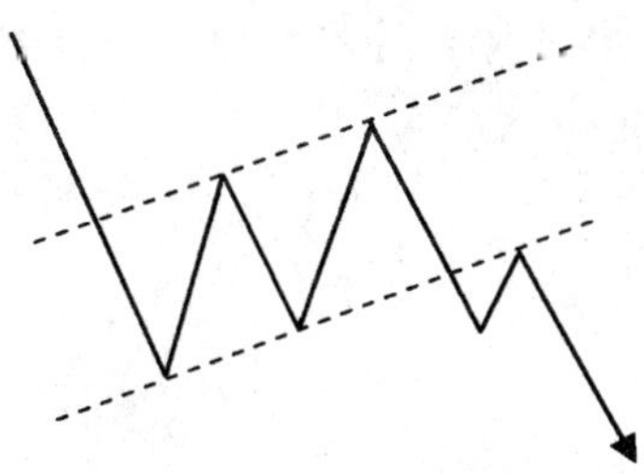

图 5—18　下降旗形

如图 5—19 所示，2011 年 8 月至 9 月，大连热电（600719）日 K 线图上出现了下降旗形形态。这个形态体现了空方力量主导着行情的主旋律，股价的上涨只是超跌后的短暂反弹。在下降旗形形态以后，抛盘力量再次袭来，多方力量被强力压制，股价下跌。9 月 6 日，股价跌破旗形下边线，投资者应卖出股票。9 月 8 日，股价稍作反弹后再次跌破旗形下边线，此时投资者应果断卖出，不可存侥幸心理。

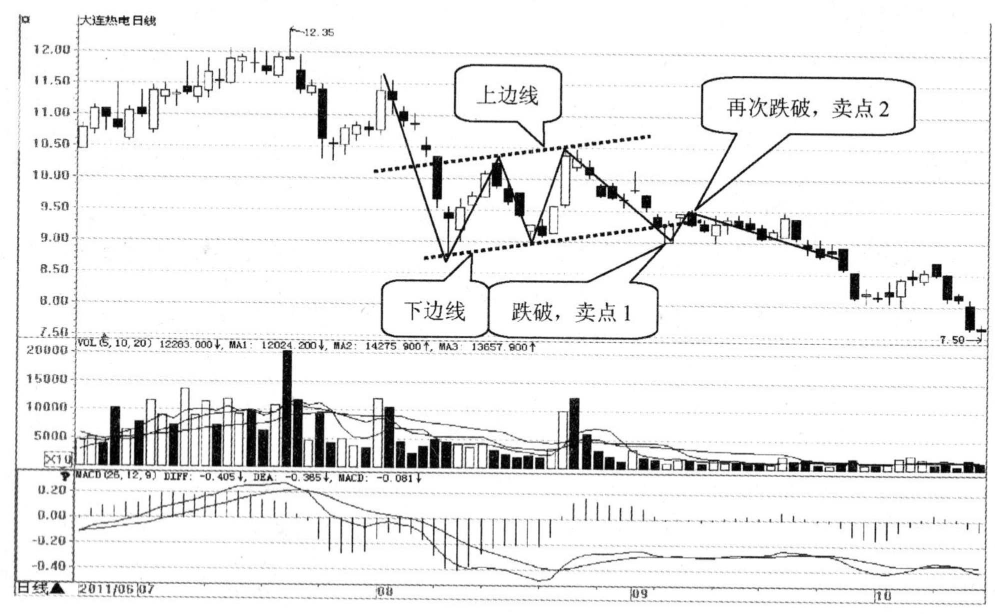

图5—19　大连热电日K线

➲ 实战经验

1. 在股价跌破支撑位后可能有小幅回抽。但回抽动能不足，往往在下方支撑线附近会遇到阻力，继续下跌。这次回抽是投资者另一个卖出机会。

2. 如果在旗形整理过程中投资者持有股票，一旦股价跌破下方支撑位，投资者就应该将手中的股票尽快卖出。

5.2.4　楔形形态

楔形是股价介于两条收敛的直线中变动。与收敛三角形不同处在于两条界线同时上倾或下斜。成交量变化和三角形一样向顶端递减。楔形可分为上升楔形和下降楔形两种。

（1）上升楔形

上升楔形是一个形似向上倾斜的木楔的整理区间。上升楔形出现在一段大幅下跌后的震荡反弹过程中。股价在震荡中上涨，上方阻力线和下方阻力线均为向上倾斜的直线，但压力线要比支撑线平缓。

如图5—20所示，上升楔形中，通道的上边比下边平缓，说明多方虽然能对股价形成比较有力的支撑，但并没有太多力量拉升股价。经过一段时间震荡整理后，股价向下跌破的可能性较大。上升楔形只是多方在遭到持续打压后的一次无力挣扎，属于长期下跌过程中的短暂反弹行情。

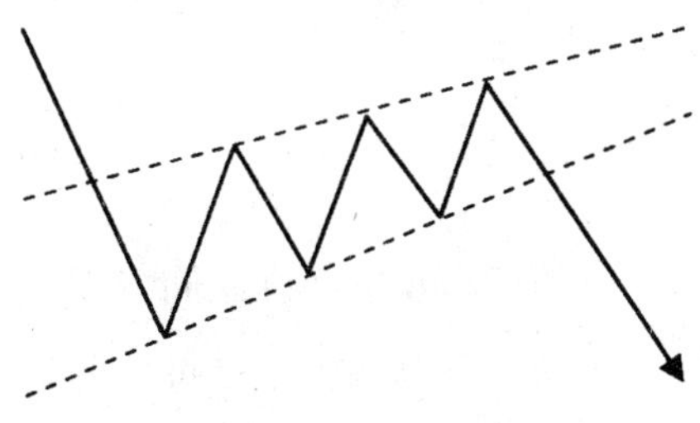

图5—20 上升楔形

如图5—21所示，2011年4月至5月，ST秦岭（600217）日K线图上出现了上升楔形形态。这个形态体现了在下跌途中，多方力量遭到持续打压后进行了一次无力挣扎，仅仅是一次短暂的反弹行情。短线投资者要好好把握介入时机，要有亏了也要止损的觉悟。一般投资者建议不予参与。

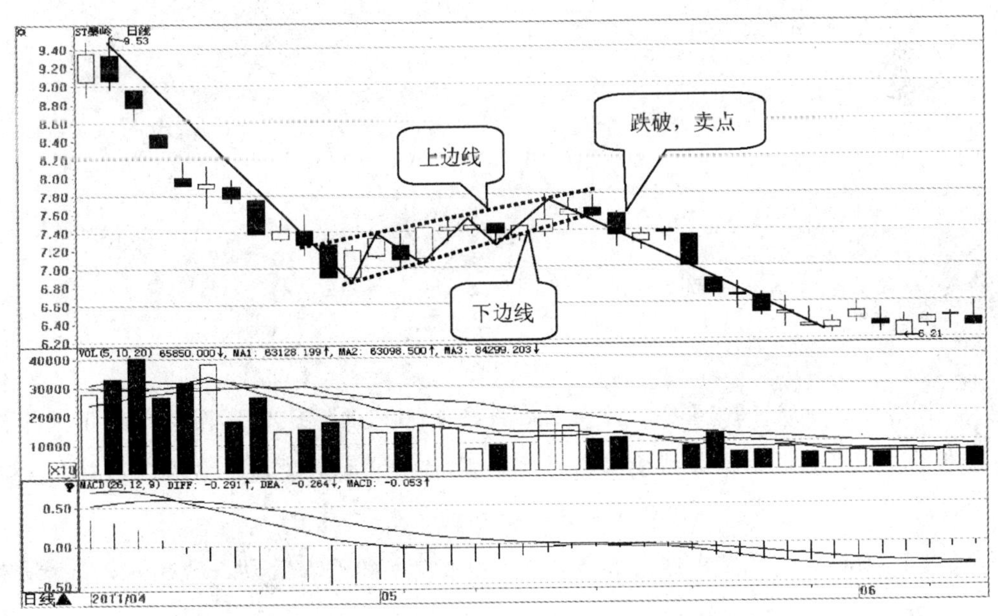

图5—21 ST秦岭日K线

➲ 实战经验

1. 当上升楔形出现时，持有股票的投资者可以趁反弹的高点分次建仓。

2. 当股价跌破下方支撑位时，投资者应该将剩余的股票全部卖出。因为上升楔形的涨幅一般不会很大，而股票随时会有掉头下跌的可能，所以未持有股票的投资者最好不要入场抢反弹或者进行波段操作。

（2）下降楔形

下降楔形是一个形似向下倾斜的木楔的整理区间。下降楔形出现在股价大幅上涨后的震荡回调过程中。在反复震荡下跌过程中，股价上方阻力线和下方支撑线均为向下倾斜的直线，但支撑线要比阻力线平缓。

如图 5—22 所示，下降楔形中，上方阻力线比较陡峭，说明市场的承接力量不强。但下方的支撑位比较平缓，说明抛盘压力也有所减弱。这个形态说明，造成股价下跌的抛盘力量只是来自上升行情中的获利回吐，并没有出现新的空方力量的进场。经过震荡整理后，股价继续上涨的可能性较大。

下降楔形只是股价上涨一段时间后的获利回吐行情。不仅不会影响长期的上涨趋势，而且还会使股价未来有更大的上涨空间。

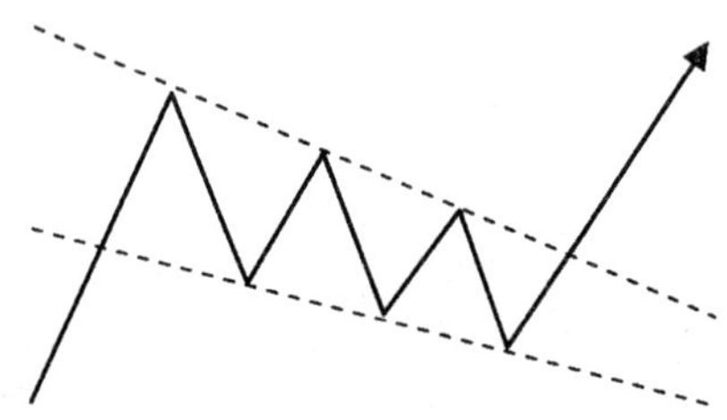

图 5—22　下降楔形

如图 5—23 所示，2014 年 7 月，生益科技（600183）日 K 线图上出现了下降楔形形态。这个形态说明多方力量强势控盘。股价经过反复震荡洗盘后，抛盘压力减小。最后，多方力量发力，股价突破上边线继续上涨。

7 月 24 日，股价放量上涨突破上边线，投资者可以买入股票。此后，股价并没有回踩上边线，而是一路上涨。

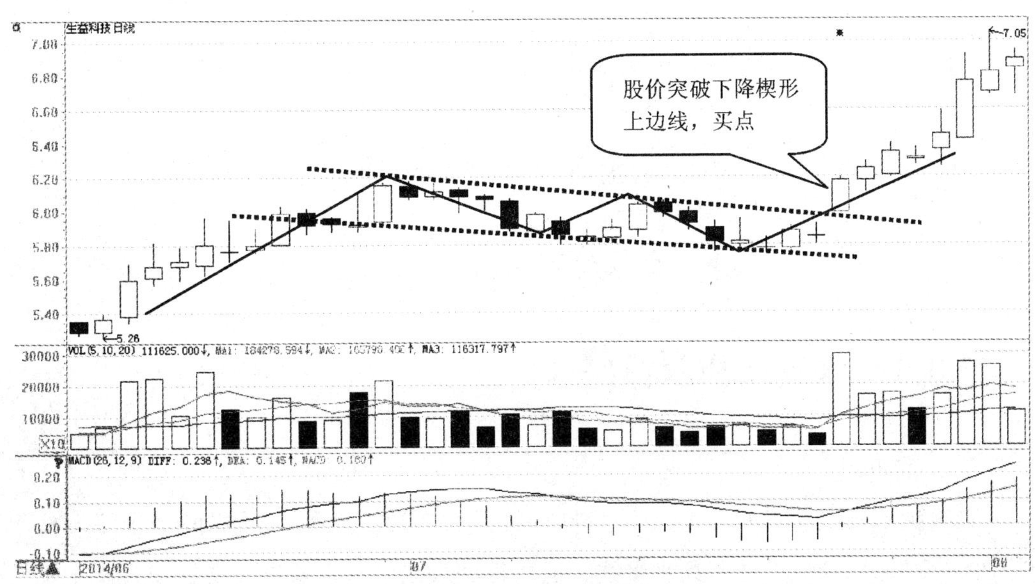

图5—23 生益科技日K线

➲ 实战经验

1. 一旦下降楔形行情确立，持股的投资者就不必急于卖出股票，可以继续观望。当股价向上突破阻力线时，持币的投资者可以买入股票，持股的投资者也可以适当加仓。

2. 按照下降楔形买入股票后，投资者可以将止损位设定在楔形的阻力线上。如果股价向上突破后未能继续上涨，反而向下跌破前期阻力线，说明上攻失败。此时投资者应该尽快将手中的股票卖出止损。

5.3 反转形态

5.3.1 双重顶和双重底

（1）双重顶

双重顶形态又称“M”顶，是股价连续两次上攻失败后，形成两个顶峰。从M头中第一次回调的低点做一条水平线，即可得到颈线。双重顶形态往往出现在上涨行情的末端，其往往在跌破颈线后才有意义。

如图5—24所示，在双重顶形态中，a、b两个顶部最高价在同一价位或者在不同价位但相差不大，当股价跌破其颈线时，该形态即成立。

在股价上涨一段时间后出现双重顶形态，表示股价上涨到此价位后遇到阻力，是见顶下跌的信号。

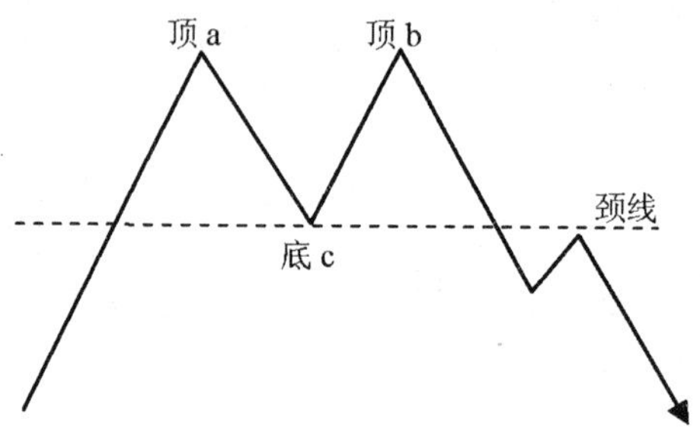

图5—24　双重顶

如图5—25所示，2014年8月至9月，瑞丰光电（300241）日K线图上出现了双重顶形态。这个形态体现了股价上涨的动能已经消失，遇到较强阻力。当持股者的抛售情绪增加时，股价随即下跌。当股价跌破颈线位时，投资者应将手中股票卖出，股价即将进入下跌行情。

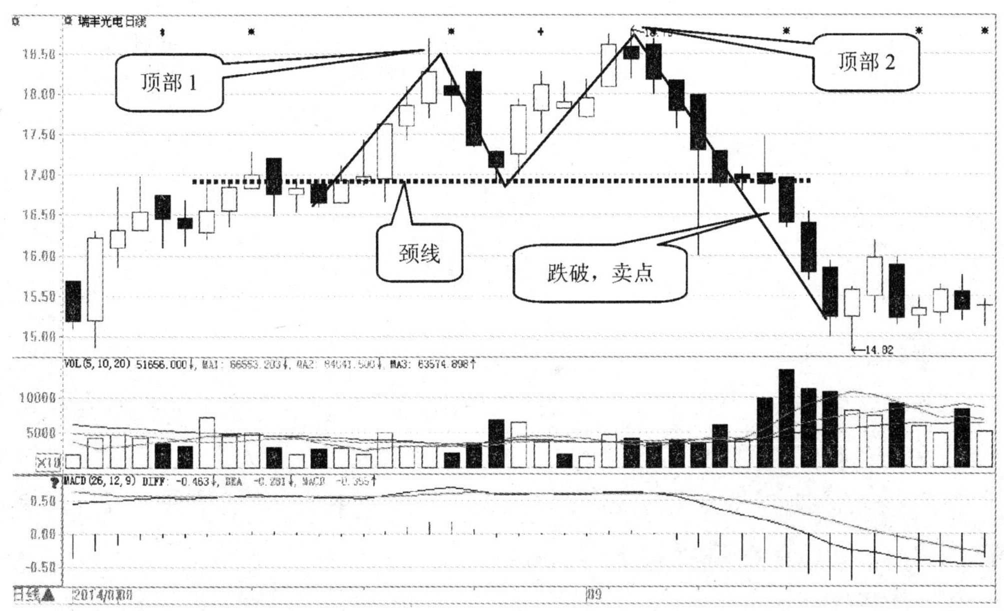

图 5—25　瑞丰光电日 K 线

➲ 实战经验

1. 在看到快要形成双重顶形态时，如果股价涨幅已经较大，投资者可以卖出一部分股票，并谨慎耐心观察。当股价跌破颈线时，这个形态的顶部信号将大大增强，投资者可以将股票全部卖出。

2. 如果主力只是简单地做了两个类似的顶点 a 和 b，随后股价突破前期高点 a 或 b，投资者可以将卖出的股票再买回来，股价还要上涨。

（2）双重底

双重底形态又称“W”底，股价连续两次下跌均获得支撑，形成两个底部。从第一次获得支撑反弹的顶点做一条水平线，即得到 W 底的颈线。双重底一般出现在下跌行情的尾端，只有股价放量突破颈线后才有意义。

如图 5—26 所示，在双重底形态中，b、c 两个底部最低价在同一价位或者在不同价位但相差不大的话，当股价突破颈线时，该形态即成立。

在股价下跌一段时间后出现双重底形态，表示股价在此价位获得支撑，是股价见底的信号。

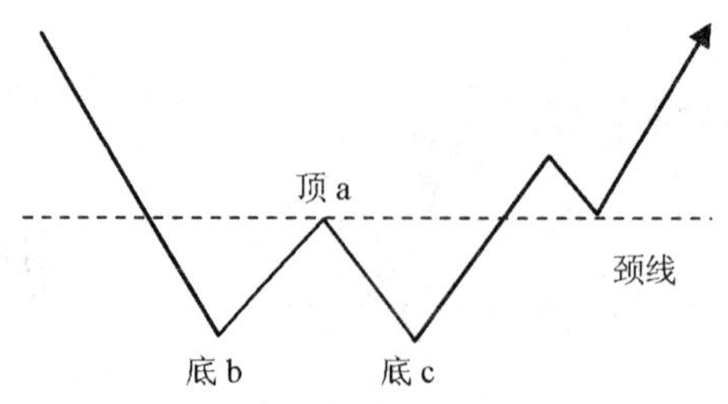

图5—26 双重底

如图5—27所示，2011年5月至7月，恒邦股份（002237）日K线图上出现了双底形态。这个形态体现了空方力量逐步减弱，多方力量逐步增强，后市即将转变为多方力量主导的上涨行情。双底形态是一个股价见底反弹的信号。

7月4日，股价放量突破颈线时，投资者可以买入股票。8月2日，股价回踩颈线获得支撑时，投资者可以加仓买入股票。

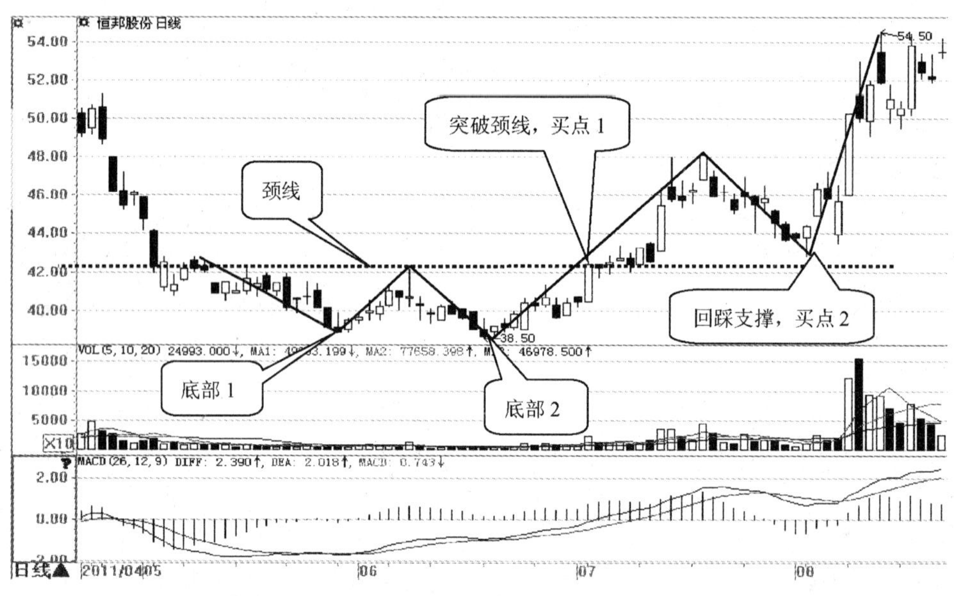

图5—27 恒邦股份日K线

➲ 实战经验

1. 在看到快要形成双重底形态时，投资者可以重点观望，但最好不要贸然买入。当股价放量突破颈线时，这个形态的底部信号将大大增强，投资者可以买入股票。

2. 双重底形态的止损位在双重底的最低价位上。如果股价跌破这个价位说明多方难以对股价形成有效支撑，按照此形态买入的投资者需要卖出股票止损。

5.3.2 三重顶和三重底

（1）三重顶

三重顶形态又称三尊头，是股价在顶部出现的连续三个顶峰。三重顶形态出现在股价上涨一段时间后，股价连续三次上攻失败，形成三个顶峰。这三个顶峰基本相同。而前两次上涨失败后，股价回调的低点也基本相同，将这两个低点连接起来的水平线就是颈线。

如图5—28所示，三重顶形态的含义与M头类似，表示股价经过一段时间上涨后，多方获利回吐。在大量卖盘压力下，股价下跌。虽然在底d和底e位置，不断有短线资金进入抄底，但顶b和顶c位置的连续两次上攻失败充分证明短线资金无法推动股价持续上涨。

在顶c完成后的下跌中，股价跌破颈线，此时多方力量完全崩溃。虽然可能有抄底资金进入，拉动股价短暂回抽，但这无法改变整体趋势。之后股价将进入持续下跌行情。三重顶形态为卖出信号。

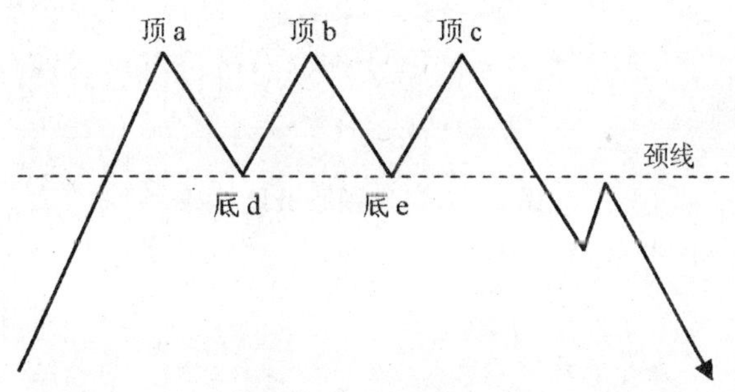

图5—28 三重顶

如图5—29所示，2011年6月至7月，金隅股份（601992）日K线上图出现了三重顶形态。这个形态体现了多空双方的争夺就要见分晓了。从图中可以看出多方力量逐渐减弱，空方力量和抛盘力量逐渐增加，当股价跌破颈线时，投资者应卖出股票。随后股价回抽颈线，此时还没有卖出股票的投资者应卖出。

➲ 实战经验

1. 如果前两次股价上攻失败，在顶c位置成交量再次放量，股价向上突破，则投资者可以加仓买入股票。股价还会继续上涨。

2. 股价跌破颈线后，可能会有部分抄底资金进入，造成股价小幅回抽。股价回抽时往往会在颈线附近遇到阻力继续下跌。如果此时投资者手中还持有股票，应该趁回抽的机会将手中的股票全部卖出。

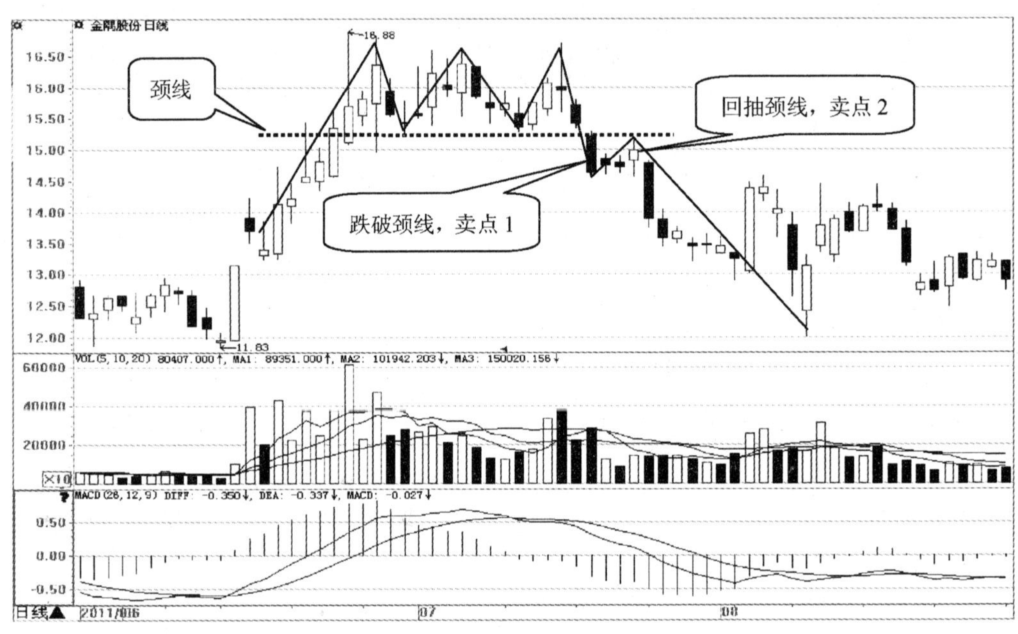

图 5—29　金隅股份日 K 线

（2）三重底

三重底是三重顶的倒影，是股价在低位出现的连续三个低谷。三重底形态出现在一段下跌行情的尾端。股价连续三次下跌获得支撑，形成三个底部 c、d 和 e。形成底 c 和底 e 后，股价反弹到一个几乎相同的价位时遇到阻力回调，形成顶部 a 和 b。顶部 a 和 b 高点的连线就是颈线。在形成底 e 后，股价开始放量上涨，突破颈线。三重底形态完成。

如图 5—30 所示，三重底形态的含义与三重顶相反，表示空方力量在底部不断衰竭，多方准备拉升股价。一旦股价突破颈线，则预示着空方力量崩溃，未来股票将有可观的涨幅。三重底形态为股价见底反弹的看涨信号。

如图 5—31 所示，2014 年 6 月至 8 月，长春高新（000661）日 K 线图上出现了三重底形态。这个形态说明虽然空方不断打压股价，但股价却在同一价位附近获得支

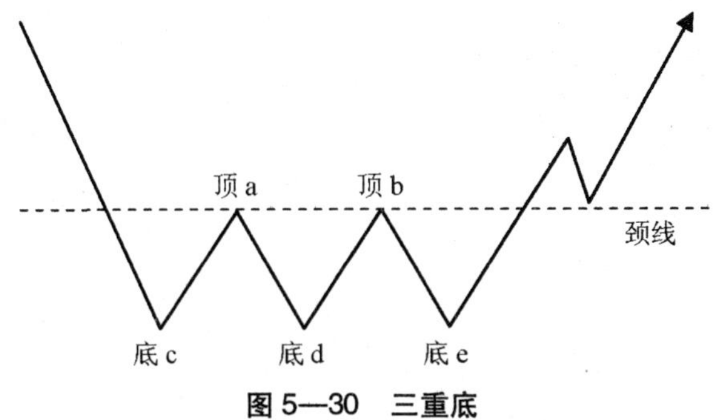

图 5—30 三重底

撑。随着底部的强烈支撑，空方力量近衰竭，多方力量在慢慢聚集。8 月 1 日，多方放巨量突破颈线，投资者此时可以积极买入股票。

之后股价没有出现大的攀升，说明颈线上方的空方力量还在进行抵抗。然而，每一次空方将股价打到颈线上方附近时，股价即获得强烈支撑，这表明新的支撑点已经形成。投资者亦可在这个新的买点处进行加仓买入操作。

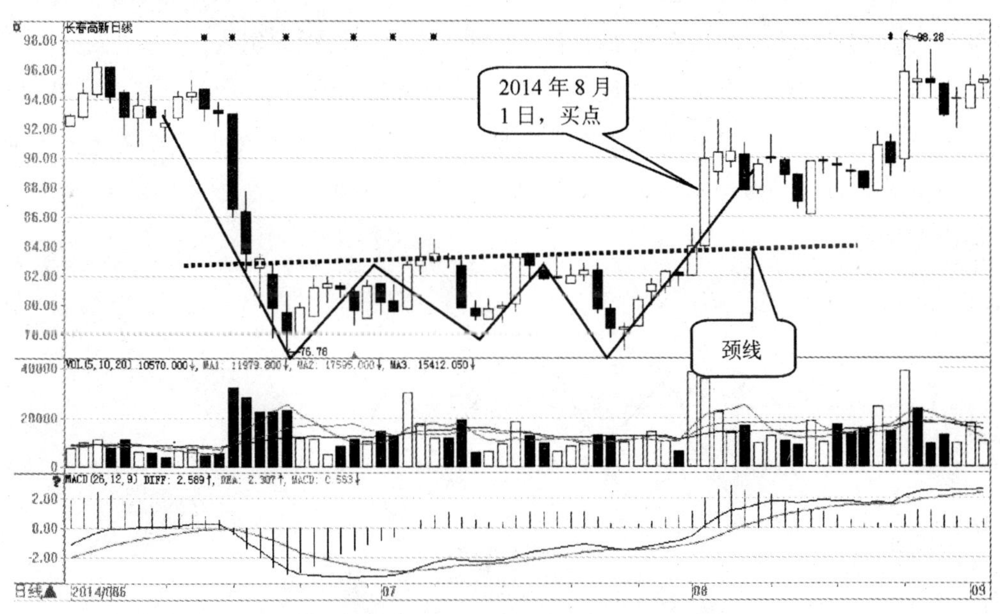

图 5—31 长春高新日 K 线

➲ 实战经验

1. 股价突破颈线后可能有小幅回调，但一般不会跌破颈线位置。投资者可以趁回调的机会加仓买入。但并不是所有三重底完成突破后都有回调，因此，投资者不能将这种回调当作唯一的买入点。

2. 按照三重底形态买入股票后，投资者可以将止损位设定在颈线位置。如果未来股价跌破颈线，则说明之前的向上突破失败，股价可能会继续横盘调整甚至下跌。此时投资者应该果断卖出手中的股票。

5.3.3 头肩顶和头肩底

（1）头肩顶

头肩顶是股价在顶部形成的三个峰顶，中间的峰顶比两边高，形似人体的头部和左右两个肩部。头肩顶形态出现在上涨行情尾端，由连续三个峰顶组成。两边峰顶基本水平，中间的峰顶略高。这三个峰顶从左到右依次叫作左肩、头部、右肩。左肩和头部两次回调后所形成的低点基本水平，这两个低点的连线为颈线。

如图5—32所示，在头肩顶形成过程中，左肩的成交量最大，头部的成交量略小，右肩的成交量最小。成交量呈递减现象。这说明股价上升时追涨力量越来越弱，股价的上涨已经达到尽头。因此，头肩顶是一种见顶信号。该形态一旦形成，股价下跌几乎成定局。

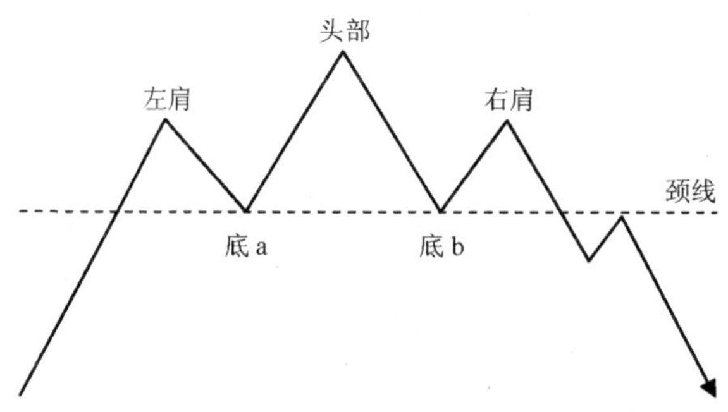

图5—32 头肩顶

如图5—33所示，2011年7月至8月，福建水泥（600802）日K线图上出现了头肩顶形态。这个形态体现了多方力量在推动股价上涨，但投资者跟风意愿不强烈，随后股价不能持续上涨。在形成右肩时，多方力量借股价上涨悄悄出货。当股价跌破颈线时，投资者一定要卖出股票，因为股价即将进入空方力量主导的下跌行情。当股价回抽颈线时，这是投资者最后一次在高点卖出股票的机会，颈线位对股价形成强大的阻力，股价不能突破时，投资者应坚决离场。

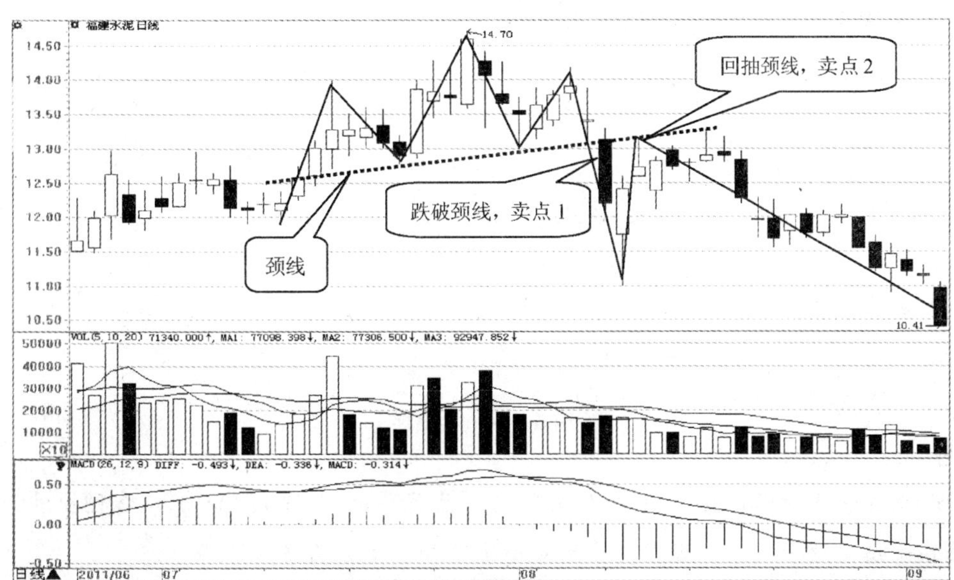

图 5—33 福建水泥日 K 线

➲ 实战经验

1. 如果形成头部时成交量萎缩，而在形成右肩时又出现缩量上涨行情。投资者就可以认为头肩顶形态已经基本完成。形成右肩后，股价一旦跌破颈线，投资者应该将手中的股票全部卖出。

2. 如果在股价跌破颈线后有小幅回抽，并且在颈线位置受到阻力回调，则形成对头肩顶形态最后的确认。这是投资者的另一个卖出机会。

（2）头肩底

头肩底是与头肩顶完全相反的形态。头肩底形态一般出现在下跌行情尾端，由连续三个底部组成。三个底部从左到右依次叫作左肩、头部、右肩。左右两个肩部的最低价基本相同，中间底部的最低价略低。同时，在左肩和头部形成后的两次反弹过程中，股价基本在同一价位受到阻力回调。这个价位上的水平线为颈线。

如图 5—34 所示，在头肩底形成过程中，头部的成交量与左肩区域大致相等。股价经过头部反弹时很可能出现缩量上涨行情。右肩区域的成交量会大幅放大，经常会出现放量向上突破的行情。头肩底是十分强势的反转信号，表示空方力量被不断消耗。一旦头肩底形态完成，之后持续上涨的空间会很大。一旦股价放量突破颈线，即形成买入信号，此时投资者可以大胆买入股票。

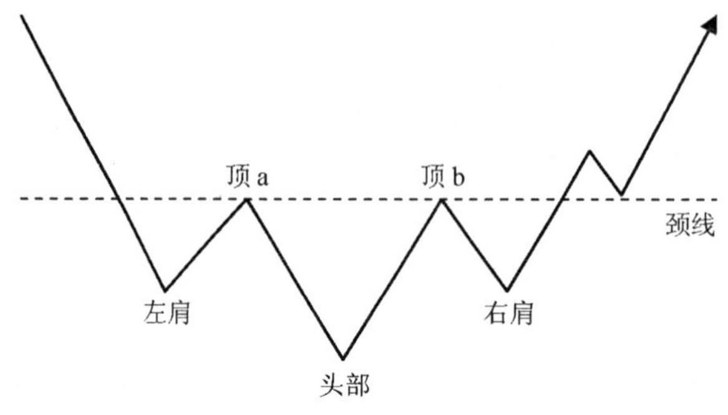

图5—34　头肩底

如图5—35所示，2014年6月至7月，兰花科创（600123）日K线图上出现了头肩底形态。这个形态体现了空方力量逐渐衰弱，多方力量逐渐强盛。

在空方主导的下跌行情中，股价不断创新低，逐渐形成了左肩和头部的左半部。然而股价触底后，空方力量已经消耗严重。此时，多方力量持续反攻，股价不断上涨，逐渐形成了头部的右半部和右肩。

7月24日，股价放量突破颈线，投资者应积极买入股票。此后，股价回踩颈线获得支撑，投资者可以加仓买入。

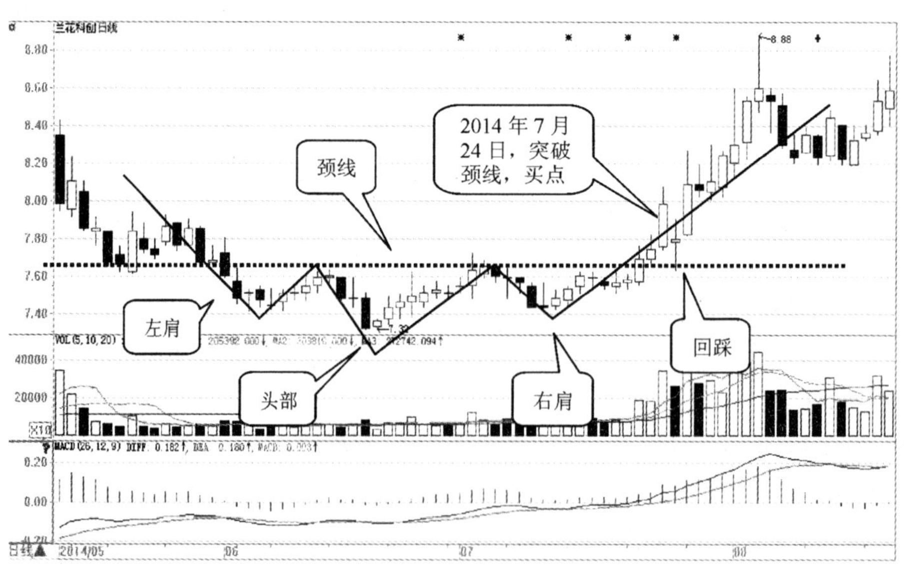

图5—35　兰花科创日K线

➲ 实战经验

1. 在突破颈线后，股价可能会有小幅回抽。如果股价回抽到颈线附近获得支撑，则是对头肩底形态的确认，此时投资者可以加仓买入股票。

2. 按照头肩底形态买入股票后，投资者可以将止损位设定在颈线上。如果股价跌破颈线位置，说明空方重占上风，下跌趋势很可能会继续。此时投资者应该尽快将手中的股票卖出。

5.3.4 圆弧顶和圆弧底

(1) 圆弧顶

圆弧顶是股价在顶部出现的圆弧形态。圆弧顶往往出现在一段上涨行情的尾端。股价上涨一段时间后，上涨的速度逐渐减缓，开始在高位反复震荡。如果将反复震荡的高点用线连接起来，就形成一个向上凸显的圆弧形状。

如图5—36所示，在圆弧顶形态中，股价先是在成交量逐渐减少的情况下，上涨速度越来越缓慢，直到出现成交量放大，但是股价滞涨的局面。然后持股者的抛售力度逐渐增大，空方力量开始逐渐入场，股价走势开始下移，从而形成了圆弧顶形态。

圆弧顶表示市场起初由于买盘力度减弱使得股价从快速上涨转为缓慢攀升，最后在顶部区出现窄幅波动，由于在这一区域内，空方力量逐渐增强，多方力量逐渐减弱，因而使得价格走势出现缓慢下跌，形成一个圆弧形，随后股价继续下跌。因此，当形成圆弧顶时，投资者要及时卖出股票。

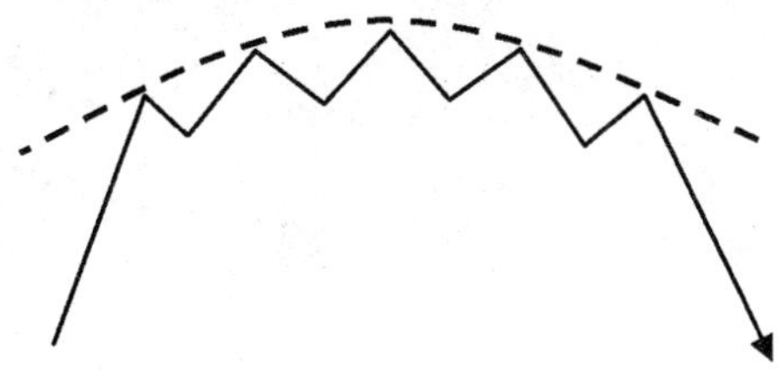

图5—36 圆弧顶

如图5—37所示，2014年10月至11月，澄星股份（600078）日K线图上出现了圆弧顶形态。这个形态体现了市场由多方主导行情逐渐转变为空方主导行情。多方力量逐渐减弱，股价上涨速度越来越慢，成交量也越来越少，直到多方力量衰竭，出现只有成交量、股价却不上涨的局面。然后空方力量逐渐压倒多方力量，成交量放大，股价下跌，从而形成股价走势的圆弧顶形态。12月9日，股价放量加速下跌，投资者应将手中股票全部卖出。

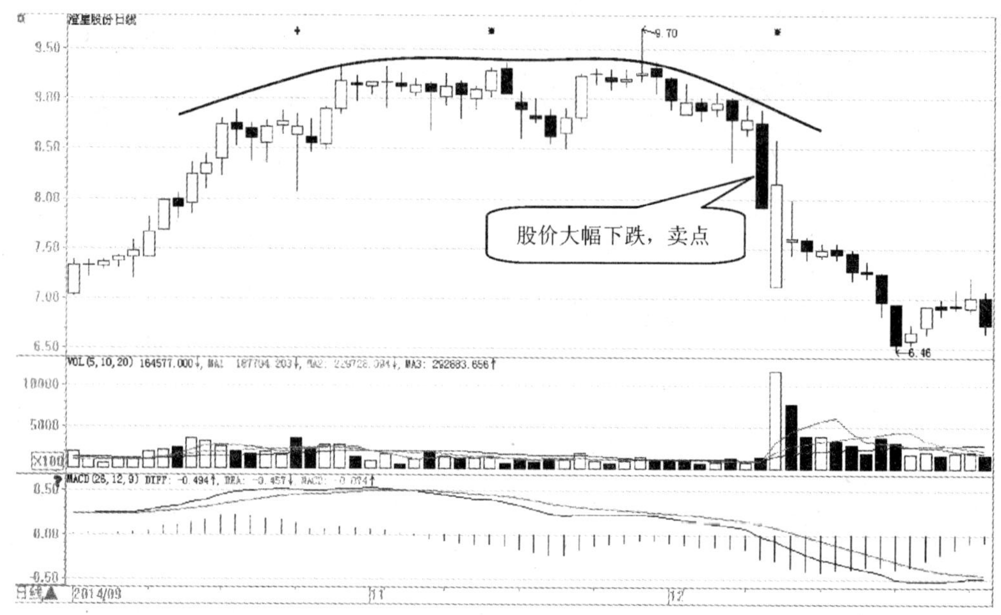

图5—37　澄星股份日K线

➲ 实战经验

1. 圆弧顶形成的时间越长，说明多空双方的转换越彻底。这时圆弧顶形态的看跌信号就更加强烈。

2. 圆弧顶形态并没有颈线，因此，一旦投资者发现股价上涨一段时间后逐渐滞涨，之后又由涨转跌时，就应该卖出部分股票，轻仓观望。

（2）圆弧底

圆弧底是股价在底部出现的圆弧形态。圆弧底往往出现在一段下跌行情的尾端。股价下跌一段时间后，下跌的速度逐渐减缓，开始在低位反复震荡。如果将反复震荡的低点用线连接起来，就形成一个向下凹陷的圆弧形状。

如图5—38所示，在圆弧底形态中，股价先是在成交量逐渐减少的情况下，下跌速度越来越缓慢，直到成交量出现极度萎缩，股价才停止下跌。然后多方力量开始逐渐入场，成交量温和放大，股价由缓慢上升逐渐转变为加速上升，从而形成圆弧底形态。

圆弧底表示市场由空方主导行情逐渐变成多方主导行情，为股价见底反弹的信号。圆弧底形态没有颈线，因此并没有明显的买入点。当股价结束下跌，出现加速上涨趋势时，投资者就可以积极买入股票。按照圆弧底形态买入股票后，投资者可以将止损位设定在圆弧形的最低价位置。如果股价跌破这个位置，则上涨趋势被破坏。此时投资者应该尽快将手中的股票卖出。

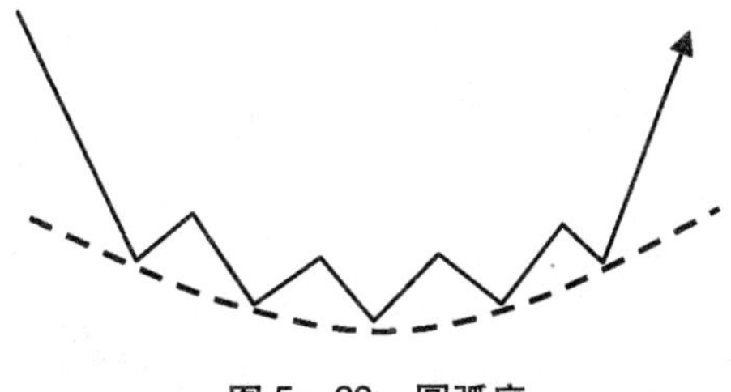

图5—38 圆弧底

如图5—39所示，2014年6月至7月，中国国贸（600007）日K线图上出现了圆弧底形态。这个形态体现了市场由空方主导行情逐渐转变为多方主导行情。空方力量逐渐减弱，股价下跌速度越来越慢，成交量也越来越少，直到空方力量衰竭，成交量出现极度萎缩，股价才停止下跌。然后多方力量开始介入市场，成交量温和放大，股价由缓慢上升逐渐转变为加速上升，从而形成股价走势的圆弧形态。4月23日，股价放量加速上涨，投资者可以积极买入股票。

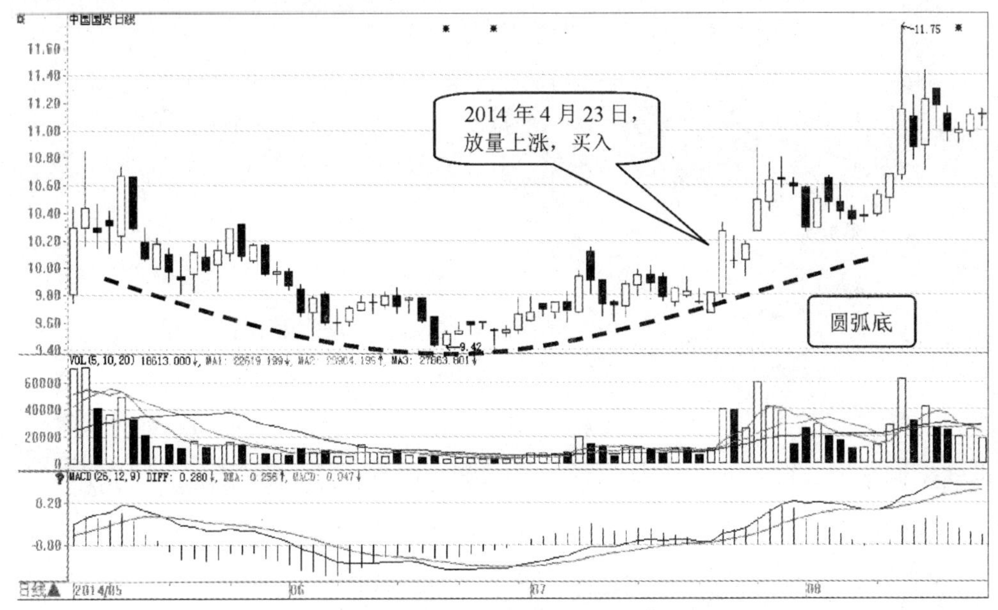

图5—39 中国国贸日K线

➲ 实战经验

1. 如果在股价上涨的时候成交量萎缩，投资者不能贸然介入。可以等到放量上涨行情出现后再买入股票。

2. 圆弧底形态与K线组合的圆底有所不同。圆底是短线看涨的K线组合，所有K线均处于圆弧上；而圆弧底属于中长线看涨的K线形态，只是股价反复波动过程中的最低点处于一个圆弧之上。

第 6 章

技术指标分析

技术指标是一种辅助投资者判断股价走势的工具。例如，在一只股票加速上涨过程时，投资者要想知道该股上涨的速度具体有多快，加速度又有多快，就可以借助技术指标来判断。

6.1 用炒股软件看技术指标

6.1.1 软件中的技术指标

在大智慧的分时走势界面中，投资者可以查看指数或者个股的分时技术指标。在分时图中最常用的技术指标包括 MACD 指标、量比指标等，如图 6—1 所示。

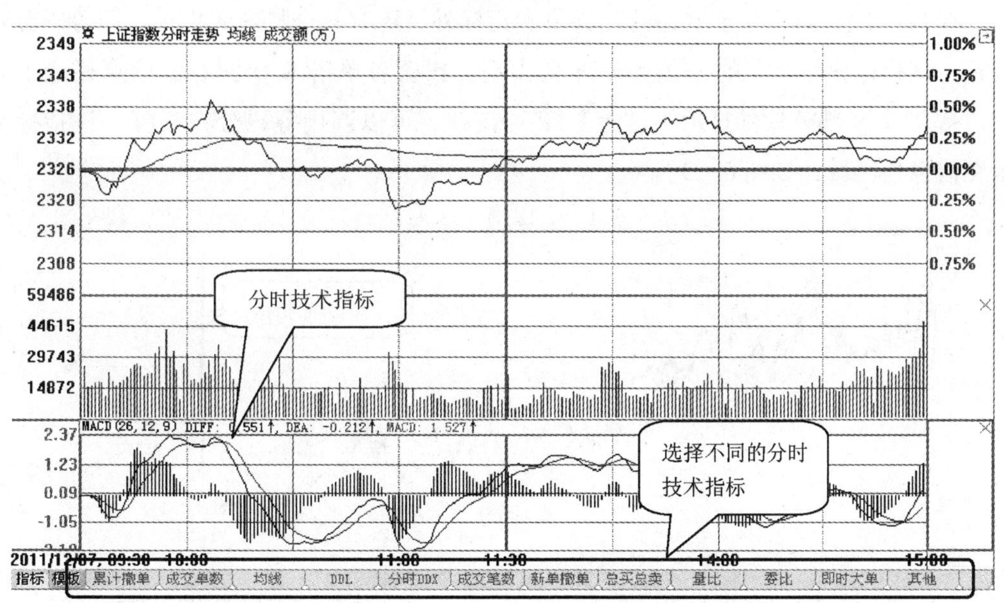

图 6—1 上证指数分时走势图

在大盘或者个股的 K 线图界面，投资者也可以看到技术指标。其中包括三类：与 K 线图叠加在一起的指标（均线指标、BOLL 指标等）、成交量指标（成交量柱线和均量线）、单独的技术指标（MACD、KDJ、OBV 等指标），如图 6—2 所示。

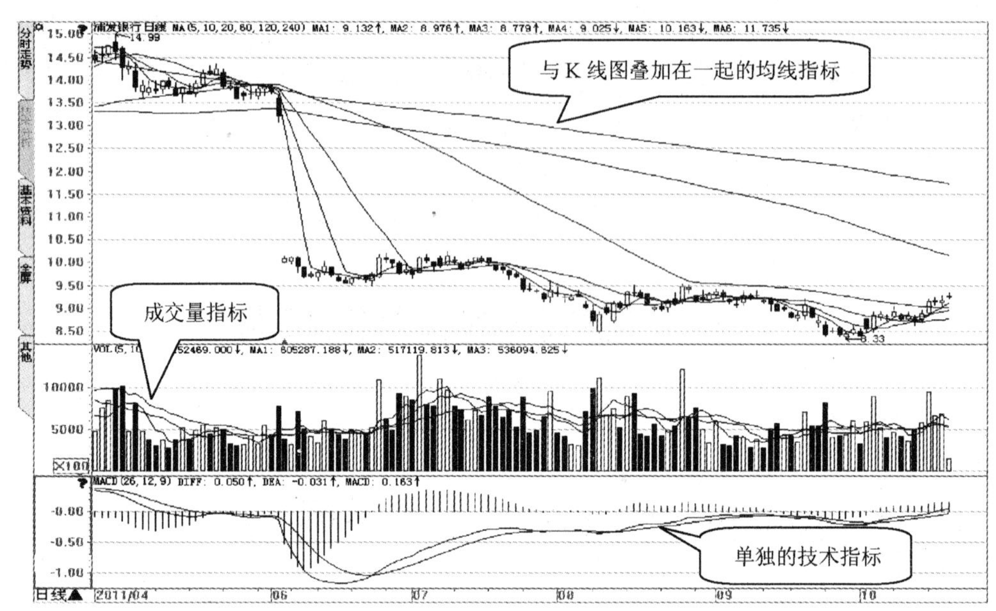

图6—2　浦发银行日K线

在K线图界面，除了上边的几类技术指标外，还有一个特殊的指标，即筹码分布指标。该指标只在个股的K线图中才会出现。投资者单击K线图右侧信息栏最下方的"成"字（部分软件显示为"筹"字）按钮，可以调用筹码分布指标。该指标显示在信息栏区域，如图6—3所示。

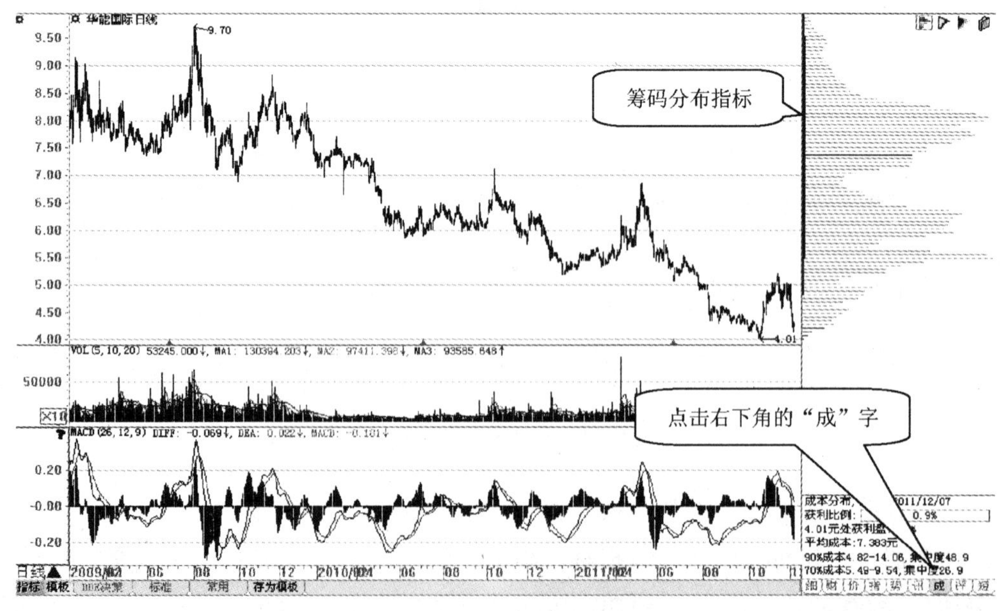

图6—3　华能国际日K线

➲ 延伸阅读

严格来说，成交量是K线图中与K线并重的一部分，并不能算是一个技术指标。不过在炒股软件的设定中，成交量与MACD、KDJ等技术指标的调用方法和使用技巧都十分相似，所以投资者可以将成交量作为一个特殊的技术指标。

6.1.2 选择其他技术指标

在K线图中可以使用的技术指标种类繁多，除了默认显示的均线、成交量和MACD指标外，如果投资者希望使用另外的技术指标，就需要重新选择。

选择技术指标的方法主要有两种：

第一种方法是在待改变的指标区域点击右键，然后在弹出菜单中依次选择“常用指标”和要选择的指标。例如，要将MACD指标改编为KDJ指标，可以按照图6—4所示操作。

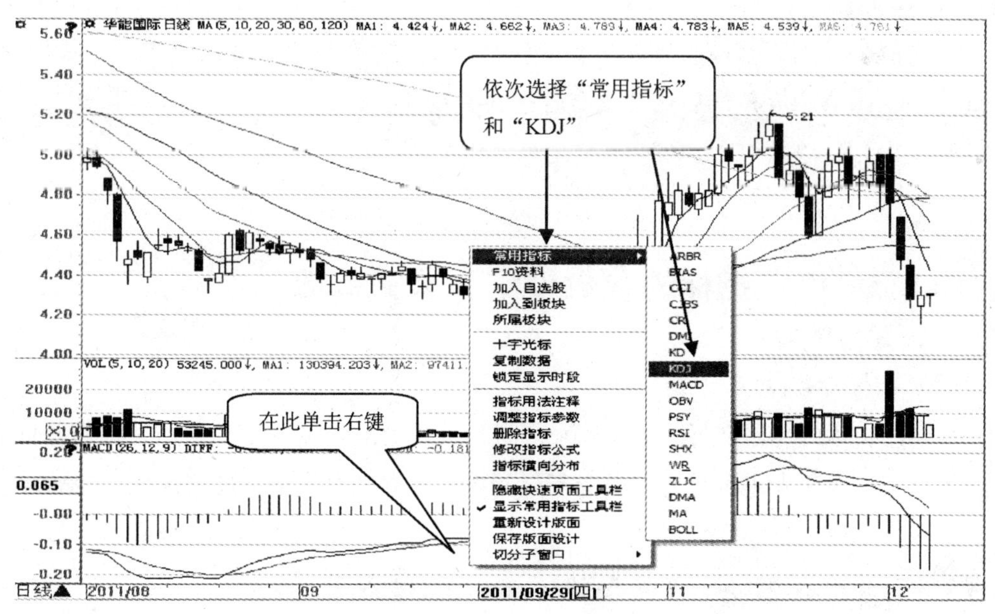

图6—4 选择不同指标方法1

第二种方法是在键盘上直接输入指标名称或者指标名称的汉语拼音缩写，回车确定。例如，将KDJ指标改回MACD指标，可以按照图6—5所示操作。

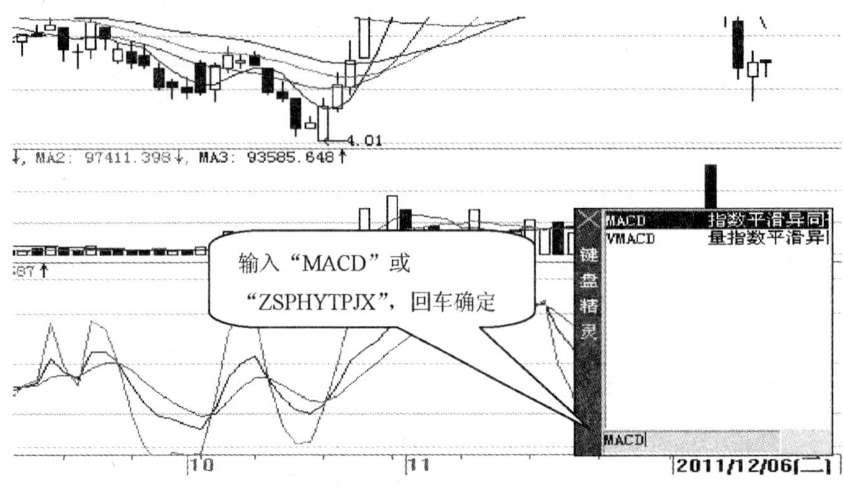

图 6—5 选择不同指标方法 2

➲ 操作提高

K 线图默认界面包括三部分，分别是 K 线、成交量和技术指标。投资者使用【Alt】+数字键，可以自由设定显示技术指标的数量。例如，【Alt】+1，默认只显示 K 线；【Alt】+2，显示 K 线和成交量；【Alt】+3，显示 K 线、成交量和一个技术指标；【Alt】+4，显示 K 线、成交量和两个技术指标。

6.1.3 技术指标的参数设定和公式修改

（1）指标参数设定

不同的技术指标是在不同的角度来测量股价或者成交量的变动情况。即使是同一个技术指标，投资者也可以通过设置不同的指标参数来对该指标进行优化。

如图 6—6 所示，将 MACD 指标参数 26、12、9 更改为 35、5、5 后的 MACD 对比走势如图。更改后的数值其短期波动较之前的参数变得更为敏感了。

如果投资者希望修改一个指标的参数，可以在该指标区域内单击右键，选择“调整指标参数”，然后在弹出窗口中设置。例如，投资者要想改变移动平均线指标的参数设置，可以按照图 6—7 和图 6—8 所示操作。

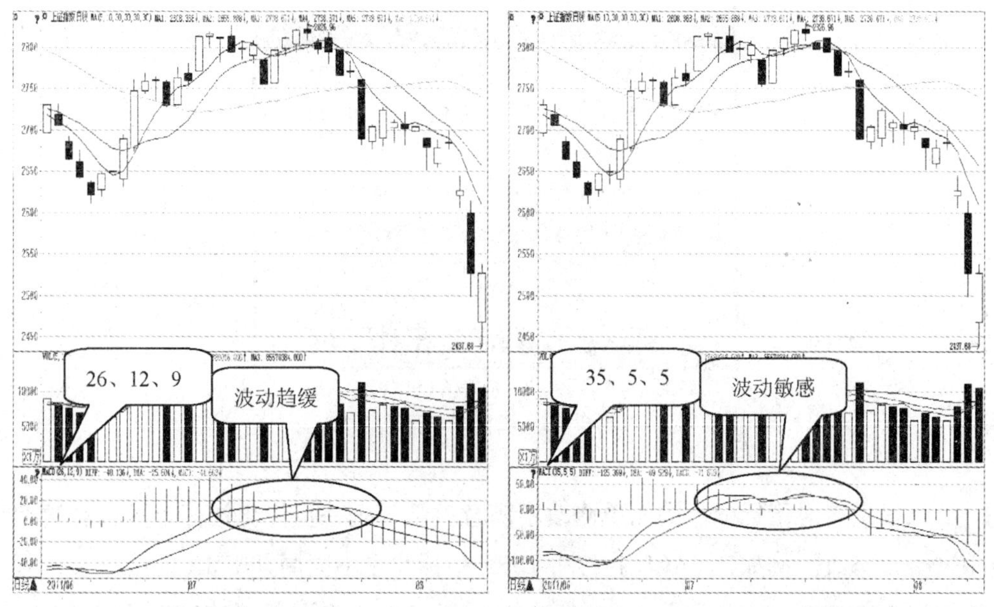

图 6—6　参数对比

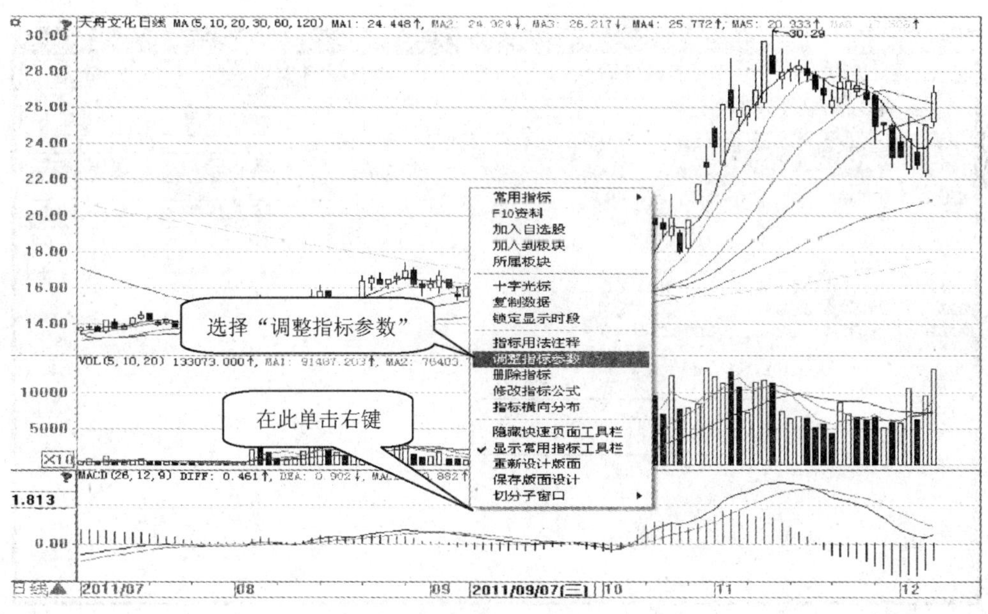

图 6—7　选择“调整指标参数”

（2）指标公式修改

在图 6—7 中，投资者可以看到“调整指标参数”下方有一项为“修改指标公式”。单击这个选项，投资者就可以进入指标公式的编辑窗口。

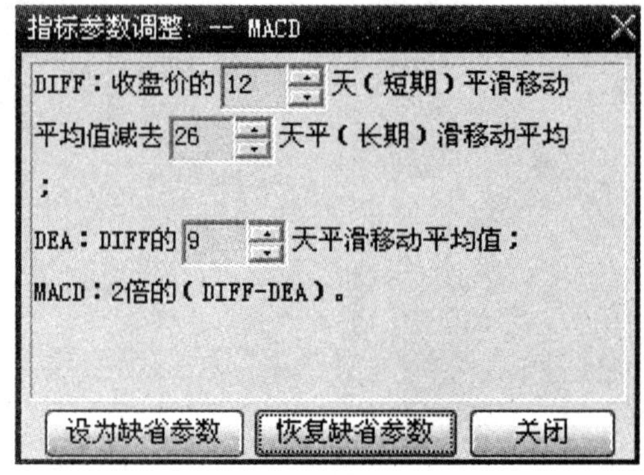

图 6—8　指标参数调整

如果投资者对指标参数的简单修改不满意，希望进一步优化指标，可以在这个窗口中进一步修改。例如，MACD 指标中 DIFF 指标线是不同周期 EMA 曲线之差，投资者要想将 DIFF 指标改为不同周期均线之差，可以将公式中的“EMA”改为“MA”，如图 6—9 所示。

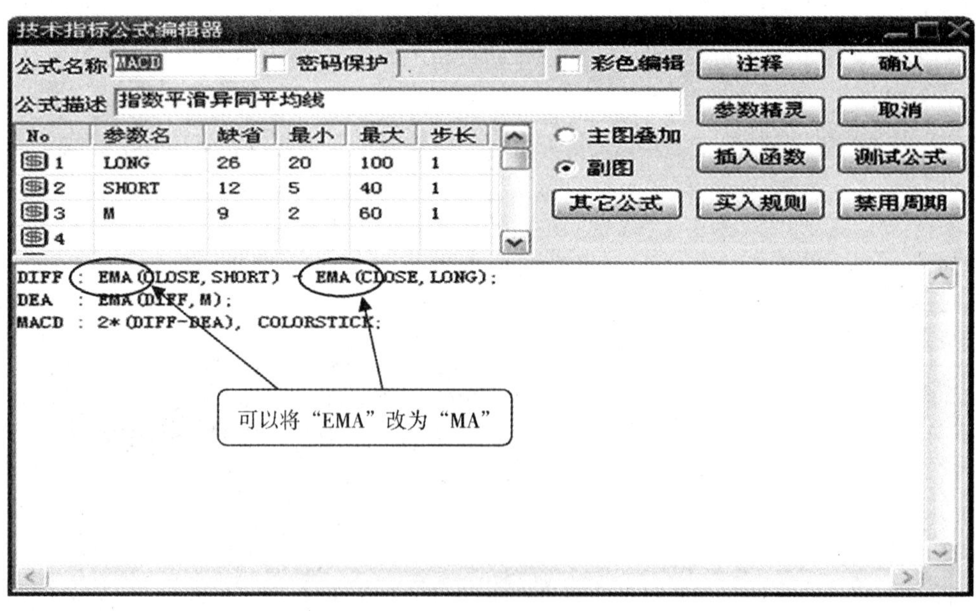

图 6—9　MACD 指标修改

6.2 成交量指标

成交量是市场交锋程度的体现，成交量的增加或缩小都蕴含了一定的市场含义，美国著名的证券分析专家格兰维尔说过：“成交量是股票的元气，而股价是成交量的反映罢了。成交量的变化，是股价变化的前兆。”这句话简单直接地说出了成交量的重要作用，成交量指标是以“成交量”这一数据信息为核心，通过一定的数学运算方法得出数学模型，以反映量能的变化趋势、买卖盘变化的程度等信息。由于成交量类指标主要以成交量这一数据为核心，并不是以价格作为指标的直接参数，因此，在使用成交量类指标时，投资者应结合可以反映股价走向的趋势类指标进行综合判断。

6.2.1 放量上涨形态

如图6—10所示，放量上涨形态是指在价格的持续走高过程中，成交量也会随之相应地放大，并且在价格创出新高的过程中，其局部的量能形态往往也创出新高，呈现出一种价格上涨与量能放大同步递增的情形，而这种不断放大的成交量正体现了买盘的充足，因而预示了上涨行情的延续。

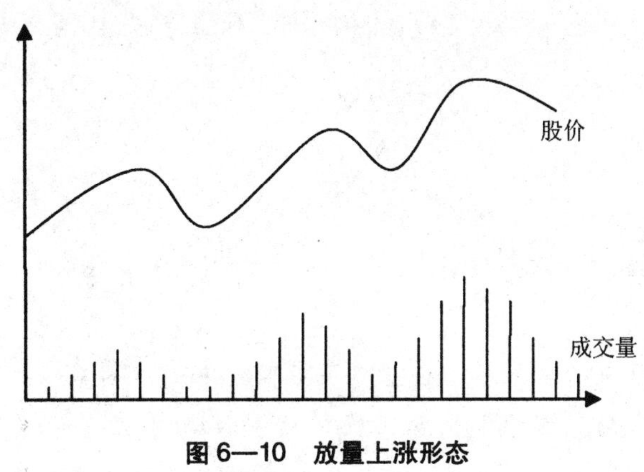

图6—10　放量上涨形态

如图6—11所示为美尔雅（600107）2014年7月的走势图。此股在持续上涨走势中，随着股价的持续攀升，量能也呈现出了同步放大的形态，这说明个股的持续上涨得到了充足买盘的支撑，在这种量价配合关系下，投资者就不宜盲目地逢高出局，而应持股待涨，尽量做到利润最大化。

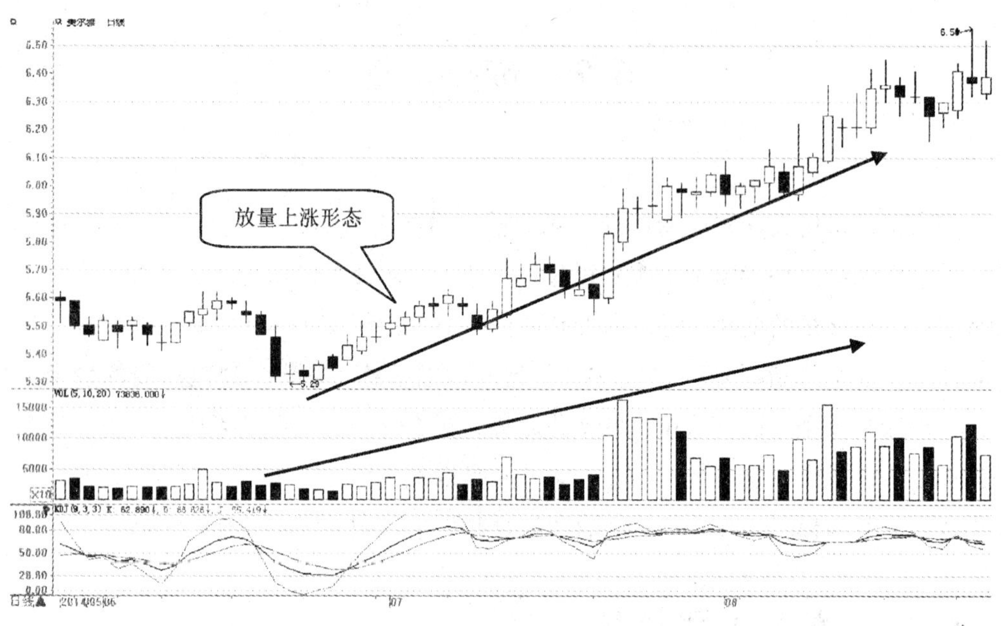

图6—11 美尔雅日K线

➲ 实战经验

1. 放量上涨形态往往呈趋势上涨，投资者可以画出趋势线，逢股价跌至趋势线时买进，偏离较高时卖出，做高抛低吸的操作。

2. 放量上涨形态可以应用于短线行情中，但是需要投资者选择活跃股票，起涨时买进，滞涨时卖出。

6.2.2 缩量上涨形态

如图6—12所示，一般来说，在一波上涨走势中，成交量总是会随着股价的升高而出现逐渐放大的形态。这说明买盘力量的逐步增加才使得个股在这一阶段持续上涨。但有时情况并非这样，个股在一波上涨时其成交量却随着价格的持续走高而出现逐步减小的形态，这种情况多代表了买盘极弱，是趋势反转的信号。当这一形态出现时，投资者就要做好阶段性逃顶的准备。

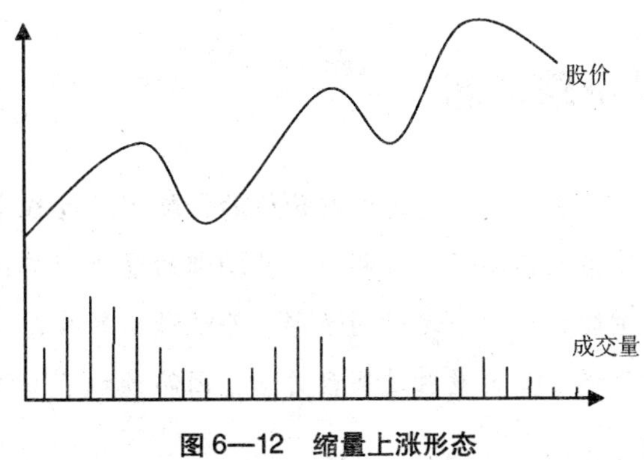

图6—12　缩量上涨形态

如图6—13所示为中化国际（600500）2014年1月至3月的走势图。此股在一波上涨走势中虽然股价持续走高，但是其成交量的变化趋势却正好相反，这种一波上涨走势中的缩量上涨形态说明个股的买盘力度越来越弱。虽然这种形态并不一定是整体性上升趋势的反转信号，但它多是阶段性回调走势即将展开的可靠信号。

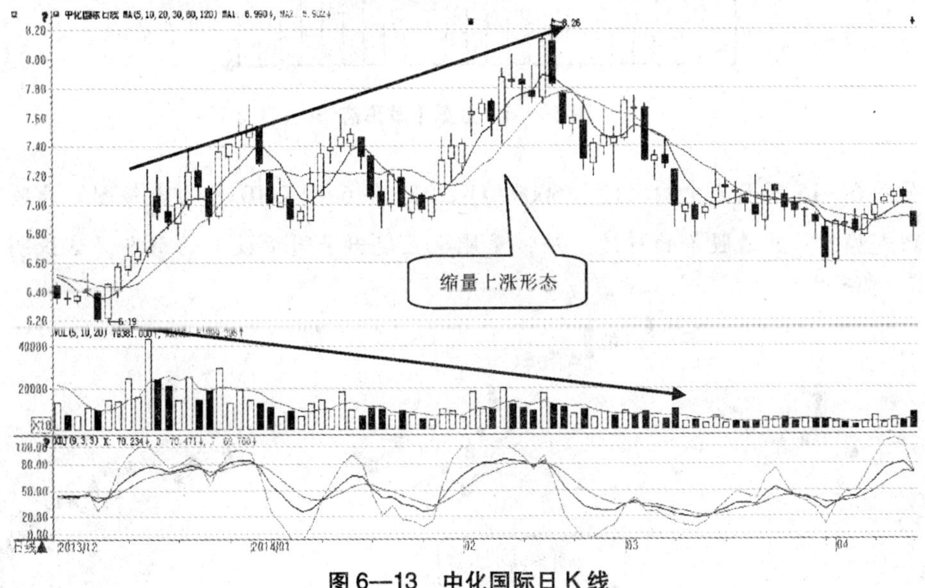

图6—13　中化国际日K线

➲ 实战经验

1. 缩量上涨形态往往呈趋势上涨，投资者可以画出趋势线，逢股价偏离趋势线较高时卖出。因为股价上涨动能较弱，持有股票的投资者宜选择逢高分批卖出的操作方法。

2. 缩量上涨形态在短线行情中表明上涨动能减弱，投资者应卖出股票。

6.2.3 放量下跌形态

如图6—14所示，放量下跌形态是指在价格的持续下跌过程中，成交量也会随之相应地放大，并且在价格创出新低的过程中，其局部的量能形态往往也创出新高，呈现出一种价格上涨与量能放大同步递增的情形，而这种不断放大的成交量正体现了买卖双方分歧较大，但最终卖盘力量胜过买盘力量，因而预示了下跌行情的延续。

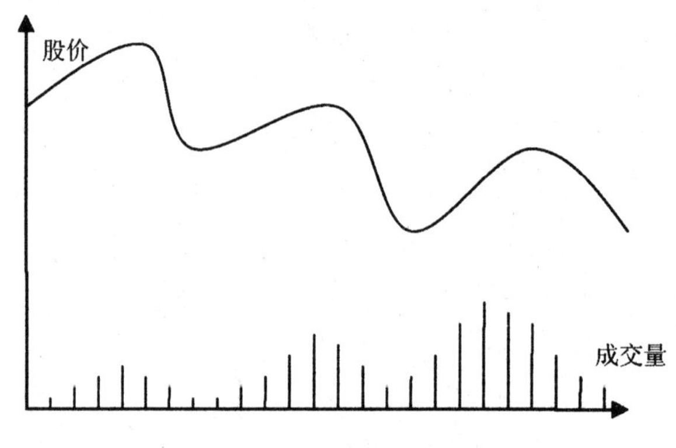

图6—14 放量下跌形态

如图6—15所示为中材国际（600970）2011年6月至10月的走势图。此股在持续下跌走势中，随着股价的持续下跌，量能也呈现出了同步放大的形态，这说明个股

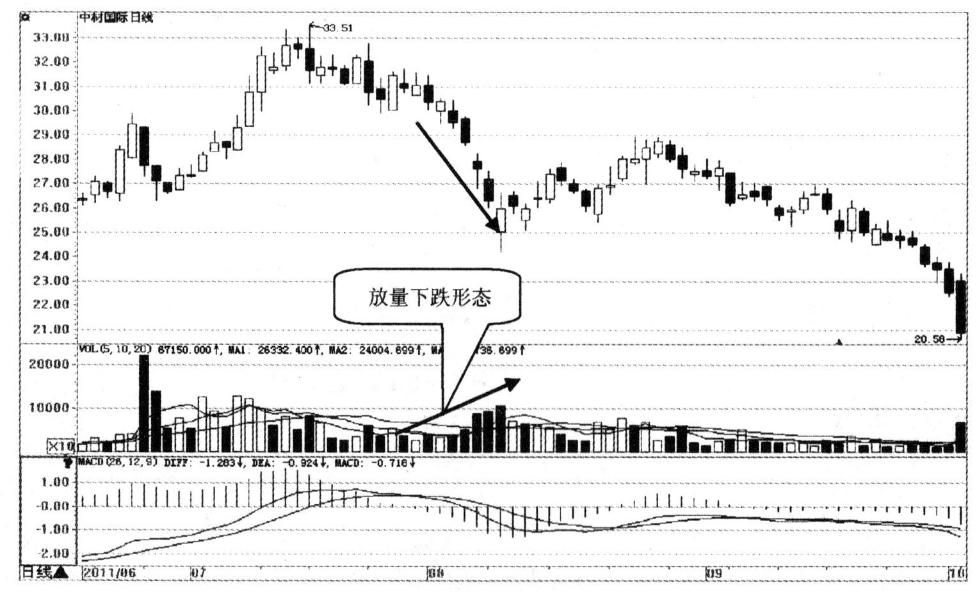

图6—15 中材国际日K线

的持续下跌是受到强大的卖盘力量的打压，在这种量价配合关系下，投资者容易盲目地逢低买入，造成一买就套的局面。因此，在下跌中途，投资者切忌不要轻易去寻求底部。

➲ 实战经验

1. 放量下跌形态较常见于短线行情，其在急跌之后往往有反弹，投资者可借反弹将手中股票卖出。

2. 放量下跌形态表明多空双方分歧严重，但是空方仍然主导行情，投资者应持币耐心等待底部确立，再觅机会。

6.2.4 缩量下跌形态

如图6—16所示，缩量下跌形态是指在价格持续下跌过程中，成交量也会逐渐减小的过程。这种不断缩小的成交量正体现了买卖双方分歧较小，很多投资者都看空该股行情，认为其正处在下跌行情中。持有该股的投资者因为下跌幅度已经很大，舍得卖出的投资者只有很少；虽然股价很低，但更多的投资者仍然担心股价还要下跌，只有很少的投资者敢买入股票，但卖出的仍比买入的投资者多，致使股价不断创新低，成交量也不断缩小。

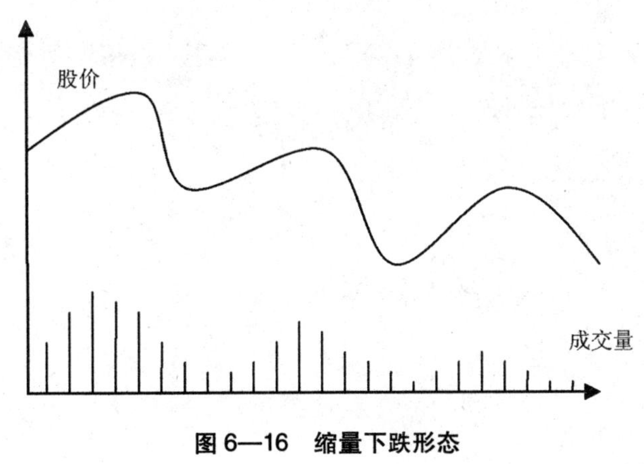

图6—16 缩量下跌形态

如图6—17所示为五矿发展2011年8月至9月的走势图。此股在持续下跌走势中，随着股价的持续下跌，量能也呈现出了同步缩小的形态，这说明个股的持续下跌是受到稍强的卖盘力量的打压，在这种形态下，投资者容易盲目地逢低买入，造成一买就套的局面。因此，在下跌中途，投资者切忌不要轻易去寻求底部。

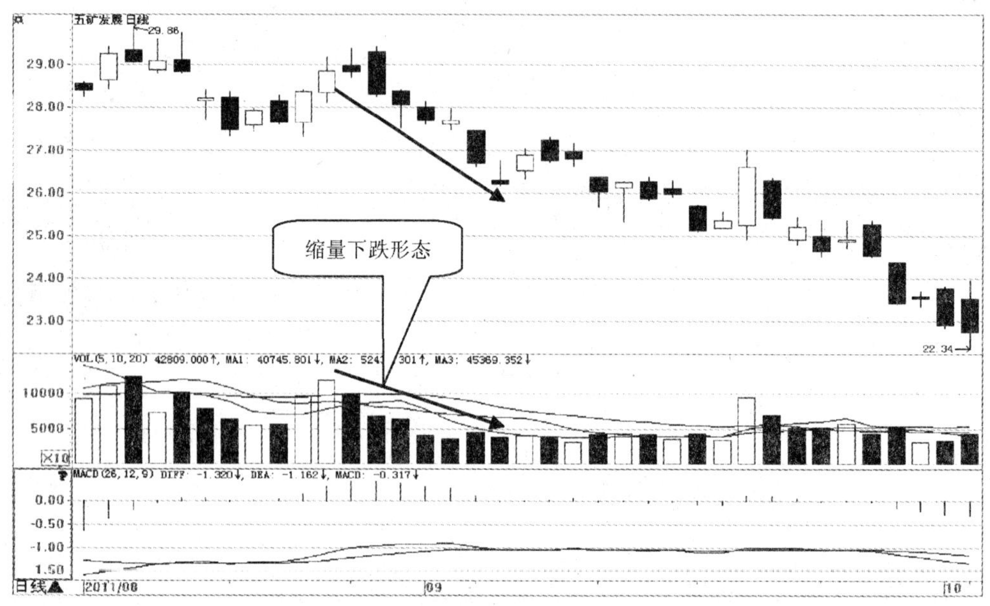

图6—17　五矿发展日K线

➲ 实战经验

1. 当出现这种形态时，投资者不要急于进场。等其底部形成时，投资者可“掐头去尾”，只获得中间最有利的一部分就可以了。

2. 缩量下跌形态表明多空分歧不大，一致看空，仅有很少散户买入股票。因此，投资者应耐心等待底部确立，再觅机会。

6.3 均线指标

移动平均线简称均线，是通过采用统计学中的“移动平均”的原理，将一段时期内股票的平均价格连成曲线，用以显示股价趋势的一种技术指标。移动平均线既可以帮助投资者很好地识别个股中长期走势的趋势运行特征，也可以帮助投资者在上升途中或下跌途中进行短线操作。

6.3.1 均线对股价的支撑和阻力

一般情况下，投资者会把均线和K线结合起来使用，进而对股价趋势和技术形态进行判断。而均线和K线结合使用，便产生了支撑和阻力的说法。

如果K线触及短期30日均线并在上方收阳线，预示着股价受到短期支撑，后市仍将走高。在股价上涨的时候，当K线触及中期30日均线或长期均线时，均线都会产生支撑的作用。

如果K线触及短期均线并在下方收阴，说明受到短期阻力，后市下跌的可能性较大。若K线拉大和短期均线的距离，则会有反弹出现。在股价上涨的时候，当K线触及中期30日均线或长期均线时，均线都会产生阻力的作用。

如图6—18所示，2011年7月底，云天化（600096）的股价跌至30日均线上方时，受到30日均线强烈支撑。这个形态表明30日均线对股价有强烈支撑，在以后的行情中，当股价跌至30日均线附近，便受到30日均线的支撑，股价随即发生反弹。投资者可于均线支撑确立时买入股票。

如图6—19所示，2011年8月初，潞安环能（601699）的股价冲至30日均线时，即遇到阻力，随后回落。这证明30日均线是股价下跌行情中的重要阻力线。这之后好几个月内，股价多次反弹到30日均线位置后都遇到阻力下跌。投资者切忌抄底，应持币观望或寻找其他股票。

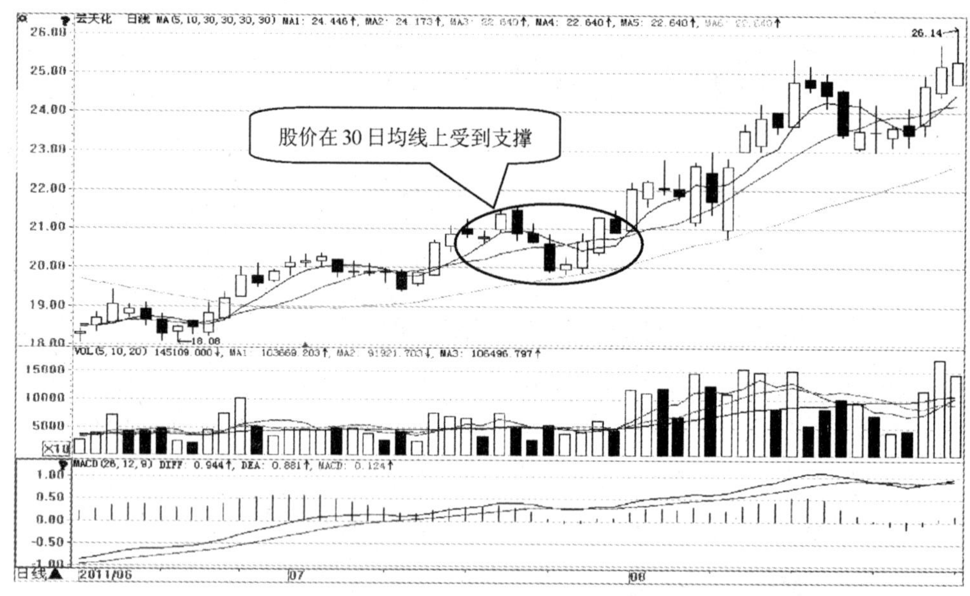

图6—18　云天化日K线

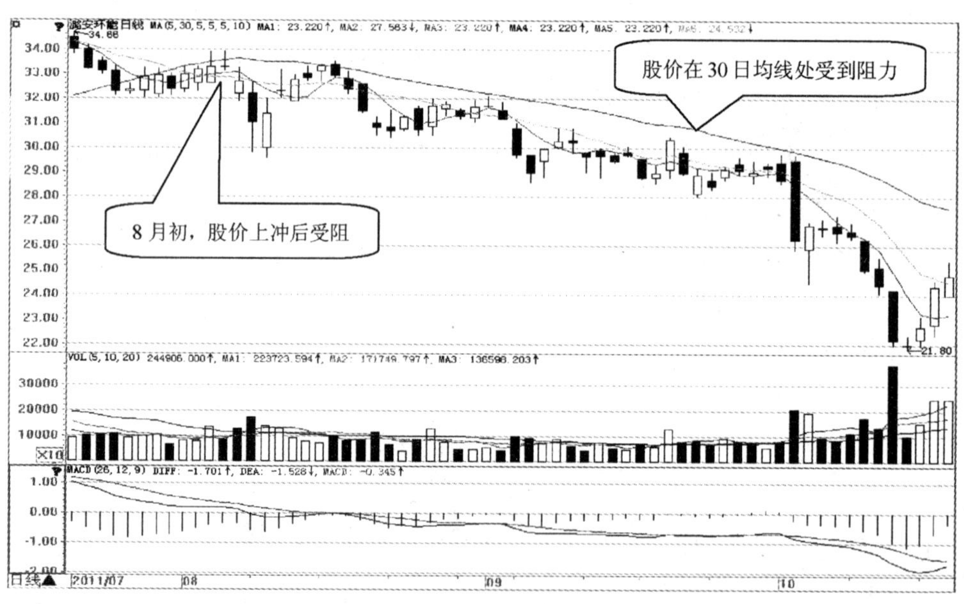

图6—19　潞安环能日K线

实战经验

1. 当股价在30日均线位置获得支撑的同时，这条均线涨势越强看涨信号就越强。当股价在30日均线位置遇到阻力的同时，这条均线跌势越强看跌信号就越强。

2. 如果投资者以短线操作为主，可以选择10日均线或者20日均线；以长线操作为主，则可以选择60日均线或120日均线。

6.3.2 股价对均线的突破和跌破

当股价突破均线时，说明当前的交易价格已经超过了过去一段时间内的平均交易价格。此时过去一段时间买入股票的投资者多数处于盈利状态，大家纷纷看好后市，未来股价可能会持续上涨。这是投资者买入股票的时机。

当股价跌破均线时，说明当前的交易价格已经低于过去一段时间内的平均交易价格。此时过去一段时间买入股票的投资者多数处于亏损状态，大家情绪悲观，不看好后市，未来股价可能会下跌，此时是投资者卖出股票的时机。

如图6—20所示，2011年10月初，北巴传媒（600386）的股价突破了多条均线。这样的形态说明经过此次上涨后，最近60个交易日内买入股票的投资者多数已经处于盈利状态。他们将持续看好后市，未来股价将继续上涨。当股价对多条均线形成有效突破后，很好的买入时机出现。当股价对均线突破后，可能会小幅回抽，但回

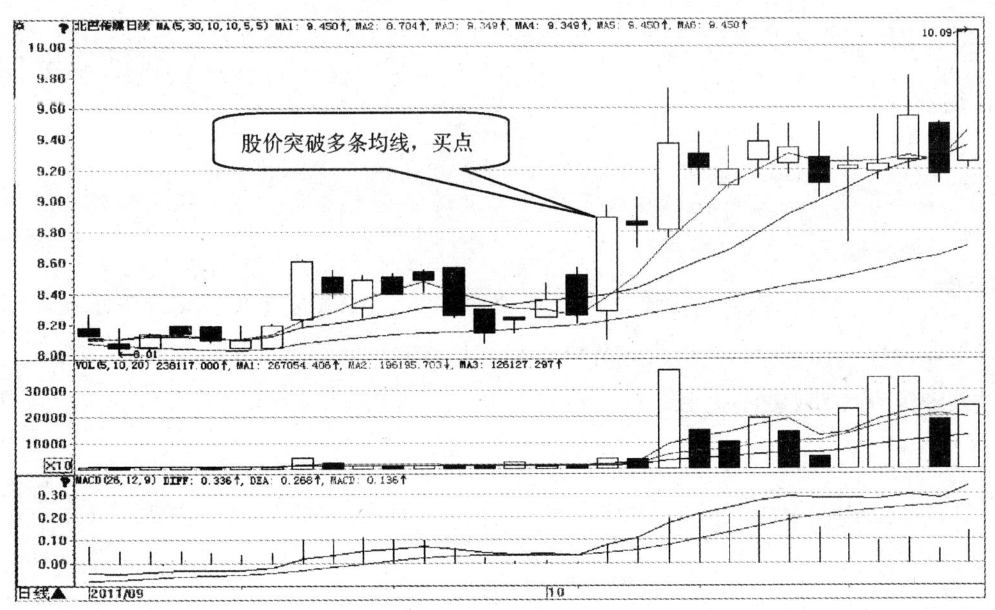

图6—20 北巴传媒日K线

抽到均线位置往往就会获得均线支撑再次上涨。当股价回抽获得支撑时，投资者应加仓买入。

如图 6—21 所示，2011 年 4 月下旬，白云机场（600004）的股价跌破了多条均线。由此发出卖出信号，未来股价可能会受到持续打压。投资者应及时卖出股票。

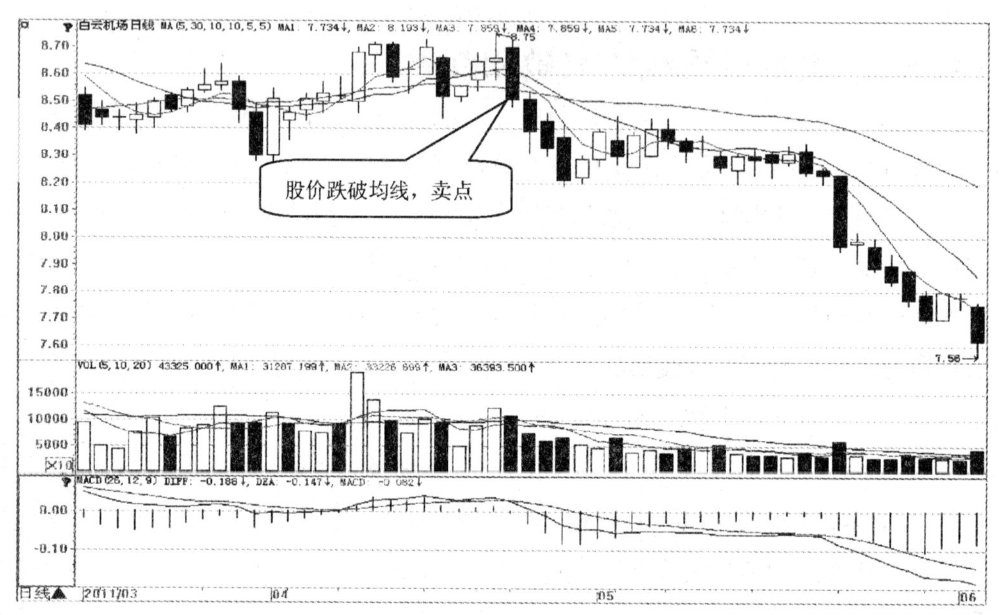

图 6—21　白云机场日 K 线

➲ 实战经验

1. 如果股价突破均线同时成交量放大，则该形态看涨信号更强。当股价跌破均线时则不需要成交量配合。

2. 股价一旦突破均线，这条均线就会由阻力线变成支撑线。股价一旦跌破均线，这条均线就会由支撑线变成阻力线。并且前期阻力或者支撑力量越强，未来支撑或者阻力的力量也会越强。

6.3.3　均线的金叉形态和死叉形态

在均线上涨的时候，如果短期均线自下而上突破了长期均线，就形成了均线金叉的形态。均线金叉形态说明随着股价的上涨，市场上的多方力量逐渐凝聚起来。短期内投资者的平均交易价格被不断抬高，并且已经超过了长期的平均交易价格。未来股价有加速上涨的趋势。当均线金叉完成时，买入时机出现。

在均线即将要下跌的时候，如果短期均线自上而下跌破了长期均线，就形成了均线死叉的形态。均线死叉形态说明随着股价的滞涨，市场上的空方力量逐渐凝聚起来。短期内投资者的平均交易价格被不断打压，并且已经低于短期的平均交易价格。未来股价有加速下跌的动能。当均线死叉完成时，卖出时机出现，越来越多的投资者开始卖出股票，股价进入下跌行情。

如图6—22所示，2011年10月初，随着股价持续上涨，大众公用（600635）的5日均线上穿10日均线和20日均线，这形成了均线金叉形态。这个形态说明随着股价的不断上涨，短期内的交易价格已经超过长期交易价格。此时上涨趋势已经形成，并且未来股价的上涨速度还可能会越来越快。此时买入时机出现。

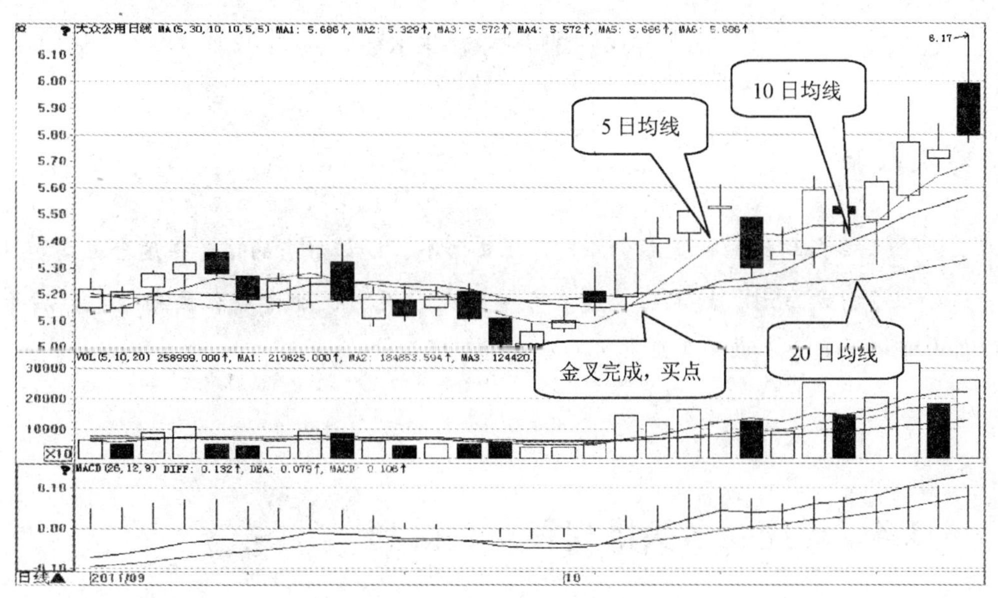

图6—22 大众公用日K线

如图6—23所示，2011年7月中旬，一汽轿车（000800）的均线除60日均线是向上的外，其余多条均线也开始走平。其中5日均线跌破了10日均线，两者完成了均线死叉形态。这个形态说明股价将进入持续下跌行情，而且未来股价下跌的速度将会越来越快。此时是卖出股票的时机。

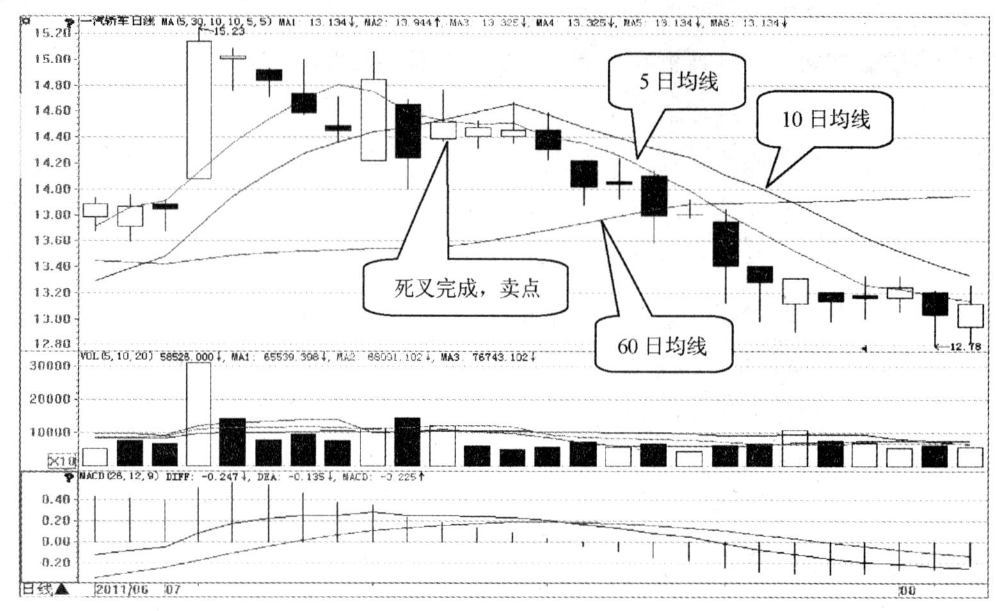

图6—23　一汽轿车日K线

➲ 实战经验

1. 如果多条均线同时完成金叉或者死叉形态，则该形态的信号强度会更高。

2. 在金叉形成时，如果当天的成交量很大，说明投资者看涨预期强烈，后市股价看涨概率更大。在死叉形成时不需要成交量配合。

6.3.4　均线的多头排列和空头排列

均线多头排列和空头排列是投资者判断股价涨跌趋势最常用的方法。在判断多头排列或空头排列时，投资者需要用到至少三条均线的组合。

多头排列一旦完成，就表示市场处于上涨行情中。投资者不断以更高的价格交易股票，而股票价格也被不断抬高。这种推动股价上涨的多方力量一旦凝聚起来，往往能够持续很长时间。未来股价将受到推动而持续上涨。

空头排列一旦完成，就表示市场处于下跌行情中。投资者正在不断以更低的价格抛出股票，股价被不断打压。这种打压股价的空方力量一旦出现，往往会持续很长时间。未来股价可能会持续下跌。

如图6—24所示，2011年10月中旬，华谊嘉信（300071）的多条均线呈现发散向上排列，一般称为多头排列。这说明市场进入多方强势的上涨行情，未来股价将在多方的推动下持续上涨。

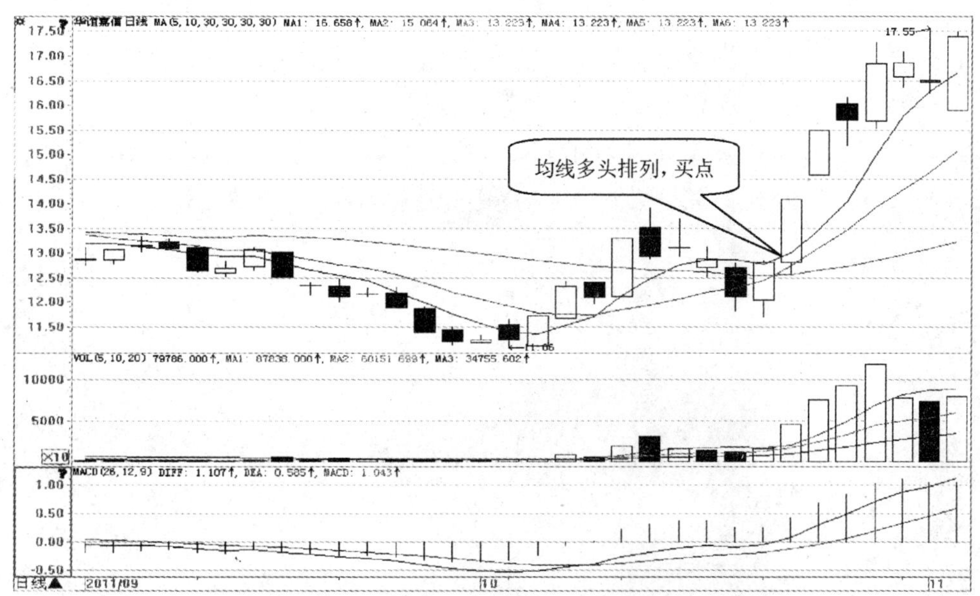

图6—24 华谊嘉信日K线

如图6—25所示，2011年5月下旬，交运股份（600676）的股价经过下跌后，

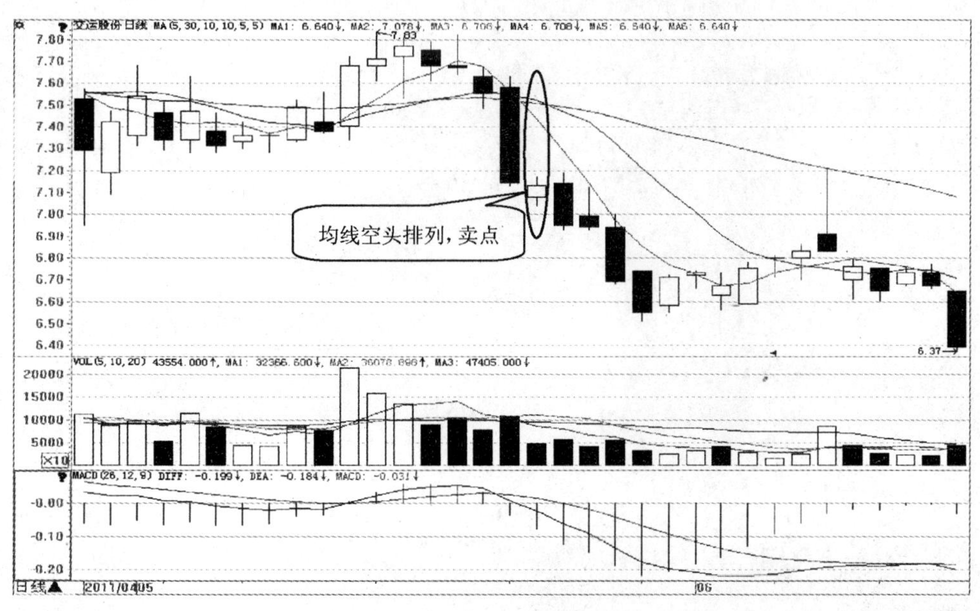

图6—25 交运股份日K线

其5日均线、10日均线和20日均线完成空头排列形态。这个形态说明市场进入了空方强势的行情，未来股价可能会持续下跌。

➲ 实战经验

1. 除了均线间的排列形态外，投资者在实际操作时还可以考虑股价和均线间是否形成了多头排列或者空头排列的关系。

2. 当多头排列或者空头排列完成时，股价往往已经有了一段涨幅或者跌幅。此时投资者进行买卖操作，可以最大限度地回避套牢或者踏空风险。

6.4 MACD指标

MACD 指标即移动平均线指标，是衡量股价涨跌速度及涨跌动能的技术指标。将均线和 MACD 指标结合运用，投资者可以更准确地判断当前股价运行状况，为自己的操作提供参考。

6.4.1 MACD 指标金叉和死叉

当 MACD 指标中的 DIFF 线向上突破 DEA 线时，两者就形成了 MACD 指标的金叉形态。这样的形态说明股价下跌的速度越来越慢，或者是上涨的速度越来越快，市场上的多方力量持续增强。这是看涨买入信号。

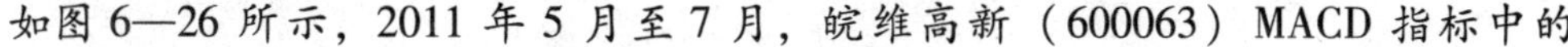

当 MACD 指标中的 DIFF 线跌破 DEA 线时，就形成了 MACD 指标的死叉形态。这个形态说明股价的上涨速度逐渐变慢，或者下跌速度正在加快，市场上的空方力量逐渐增强。这是看跌卖出信号。

如图 6—26 所示，2011 年 5 月至 7 月，皖维高新（600063）MACD 指标中的

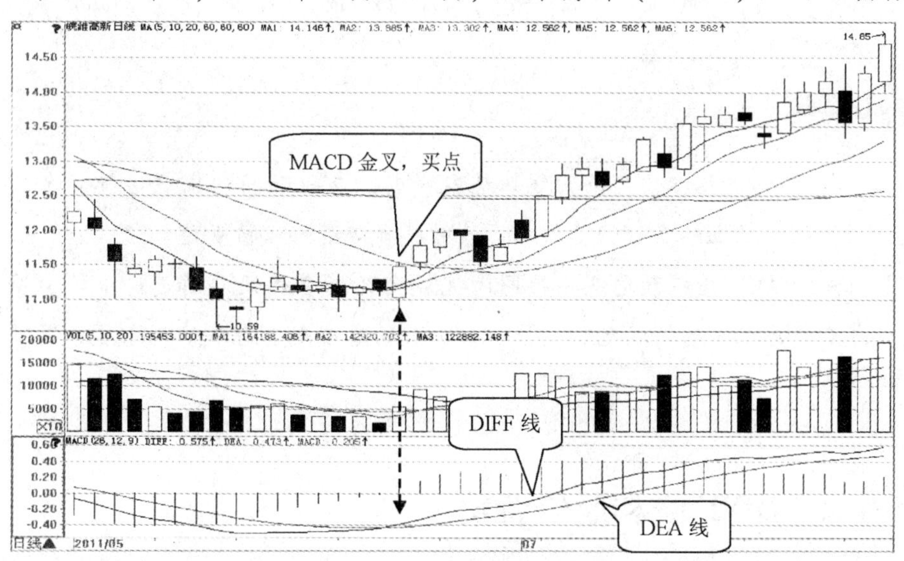

图 6—26 皖维高新日 K 线

DIFF线突破了DEA线，形成MACD指标金叉。这个金叉的出现显示股价进入了上涨趋势，同时上涨速度也会越来越快。这样的形态完成时，就是投资者买入股票的时机。

如图6—27所示，2011年6月至8月，葛洲坝（600068）MACD指标中的DIFF线跌破DEA线，形成MACD死叉。这个形态说明市场已经由上涨行情进入下跌行情，且未来股价的下跌速度会越来越快。此时是投资者卖出股票的最佳时机。

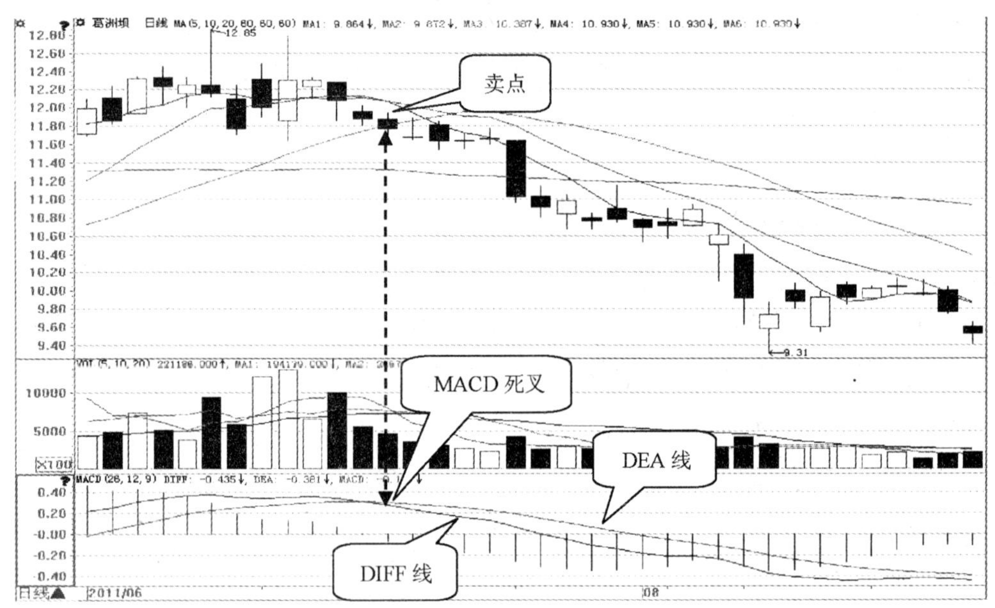

图6—27　葛洲坝日K线

➲ 实战经验

1. 如果MACD指标的两条曲线纠缠在一起，在短时间内出现连续的金叉或者死叉，则说明市场上的多空力量纠结。此时投资者最好保持观望。

2. 如果MACD指标和均线指标同时完成金叉或者死叉，则是对市场上多方强势行情或者空方强势行情的确认。此时该形态的看涨或者看跌信号会更加强烈。

6.4.2　DIFF线和股价背离

当价格走势出现一谷低于一谷的情形，但此时的DIFF指标却背道而驰，出现一谷比一谷高的走势，通常把这一形态称之为DIFF的底背离形态。底背离形态往往出现在深幅下跌之后，且在底背离形态处显示个股跌势放缓，往往预示着价格将可能在不久之后出现掉头上行，是趋势反转的信号，也是投资者进行中长线布局的信号。

当价格走势出现一峰高于一峰的情形，但此时的DIFF指标却背道而驰，出现一峰比一峰低的走势，通常把这一形态称之为DIFF的顶背离形态。顶背离形态出现在个股大幅上涨之后，且在顶背离形态出现时个股涨势放缓或出现滞涨走势，则往往预示着价格将可能在不久之后会掉头下行，是趋势反转的信号，也是中长线离场的信号。

如图6—28所示，2011年5月，哈高科（600095）的DIFF指标出现一谷高于一谷的走势，但股价却出现一谷低于一谷的走势。此时股价与DIFF指标的背道而驰就称之为DIFF与股价产生底背离。该走势表明股价即将走出下跌行情，有可能出现反转向上的走势。因而这一低位区即是中长线入场布局的时机。

图6—28 哈高科日K线

如图6—29所示，2011年3月至4月，楚天高速（600035）的DIFF指标出现一谷低于一谷的走势，但股价却出现一谷高于一谷的走势。此时股价与DIFF指标的背道而驰就称之为DIFF与股价产生顶背离。该走势表明股价即将进入下跌行情，可能会出现反转向下的走势。因而这一高位区即是中长线离场出局的时机。

图 6—29　楚天高速日 K 线

➲ 实战经验

1. 在背离形态形成过程中，如果成交量持续萎缩，则说明之前主导股价涨跌的力量越来越弱。此时该形态的涨跌信号会更加强烈。

2. 背离形态完成后，往往需要其他技术形态配合才能确定具体的买卖点。例如，MACD 指标的金叉或者死叉形态，或者是一些看涨或者看跌的 K 线组合形态等。

6.4.3　MACD 柱线和股价背离

个股在短期内的上涨或下跌走势就是一个能量释放的过程，而这个能量释放的过程可以通过 MACD 指标中柱状线的变化趋势体现出来。

红色柱线的快速放大体现了多方能量正处于快速释放当中，这预示着短期的顶部已近，尤其是当红柱线不再放大而股价却继续走高时，一般将其称为 MACD 柱线与股价顶背离，其也是更强烈的短线卖出信号。

绿色柱线的快速放大体现了空方能量正处于快速释放当中，这预示着短期底部已近，尤其是当绿柱线不再放大而股价却持续走低时，一般将其称为 MACD 柱线与股价底背离，其也是更强烈的买进信号。

如图6—30所示，2011年7月至8月，冠昊生物（300238）日K线图上的红柱线出现一峰比一峰低，而股价出现一峰比一峰高的走势，该股出现红柱线与股价顶背离。这个走势说明股价已经到达顶部，即将回调或者出现下跌。此时，正是投资者卖出股票的好时机。

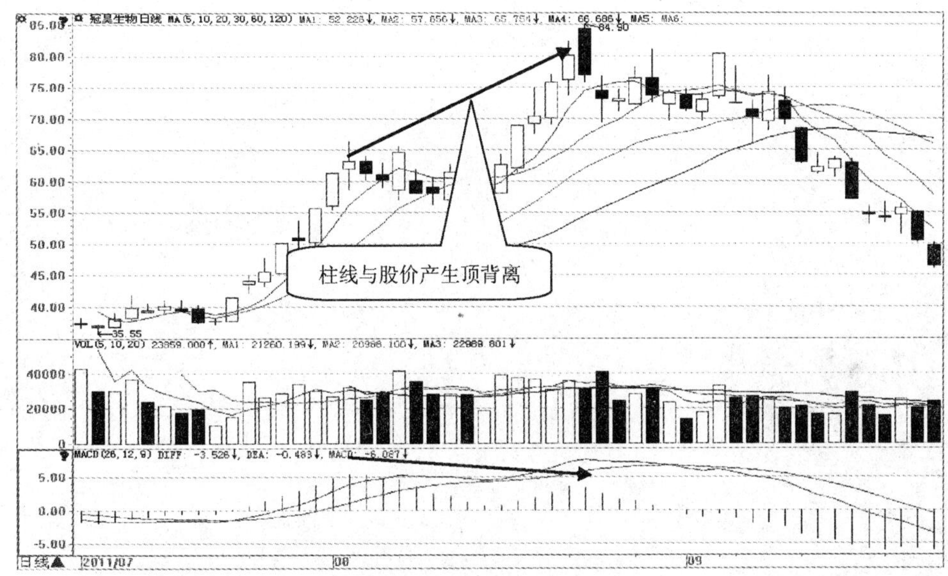

图6—30 冠昊生物日K线

如图6—31所示，2011年5月至6月，武汉凡谷（002194）日K线图上的绿柱

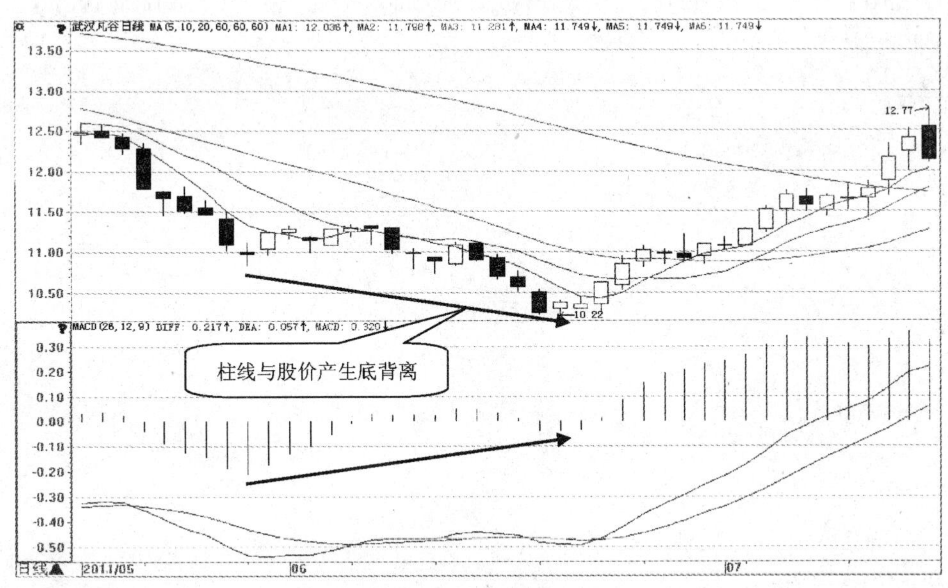

图6—31 武汉凡谷日K线

线出现一谷比一谷高的走势，而股价出现一谷比一谷低的走势，该股出现绿柱线与股价底背离。这个走势说明股价已到达底部，即将发生反弹或者反转。此时若股价已有深幅回调，投资者可根据中长线建仓原理分批建仓。若还没有深幅回调，则投资者需注意这仅仅是一次短暂的反弹，投资者应快进快出，做短线获利。

6.5 BOLL 指标

BOLL 指标又称布林线指标，它是股市中的一种通道指标。是以 26 日移动平均线作为中轨，26 日移动平均线加 2 倍标准差计算出上轨，26 日移动平均线减 2 倍标准差计算出下轨。这三条线自上而下又分别成为股价的压力线、强弱划分线和支撑线。其在实践中有广泛应用，一般而言，股价往往在通道内上下运行。

6.5.1 BOLL 喇叭口打开

当 BOLL 指标的上轨上涨、下轨下跌时，就形成了 BOLL 喇叭口打开的形态。这样的形态说明股价的波动幅度越来越大，未来将有一波大幅上涨或者大幅下跌的行情出现。当 BOLL 喇叭口敞开时，如果股价刚刚突破 BOLL 中轨，或者正在 BOLL 中轨上方持续上涨，就说明股价正在上涨，且上涨速度越来越快。未来将有一波持续上涨行情。此时是投资者买入股票的机会。

当 BOLL 喇叭口敞开时，如果股价刚刚跌破 BOLL 中轨，或者正在 BOLL 中轨下方持续下跌，就说明股价正在下跌，且下跌的速度越来越快。未来将有一波持续下跌的行情。此时是投资者卖出股票的时机。

如图 6—32 所示，2011 年 2 月 10 日和 3 月 4 日，迪康药业（600466）BOLL 指标的上轨上涨、下轨下跌，形成了喇叭口敞开的形态。这个形态说明股价波动的幅度加快。同时其股价位于 BOLL 中轨上方持续上涨。这就说明股价正在向上波动，且上涨的速度越来越快。此时是投资者买入股票的机会。

如图 6—33 所示，2011 年 7 月 25 日，中国北车（601299）BOLL 指标的上轨上涨、下轨下跌，形成了喇叭口敞开的形态。这个形态说明股价的波动幅度越来越大。此时，股价正在 BOLL 中轨下方持续下跌。这就说明股价正处于下跌行情中，并且下跌的速度越来越快。此时是投资者卖出股票的时机。

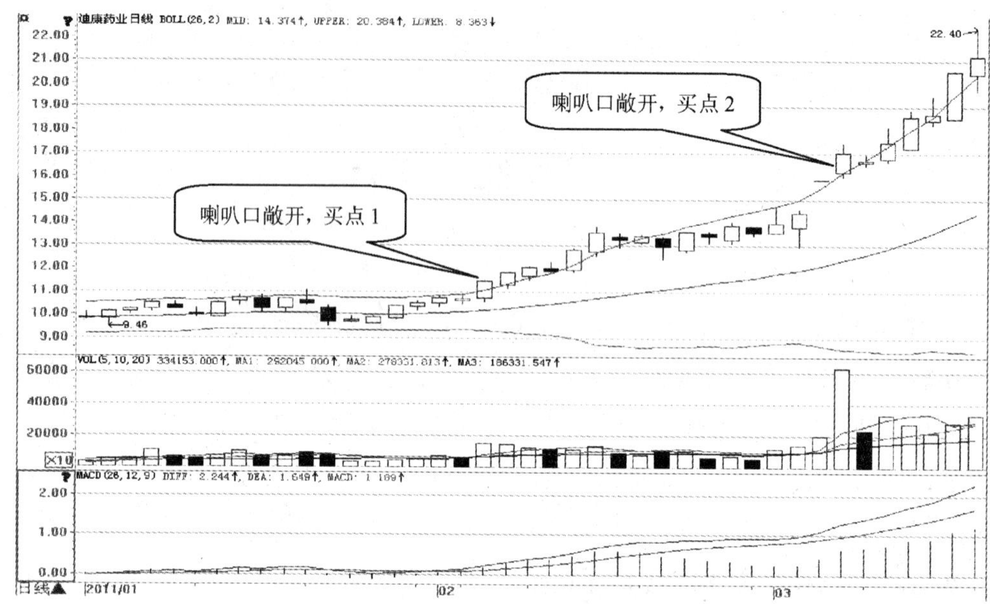

图 6—32　迪康药业日 K 线

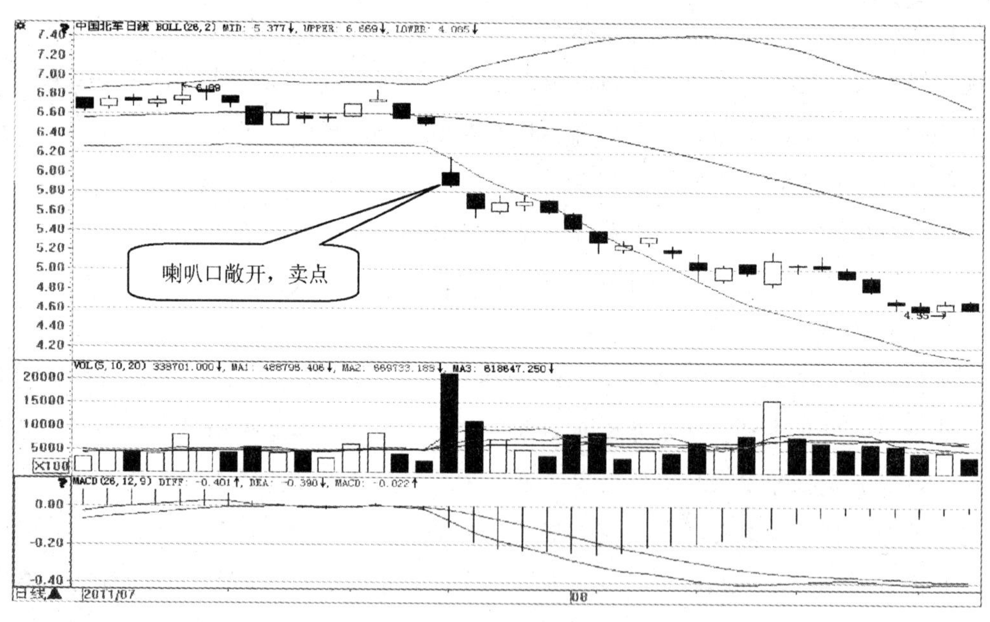

图 6—33　中国北车日 K 线

实战经验

1. BOLL 喇叭口打开只能说明股价的波动幅度越来越大。具体股价向什么方向运动，投资者还应该结合股价和 BOLL 中轨的相对位置来做出判断。

2. 当 BOLL 喇叭口收紧时，说明股价的波动幅度已经减少。如果在上涨行情之后，投资者应该适当减仓。如果在下跌行情之后，投资者可以密切观望股价走势，择机介入。

6.5.2 股价突破 BOLL 上轨

BOLL 上轨和下轨之间的带状区间表示股价可能的波动范围。当股价上涨到 BOLL 上轨位置时，也就是涨到了其可能运行空间的上限。此时股价很可能已经见顶。一旦股价遇到阻力下跌，就是投资者卖出股票的时机。不过当股价有效突破 BOLL 上轨时，说明股价即将脱离原来的上涨通道，进入新的上升通道之中，这是 BOLL 指标发出的买入信号。

如图 6—34 所示，2011 年 9 月至 11 月，青岛海尔（600690）的股价连续两次未突破 BOLL 上轨，随后股价跌破中轨，进入下跌行情。因此，当股价在 BOLL 上轨遇到阻力时，投资者可以将股票卖出。

如图 6—35 所示，2011 年 2 月 11 日至 22 日，中国宝安（000009）的股价突破

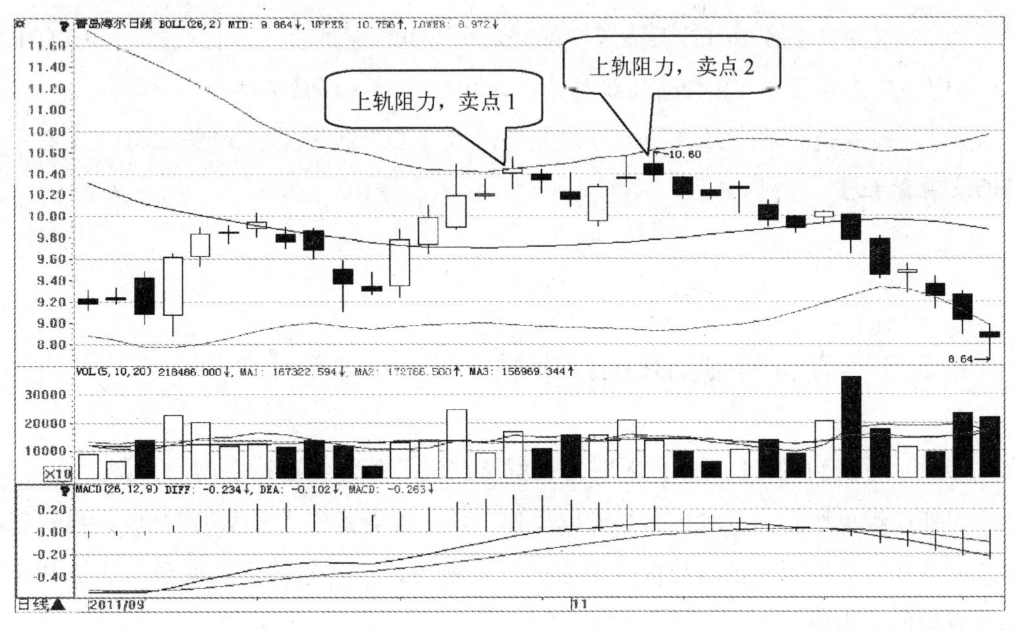

图 6—34 青岛海尔日 K 线

BOLL 上轨，待股价站稳上轨，随后出现一波加速上涨。因此，当短线投资者看到股价有效突破 BOLL 上轨时，可以积极买入股票。

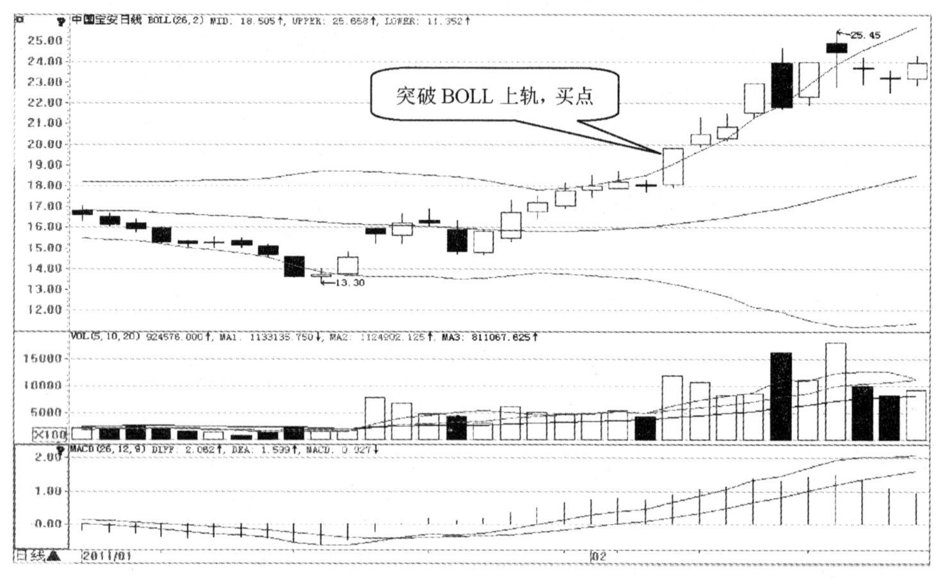

图 6—35　中国宝安日 K 线

➲ 实战经验

1. 如果股价突破 BOLL 上轨后很快就跌回 BOLL 通道内，但仍然沿着 BOLL 上轨持续上涨，则说明上涨行情还将持续。此时投资者可以稳定持股。

2. 按照股价突破 BOLL 上轨的信号买入股票后，投资者可以将止损位设定中 BOLL 中轨位置。

6.5.3　股价跌破 BOLL 下轨

当股价下跌到 BOLL 下轨位置时，也就是跌到了其可能运行空间的下限。此时股价很可能已经见底。一旦股价获得支撑反弹，就是投资者买入股票的时机。但是当股价跌破下轨时，说明股价即将脱离原来的下跌通道，进入新的下跌通道。这是 BOLL 指标发出的卖出信号。

如图 6—36 所示，2011 年 5 月至 11 月，中茵股份（600745）的股价跌至 BOLL

下轨时受到强烈支撑，随后股价出现反弹行情。因此，当出现股价跌至BOLL指标下轨时，往往受到下轨支撑，投资者可以买入股票。

图6—36 中茵股份日K线

如图6—37所示，2011年8月5日至12日，中兴通讯的股价跌破BOLL下轨，随后出现加速下跌的行情。说明股价跌破下轨后，短期内股价失去多方力量的支撑，投资者不再看好该股，股票往往出现大幅下跌。因此，当出现股价跌破BOLL指标下轨时，投资者可以借机卖出股票。等待市场行情向好时，再进行买入操作。

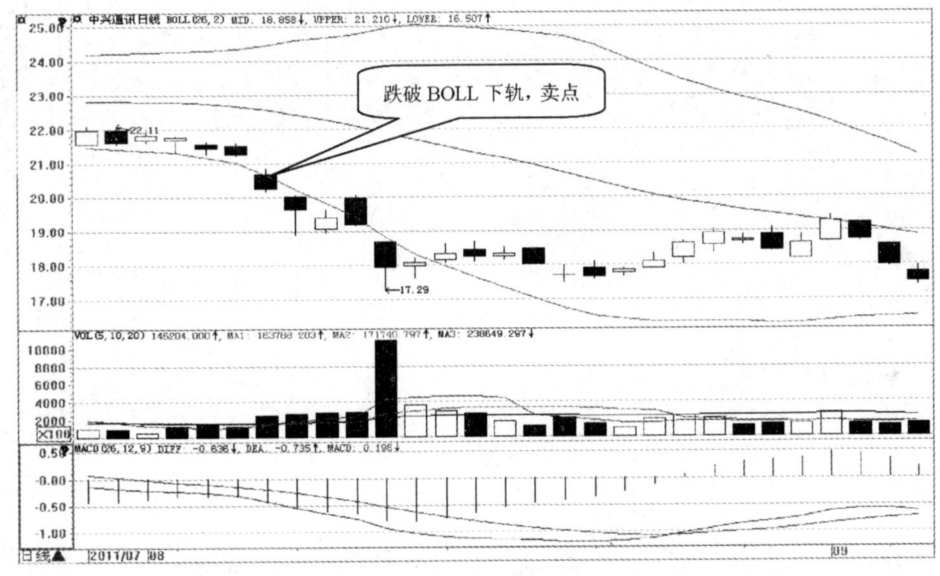

图6—37 中兴通讯日K线

➲ 实战经验

1. 当股价在 BOLL 下轨位置获得支撑时，如果 BOLL 下轨持续下跌，则说明当前股价处于持续下跌行情中。此时投资者应该谨慎操作。

2. 当股价在 BOLL 下轨下方止跌回升，突破 BOLL 下轨时，投资者可以适当观望。一旦股价突破 BOLL 中轨，说明上涨行情开始。投资者可以买入股票。

6.6 KDJ指标

KDJ指标是一种典型的摆动类指标。摆动类指标的工作原理是：一定幅度的上涨就是卖出的理由，一定幅度的下跌就是买入的理由。摆动类指标是典型的短线操作指标，在震荡市中，KDJ指标是一种很理想的实用指标。在持续的升势或跌势中，由于价格走势往往沿某单一方向快速变化，此时的KDJ指标就会出现钝化现象。可以说，只有对价格的总体走势有一个较为清晰准确的认识，投资者才可以更为有效地应用KDJ指标展开实盘操作。在实盘操作中决定是否应使用KDJ指标时，投资者可以应用趋势类指标分析价格的总体走势情况。若发现价格处于单边的快速上涨或下跌走势中，投资者不宜盲目应用KDJ指标。若价格走势处于震荡状态，则可积极地利用KDJ指标开展实盘买卖。

6.6.1 KDJ指标金叉和死叉

KDJ指标有三条线，当J线由下向上交叉并穿越K线与D线时，称之为KDJ指标黄金交叉，简称为金叉。当金叉出现在20附近低位时，称为低位金叉。这是十分强烈的看涨信号。投资者可参考买入股票。

当KDJ指标中的J线由上向下跌破K线与D线时，称为KDJ指标的死亡交叉，简称为死叉。当死叉出现在80附近的高位时，成为高位死叉。这是十分强烈的看跌卖出信号。投资者可以参考卖出股票。

如图6—38所示，2011年5月至10月，香江控股（600162）的走势图显示该股在前期处于横盘整理走势。从图上标注可以看到，在相对低位区出现的J线由下向上穿越K线与D线的金叉形态，预示着盘整走势结束，一波上涨的行情将要开始，是投资者短期内逢低吸筹的信号。利用KDJ指标的金叉形态，即使在相对高位区的盘整走势中，投资者也可以很好地把握在一波回调后的低点介入。

如图6—39所示，山煤国际（600546）KDJ指标的三条曲线在高位完成死叉形态。这个形态说明上涨行情结束，股价即将见顶下跌。此时投资者应该尽快将手中的股票卖出。

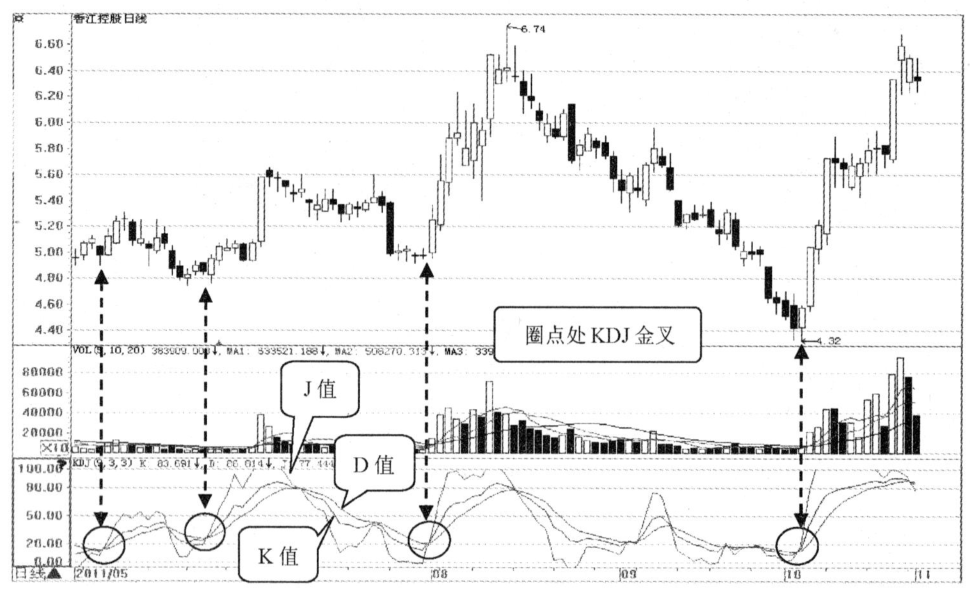

图6—38　香江控股日K线

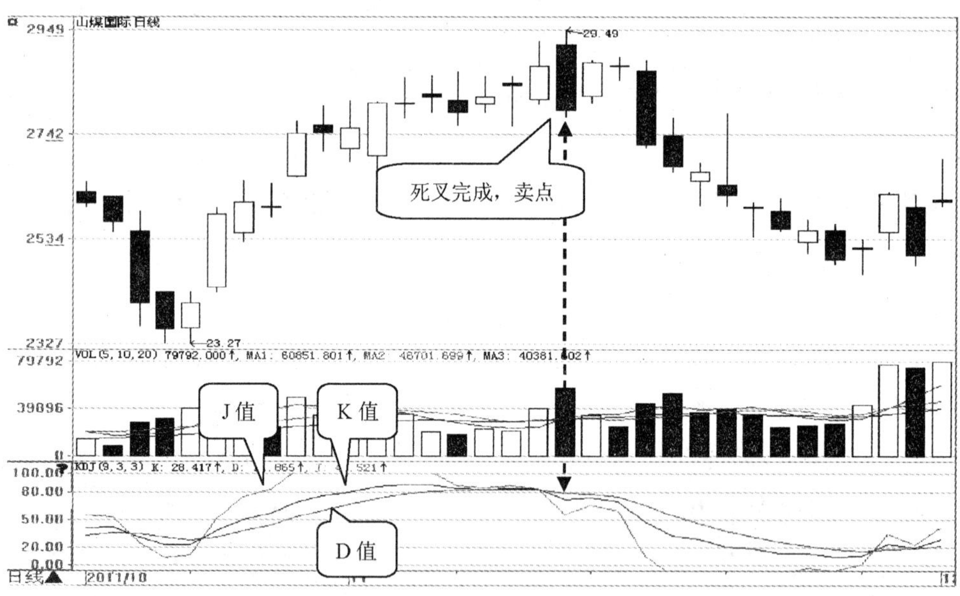

图6—39　山煤国际日K线

➲ 实战经验

1. KDJ指标金叉的位置越低，其看涨信号越强；死叉的位置越高，其看跌信号越强。

2. 当股价持续上涨或者持续下跌的时候，KDJ 指标会出现钝化现象。指标线持续在高位或者低位横盘，此时该指标的金叉或者死叉信号无效。

6.6.2 KDJ 指标超买和超卖

根据 KDJ 的取值，可将其划分为几个区域，即超买区、超卖区和徘徊区。按一般划分标准，指标线 K 值、指标线 D 值在 20 以下且指标线 J 值在 0 以下为超卖区，是买入信号；指标线 K 值、指标线 D 值在 80 以上且指标线 J 值在 100 以上为超买区，是卖出信号；指标线 K 值、指标线 D 值在 20~80 之间或指标线 J 值在 0~100 之间为徘徊区，宜观望。

当股价处于超卖区时，正是买入时机，投资者可以建仓，开始分批买入股票。当股价处于超买区时，正是卖出时机，投资者应综合指标来看，可适当分批卖出股票。

如图 6—40 所示，2011 年 7 月 1 日至 6 日，大族激光（002008）的 KDJ 指标正处于超买区，其中 J 值早已达到 100 以上。在 6 月 28 日时，投资者就应该开始关注该股的动向，也可以选择分批卖出的方法。此后，当 K 值达到 80 以上时，股价涨幅变

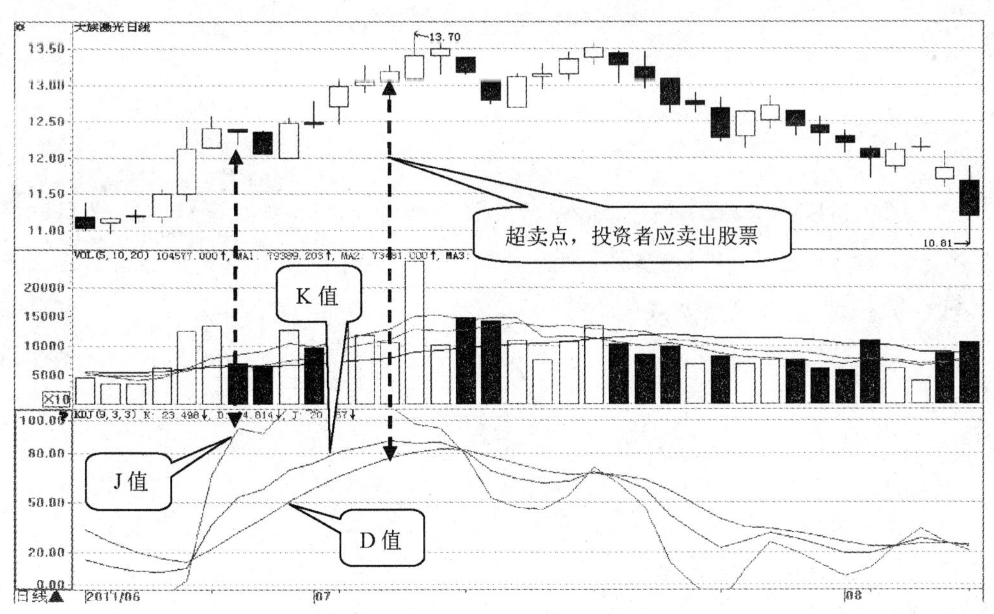

图 6—40 大族激光日 K 线

小且成交量开始增大。最后在D值也达到80以上后，股价开始走下坡路。此时，也是投资者卖出股票的最佳时机。

如图6—41所示，2011年6月21日至22日，科华生物（002022）的KDJ指标正处于超卖区，其中J值早已达到0以下，仅这两日内，三条指标线同时位于超卖区间内，满足超卖区的前提。此时，正是投资者买入股票的绝佳时机。

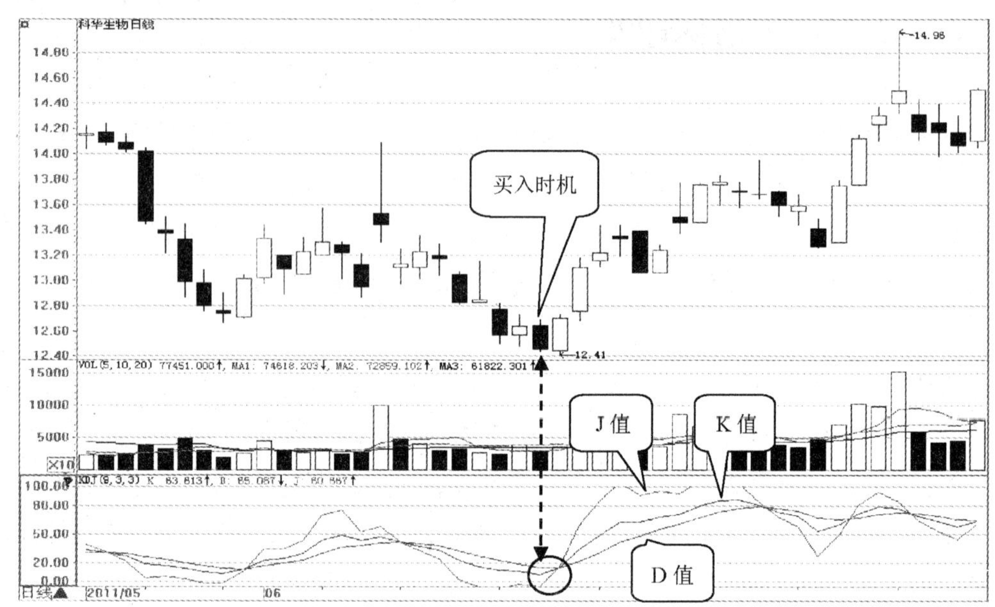

图6—41　科华生物日K线

➲ 实战经验

1. KDJ指标的超买或者超卖信号只能说明市场进入多头极度强势或者空头极度强势的状态。该形态刚出现时，投资者不宜马上操作，可以等KDJ指标的死叉或者金叉形态作为具体的买卖点。

2. 在三条指标线中，J线的波动范围较大。其超买区间在100以上，超卖区间在0以下。

6.7 OBV 指标

OBV 指标又称平衡交易量指标，它通过一条曲线来对市场的动能强弱进行评估，进而预测接下来的市场走势。这条曲线是连接无数个成交量的统计值而得到的。

6.7.1 OBV 指标突破整理区间

当 OBV 曲线在一定的水平位置上横向盘旋较长一段时间，形成一个横向平台，然后突破前期平台不断向上，此时若有其他买入信号形态，则其后市上涨概率较大。若在 OBV 曲线上升中达到一定高位时突然下降，则其看跌信号较强烈。

如图 6—42 所示，2011 年 7 月 4 日之前，百科集团（600077）的 OBV 曲线在低位不断盘旋，形成一个横向整理平台。7 月 4 日，股价向上突破整理平台，且成交量显著放大。这表明市场已经形成多头走势，买点出现，投资者要注意及时买入。

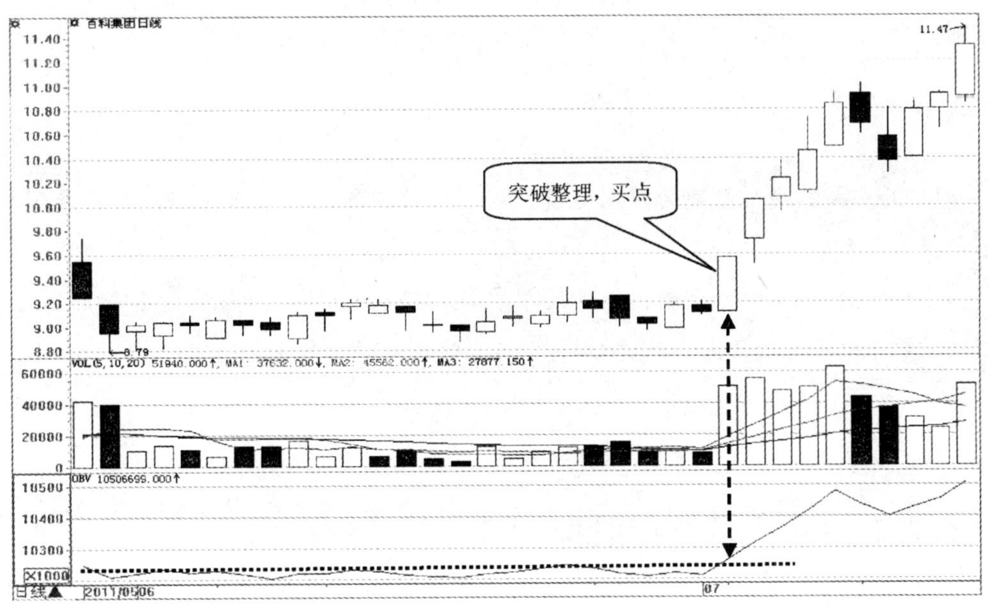

图 6—42 百科集团日 K 线

如图6—43所示，2011年8月23日之前，一致药业（000028）的OBV曲线在高位剧烈震荡，形成一个横向整理平台。8月23日，股价向下跌破整理平台，且成交量较前两日显著放大。这表明市场投资者看淡后市，纷纷卖出股票。随后股价稍作反弹，此时是投资者最后一次逢高卖出股票的时机，投资者应好好把握。

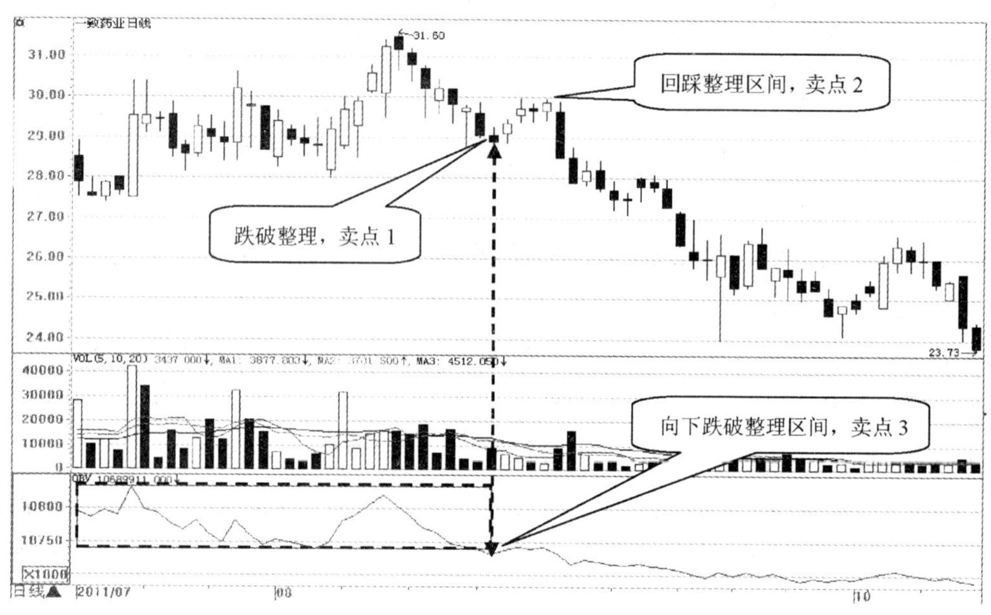

图6—43　一致药业日K线

➲ 实战经验

1. OBV指标横盘整理的时间越长，则一旦该指标结束横盘，其看涨或者看跌信号会越强烈。

2. 由于涨跌停板的限制，很多股票在连续涨停的时候，虽然看多气氛高涨，但成交量并无法有效放大。此时OBV指标无法发挥正常作用。

6.7.2　OBV指标和股价背离

与其他技术指标的背离一样，OBV指标的背离也分为顶背离和底背离。

OBV指标与股价的顶背离是指，当股价在上涨走势中创出新高的时候，OBV指标却没有创出新高的情形。它表明股价的上升动能减弱，接下来有较大的可能出现一波下跌走势。投资者可以综合其他的技术分析方法，使得卖出信号更为准确。OBV指标一般结合K线形态来使用。

OBV指标的底背离是指，在下跌走势中股价创出新低，而OBV指标则没有创出新低的情形。它表明市场做空动能正在减弱，接下来有较大的可能出现一波上涨走势。与顶背离一样，投资者可以综合其他技术分析方法使得买入信号更为精准，这个过程中，K线形态最常用。

如图6—44所示，2011年3月，从新时达（002527）日K线图上可以很明显地看出，当股价创出新高时，OBV曲线却没有创出新高，构成了OBV指标与股价的顶背离，表示短期内股价将有一波下跌走势出现。同时，该股K线组合出现类流星线形态，更增加了卖出信号的可靠性，投资者要注意及时卖出。

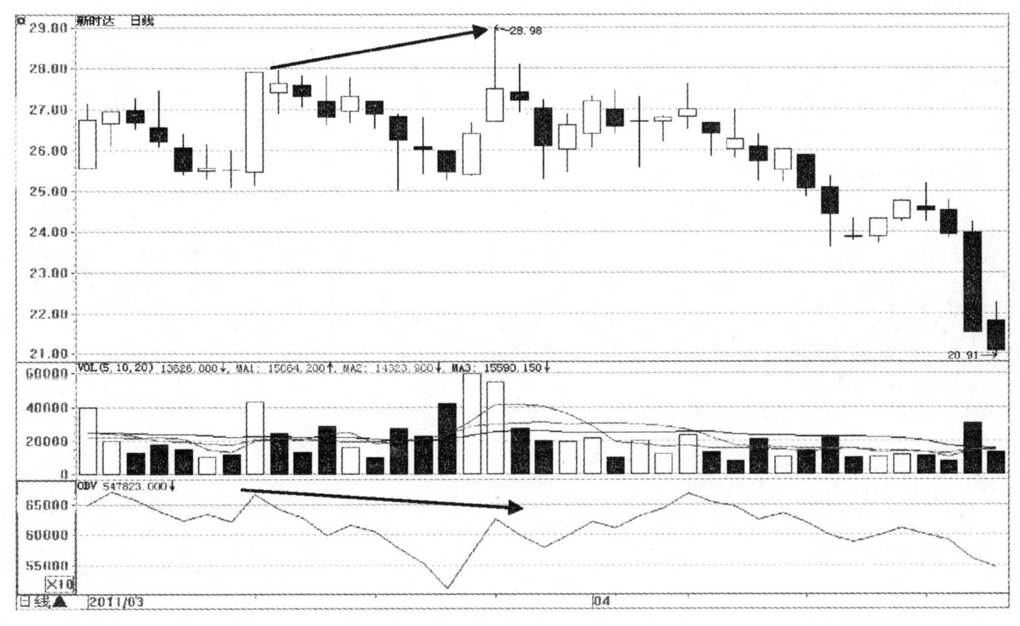

图6—44 新时达日K线

如图6—45所示，2011年8月至9月，歌华有线（600037）的股价创出了新低，而OBV曲线却没有创出新低，形成了OBV指标与股价的底背离，表明市场即将出现一波上涨走势。同时该股K线出现看涨吞没形态，更增强了买入信号的可靠性，投资者要注意果断买入。

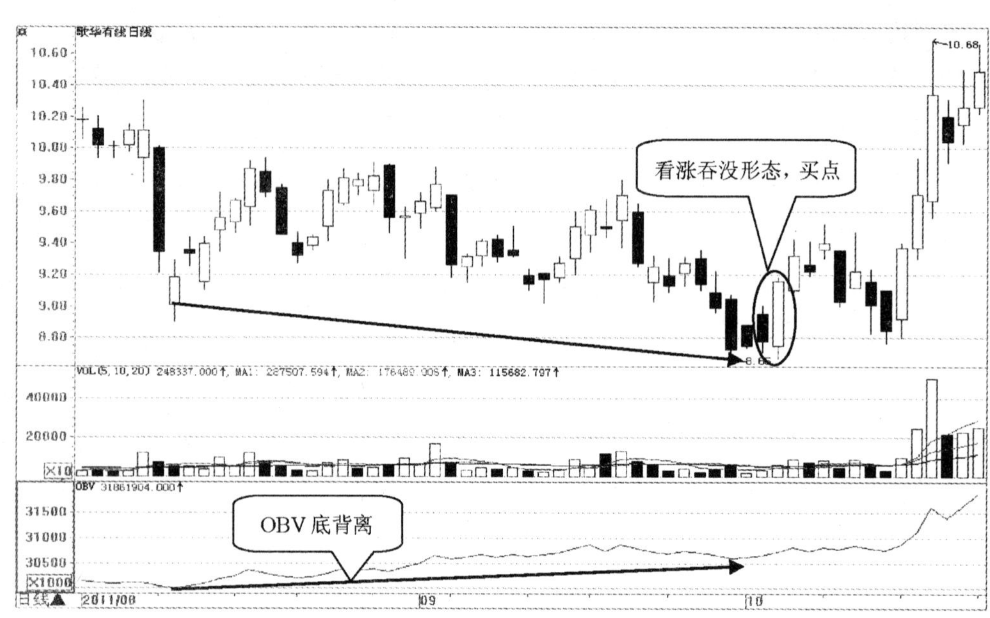

图 6—45　歌华有线日 K 线

实战经验

1. 除了可以利用 K 线组合形态来辅助判断买卖点外，投资者还可以参照均线的金叉或者死叉形态。

2. 长期来看，OBV 指标总是震荡向上的。因此，当股价上涨时，即使 OBV 指标横盘整理，也可以被当作是有效的顶背离形态。

6.8 宝塔线指标

宝塔线又称TOWER（TER）指标，是一种注重收盘价分析的中长期技术分析工具。宝塔线指标与K线图类似，应用趋势线的原理，引入支撑区和压力区的概念，以不同颜色的柱线来区分股价涨跌。它主要是将股价多空之间的争夺过程和力量的转变数值表现在图表中，借以研判未来股价的涨跌趋势及选择适当的买卖时机。

6.8.1 宝塔线三平底翻红

宝塔线三平底形态是连续三根最低点基本相同的宝塔线。如果三平底中前两根宝塔线全部为绿色，最后一根宝塔线下部分为绿色，上部分为红色，则该形态被称为三平底翻红。根据出现位置不同，宝塔线三平底翻红形态可以分为两种类型。

第一种三平底翻红形态出现在一段持续下跌行情之后。股价在低位出现三平底翻红的形态，预示着股价已经严重超跌，短期内可能产生一波短线的反弹行情。因此，当宝塔线指标在底部出现三平底翻红形态时，投资者可以适当买入股票，短线操作。

如图6—46所示，2011年6月20日至22日，中国软件（600536）的股价在持续下跌行情末端时出现股价依次上升，并且宝塔线指标上出现三平底翻红形态。从前期走势看，该股跌幅已达30%，其迫切需要短暂的反弹。当该形态出现时，投资者可以适量买入股票，做短线反弹行情。

第二种三平底翻红形态出现在持续横盘整理行情之后。股价在上涨中途进行了一段比较长时间的盘整后，如果宝塔线指标出现三平底翻红形态，并且股价也同时依托中长期均线向上扬升，则意味着股价一轮新的涨势的开始。投资者应短线及时逢低买入。

如图6—47所示，广电网络（600831）在经过一波上涨后便进入了短暂的调整中。2011年3月17日至21日，该股的宝塔线指标上出现三平底翻红形态，且股价出现依次上涨的走势。这种情形的出现意味着该股股价新一轮涨势的开始，投资者应及时买入股票，参与短线炒作。

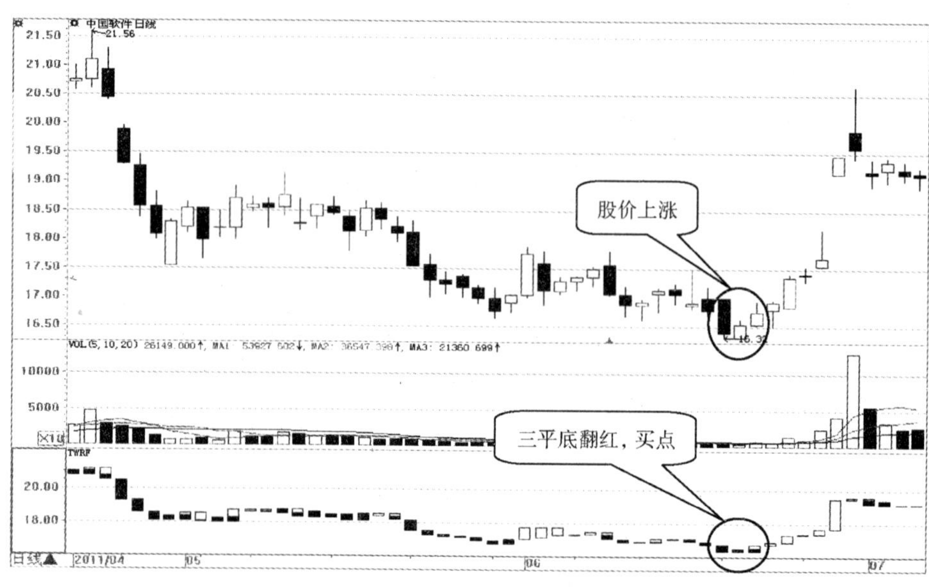

图 6—46　中国软件日 K 线

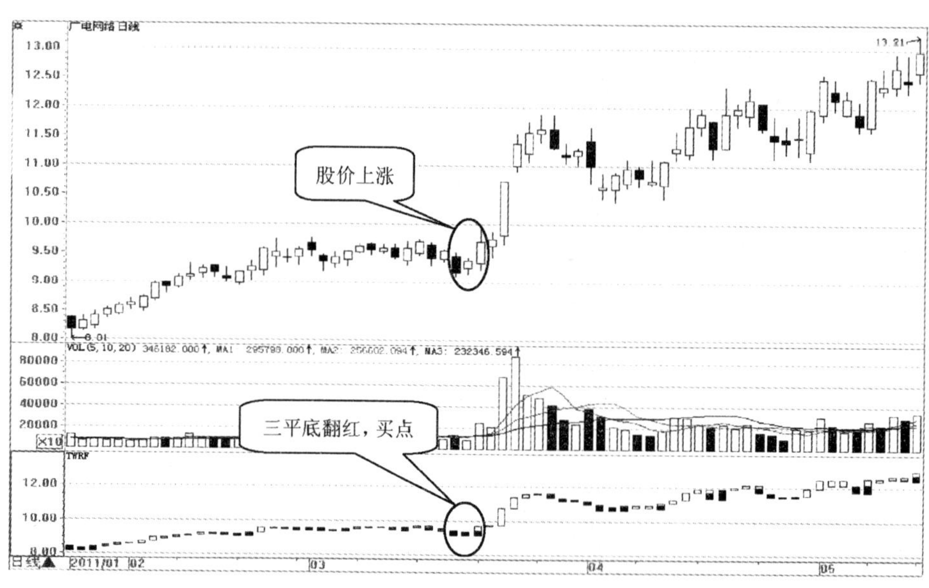

图 6—47　广电网络日 K 线

➲ 实战经验

1. 在 K 线走势图中，与宝塔线指标三平底翻红对应的往往是启明星或者启明星的变形形态。

2. 三平底翻红形态中，宝塔线红色的部分越长，则该形态的看涨信号就越强烈。

6.8.2 宝塔线三平顶翻绿

宝塔线三平顶形态是指连续三根高点基本相同的宝塔线。如果三平顶中前两根宝塔线为红色，最后一根宝塔线上部分为红色，下部分为绿色，则该形态被称为三平顶翻绿。按照出现位置不同，宝塔线三平顶翻绿形态也可分为两种类型。

第一种三平顶翻绿形态出现在一段上涨行情的尾端。当股价经过一段上涨行情后，在高位出现这种三平顶翻绿的形态，预示着股价的强势行情已经见顶，将开始一段比较迅猛的跌势行情。一旦宝塔线指标在高位出现三平顶翻绿形态，投资者应果断及时地短线卖出全部股票而离场观望。

如图 6—48 所示，在经过一波快速上涨走势后，2011 年 9 月 15 日至 22 日，ST 昌鱼（600275）的宝塔线指标上出现三平顶翻绿的形态，并且股价出现依次下跌的走势。这种情形的出现意味着股价马上就会扭转方向，向下急跌。投资者在看到此形态时，应及时卖出股票。

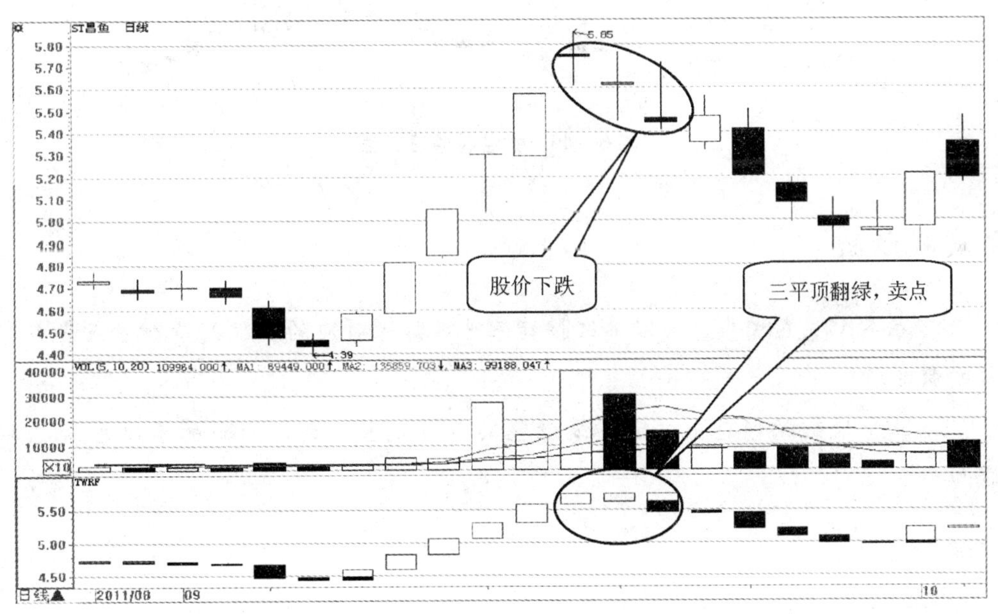

图 6—48 ST 昌鱼日 K 线

第二种三平顶翻绿形态出现在股价横盘整理行情中。股价在中高位进行了一段时间的横盘整理后，一旦宝塔形指标出现三平顶翻绿形态，往往意味着股价一轮新的跌势的开始。此时投资者应及时清仓观望。

如图6—49所示，香溢融通（600830）在经过一波上涨之后，涨幅达到30%。2015年4月24日至28日，该股的宝塔线指标上出现三平顶翻绿的形态，并且股价出现下跌的走势。这种情形的出现意味着股价会立刻扭转方向，向下急跌。投资者在看到此形态时，应及时卖出股票。

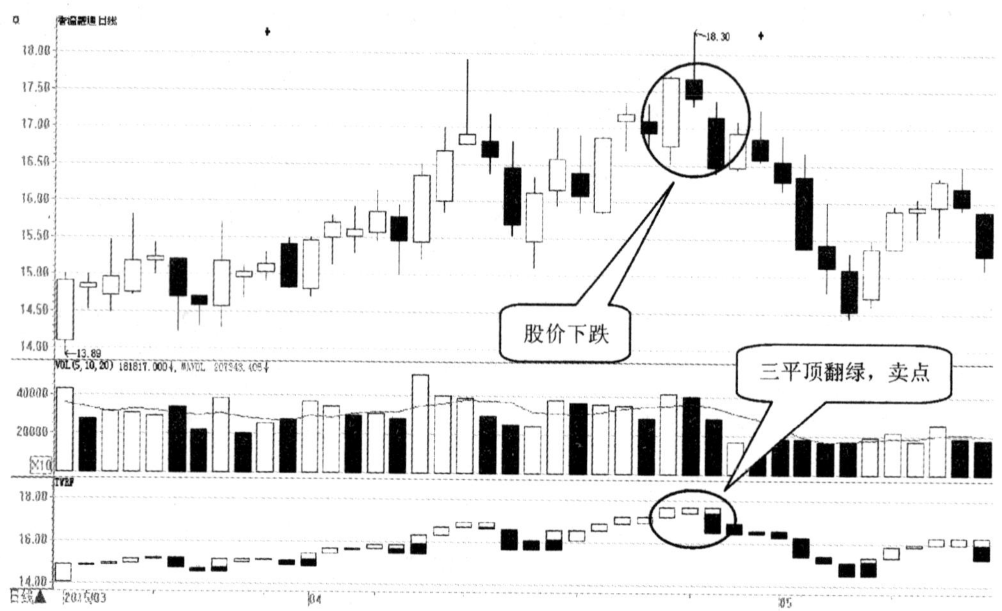

图6—49　香溢融通日K线

➲ 实战经验

1. 在K线走势图中，与宝塔线指标三平顶翻绿对应的往往是黄昏星或者黄昏星的变形形态。

2. 三平顶翻绿形态中，宝塔线绿色的部分越长，则该形态的看跌信号就越强烈。

6.9 筹码分布指标

筹码分布就是成本分析，是将历史上在每个价位上的量叠加起来，并以此来判断当前市场上所有流通股的持仓成本。

在筹码分布图上，一般用一根根主线来代表股票的筹码，其长短表示筹码的数量，其所处的位置则表示持有这些筹码所花费的成本。随着每天交易的进行，一只股票的筹码也随之流动。若股价在上移，则筹码的集中度也会随之上移；反之，则会下降。

6.9.1 筹码密集区的阻力和支撑

筹码密集区可以看作许许多多谷峰，通常把每一座谷峰称为股价的阻力或支撑。当股价在低位时，其上方有很多谷峰，也就是阻力。

如图6—50所示，2011年8月25日，中科电气（300035）筹码分布区上出现了

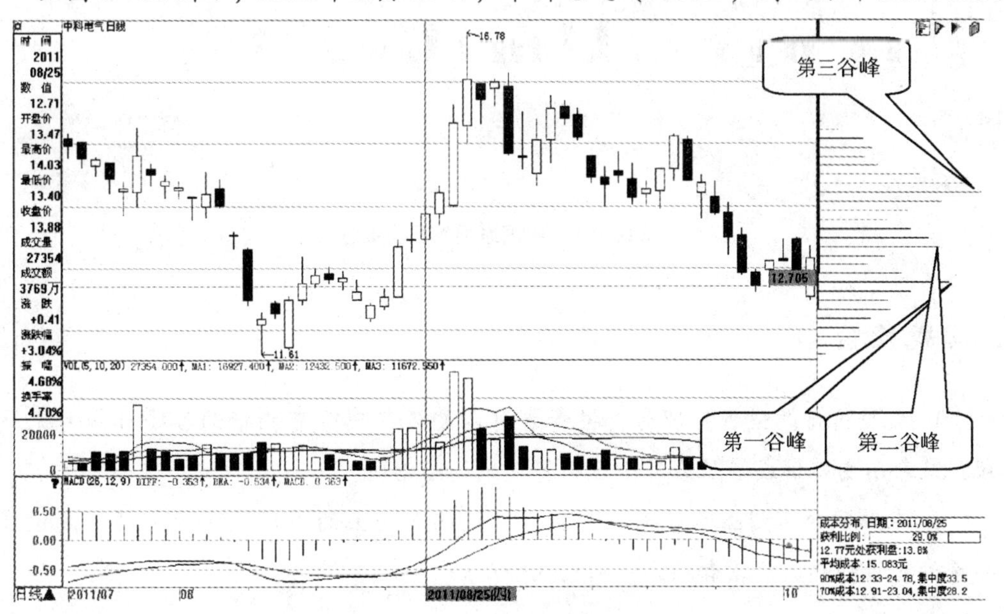

图6—50 中科电气筹码分布区

三个谷峰。其中在该股上涨完成后，股价先后突破了第一谷峰和第二谷峰的价位阻力。由此表明投资者看多后市，纷纷买入股票，推动股价上涨。投资者在看到筹码密集区的阻力在被突破时，若有成交量放大的配合，可积极关注股票，逢低买入，短线做多，快进快出。

如图 6—51 所示，2011 年 10 月 11 日，股价下跌至谷峰时，受到该谷峰价位的强烈支撑，随后股价强劲反弹。这种走势表明在筹码密集区有较强的支撑力度，说明此处的投资者做多意愿强烈。当股价再次跌至此强支撑位时，投资者再次大举买入股票，推动股价更上一层楼。由此可以看出，在筹码密集区，其对应的股价具有强支撑力。同趋势线理论一样，股价在该支撑位获得支撑次数越多，则该支撑位的支撑力度也越强烈。

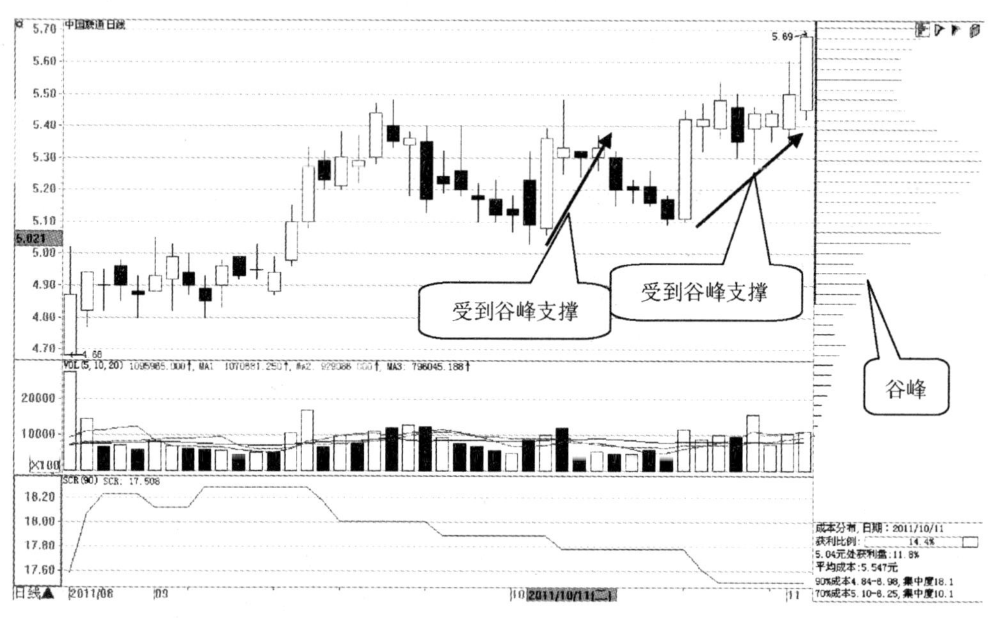

图 6—51　中国联通筹码分布区

➲ 实战经验

1. 当股价持续横盘整理时，投资者可以发现筹码分布指标的谷峰部分越来越短，这表示支撑位或者阻力位附近的筹码被逐渐消化。

2. 在筹码分布图上的谷峰数量越少，说明市场上的筹码集中度越高，股价在谷峰位置遇到的支撑或者阻力作用也就会越强。

6.9.2 股价突破筹码密集区

筹码分布图上表示深色（或红色）的是获利盘，表示浅色（或绿色）的是亏损盘。下面的信息区中指出目前有多大比例的持股者获利，其持股成本是多少，各个比例的持股者集中在什么价位。集中度是指在整个持股空间中所占的比例。浮筹是指经常进行买卖的那部分股票，通常是指在股价上下10%的区间内最为活跃的那部分筹码。而长期不进行买卖，流动性差的那部分股票称之为死筹。

如图6—52所示，在该图形中，股价连着三天下跌，大部分投资者都被套牢。因为股价前期跌幅较大，投资者又不愿意卖出股票。这时，看好该股的激进投资者开始买入股票。股价在下跌的同时，其平均成本也在下跌，而且跌势趋缓。

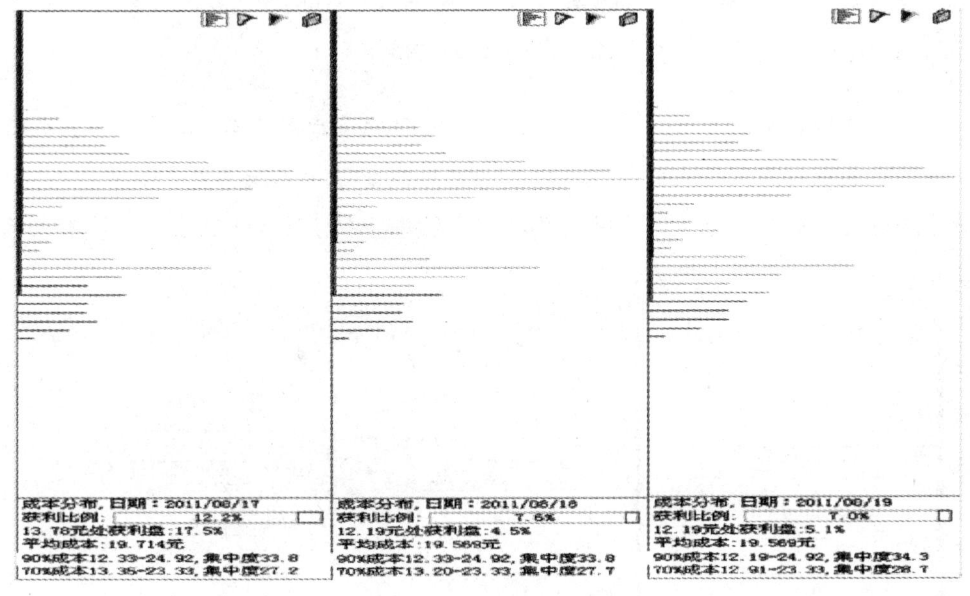

图6—52 筹码分布区1

如图6—53所示，股价在前期底部受到支撑，看多的投资者也越来越多，大家纷纷买入股票。2011年8月23日，股价上涨突破第一谷峰即股价阻力位。此时成交量亦放大，股票收大阳线。此时是该股即将进入加速上涨的标志。投资者在看到此突破时，应积极买入股票。

如图6—54所示，图中虚线部分表示股票每天的平均成本，即大多数投资者可以获利的成本价。2011年8月29日至30日，股价上涨至最高点，其获利的投资者达到

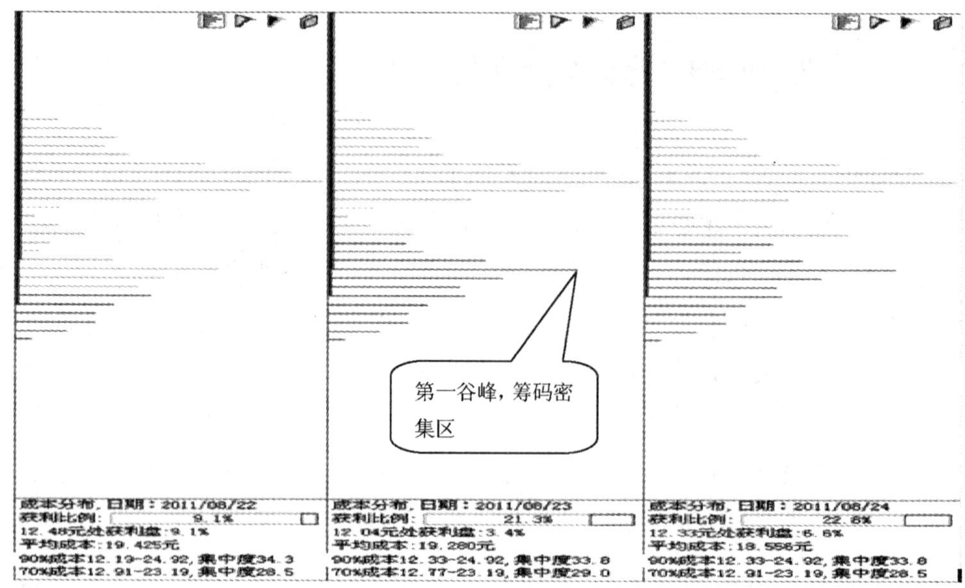

图6—53　筹码分布区2

最大状态，此时应坚决卖出股票，保留获利。随后股价出现下跌，9月7日，股价缩量上涨时，其获利筹码与亏损筹码相比就明显地减少了。当股票处于非牛市行情时，投资者在运用筹码分布分析股票时，可以在获利筹码丰厚时卖出股票，在没有或只有很少获利筹码时分批买入股票。

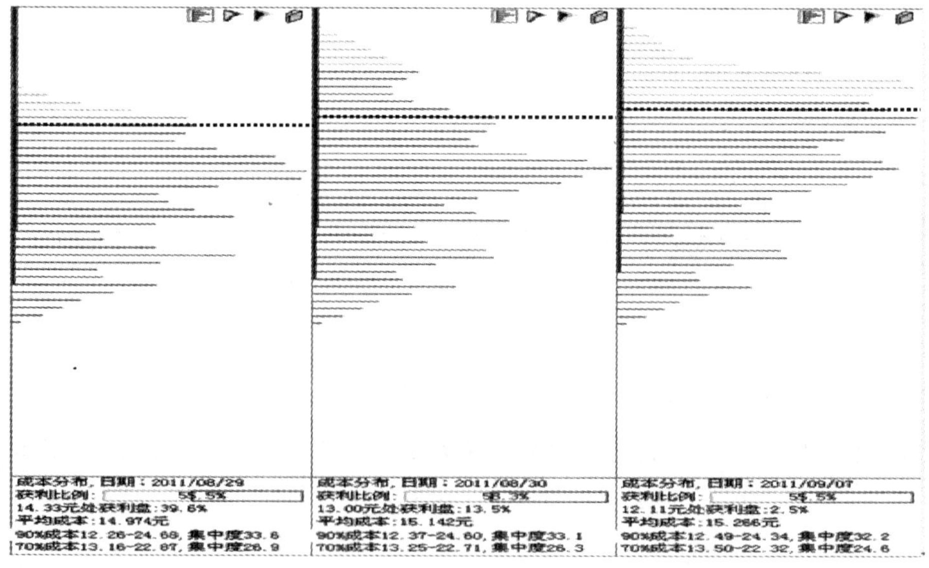

图6—54　筹码分布区3

➲ 实战经验

1. 股价向上突破筹码密集区时耗费的时间越短，说明多方力量越强势，该形态的看涨信号越强。

2. 之前有阻力作用的筹码密集区一旦被突破，就会形成未来股价下跌时的支撑位。

第 7 章

基本面分析

7.1 用炒股软件获取基本面信息

7.1.1 F10资料

投资者若想了解个股的基本情况，可以按【F10】键进入个股基本面界面，或者在分时走势图里单击左边的“基本资料”按钮就可以查看个股基本面。图7—1所示为某软件系统按下【F10】键后显示的内容。

其顶部菜单为操盘必读、财务透视、主营构成、行业新闻、大事提醒、八面来风、公司概况、管理层、最新季报、股东进出、股本分红、资本运作、行业地位、信息快讯、回顾展望、盈利预测。其中最常用到的项目包括操盘必读、最新季报、股东进出、股本分红以及行业地位、公司概况等。

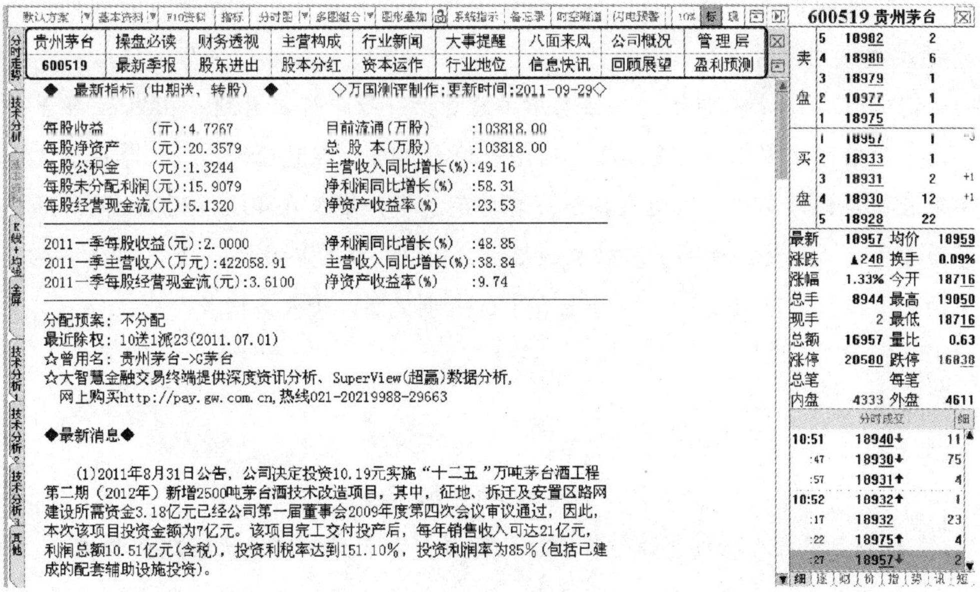

图7—1 个股基本资料

7.1.2 上市公司财务报表

上市公司的财务报表一般分为三大部分，分别是资产负债表、利润表和现金流量表。在炒股软件F10资料的“财务透视”栏目中，投资者可以查看到这几个报表中的重要数据。

（1）资产负债表

对上市公司财务报表分析，主要是对资产负债表、利润表、现金流量表的分析。

资产负债表概括了公司拥有的所有财产和所欠的债务，及其财务价值。可以说，资产负债表是企业最重要的、反映企业全部财务状况的第一主表。

简单地说，资产负债表结构就是按照会计恒等式“资产=负债+所有者权益”排列的，其左方表示资产，右方则包括负债和权益项目。很显然，其左、右方栏目是恰好相等的，因此又称之为“平衡表”。

在资产负债表中，企业通常按资产、负债、所有者权益分类分项反映。也就是说，资产按流动性大小进行列示，具体分为流动资产、长期投资、固定资产、无形资产及其他资产；负债也按流动性大小进行列示，具体分为流动负债、长期负债等；所有者权益按实收资本、资本公积金、盈余公积金、未分配利润等项目分项列示。图7—2所示为贵州茅台资产负债表摘要。

如图7—2所示，在该资产负债表中由总资产一项中可以看到，在2011年第一季度，总资产项同比去年一季度总资产项增长约为44%。在随后的二、三季度里其同比去年增长也是约为44%。由此来推断，其全年总资产增长在40%~50%之间。结合贵州茅台过年前后销量的增加，其增长额度应该比这个幅度还要高。贵州茅台一向是股市里的优质股，2011年更是在业绩上有了进一步提高，跨入高增长时代。

延伸阅读

同比和环比

在对财务报表进行统计的过程中，投资者可能会接触到同比和环比的概念。同比是指本期数据和上年同期数据的比值，例如今年三季度每股收益和去年三季度每股收益数据对比。环比是指本期数据和上期数据的比值，例如今年三季度每股收益和今年二季度每股收益数据对比。

资产负债表摘要

指标(单位:万元)	2011三季	2011中期	2011一季	2010末期
总资产	3289425.83	3092014.91	2916170.02	2558757.99
流动资产	2698666.51	2546948.43	2375678.94	2030028.48
货币资金	1828832.63	1729168.74	1599848.94	1288839.39
存货	623218.58	591561.33	583173.47	557412.61
应收账款	211.92	229.85	99.73	125.46
其他应收款	7952.94	5439.81	10104.81	5910.19
固定资产净额	470388.28	426858.86	421876.23	419185.11
无形资产	46419.30	46549.70	46747.33	45231.72
预收账款	681805.42	493494.37	634364.02	473857.08
应付账款	25673.70	10356.12	10562.58	23201.31
流动负债	979095.81	935566.32	861101.92	702819.02
长期负债	1953.00	1953.00	1000.00	1000.00
总负债	981048.81	937519.32	862101.92	703819.02
股东权益	2279711.87	2113521.12	2028276.90	1839877.41
资本公积金	137496.44	137496.44	137496.44	137496.44

指标(单位:万元)	2010三季	2010中期	2010一季	2009末期
总资产	2281002.88	2133382.87	2043009.95	1976962.31
流动资产	1795570.67	1658330.61	1620660.16	1565558.54
货币资金	1102666.96	1026886.16	998043.52	974315.22
存货	479142.89	449532.89	435095.90	419224.64
应收账款	2800.32	2875.96	3107.02	2138.63
其他应收款	6561.19	6941.09	9175.87	9600.15
固定资产净额	375465.47	373122.29	322394.97	316872.52
无形资产	46077.30	46386.82	46269.07	46555.08
预收账款	326196.05	196777.22	306174.40	351642.39
应付账款	14122.40	8603.69	6888.20	13912.14
流动负债	507825.86	458661.54	442415.13	510805.78
长期负债	1000.00	1000.00	1000.00	1000.00
总负债	508825.86	459661.54	443415.13	511805.78
股东权益	1752175.38	1644733.71	1573164.54	1446598.28
资本公积金	137496.44	137496.44	137496.44	137496.44

图7—2 贵州茅台资产负债表摘要

（2）利润表

利润表是反映企业在一定会计期间经营成果的报表，又称为动态报表。有时，利润表也称为损益表、收益表。

利润表主要是提供企业经营成果方面的信息。通过对利润表的阅读分析，投资者可以了解到上市公司的以下情况：一定会计期间的收入实现情况，即实现的主营业务收入、其他业务收入、投资收益、营业外收入等；一定会计期间的费用耗费情况，即耗费的主营业务成本、主营业务税金、营业费用、管理费用、财务费用、营业外支出等；生产经营活动的成果，即净利润的实现情况据以判断资本保值、增值情况。图7—3所示为贵州茅台利润表摘要。

如图7—3所示，贵州茅台的总利润是增加了，那么其净利润是不是也增加了呢？通过计算其净利润可以看出，首先第一季度同比增长为48%，第二季度同比增长为58%，第三季度同比增长为58%。由此可以看出，其总利润的增长带动了净利润的增长，净利润的增长率大于总利润的增长率，说明公司在费用控制方面获得了较大的提高，由此可预计全年净利润不低于50%的增长率。

➲ 实战经验

实际上，在上边的案例中，投资者在一季度时就可以预测全年利润约为50%的增长幅度，只需要关注该股公布的净利润是否符合预期就可以了。若符合预期或超预期，则可以看多股票。若实际净利润大大低于预期，则应该尽快卖出股票。

（3）现金流量表

现金流量表反映一个公司是否有足够的现金流，这不仅关系到公司支付股利、偿还债务的能力，还关系到公司未来的生存和发展。因此，投资者在关心上市公司的资产状况、盈利状况的同时，也应该关心上市公司的现金流量情况。

现金流量表可以看成是对资产负债表和利润表的补充。投资者在研究现金流量表时，可以将其与其他财务报表结合起来分析，这样可以让你更加全面地了解这一企业。

如图7—4所示为贵州茅台现金流量表摘要。在该现金流量表中，投资者可以看到“现金等的净增加额”在2011年第一季度明显大幅增加，甚至与上年全年数据持平。从中投资者可以看出贵州茅台在2011年的业绩将有显著提升。

利润表摘要

指标(单位:万元)	2011三季	2011中期	2011一季	2010末期
营业收入	1364207.55	982582.34	422058.91	1163328.37
营业成本	436297.18	293942.68	156840.40	447284.66
营业费用	49377.73	32459.80	16721.02	67653.17
管理费用	100131.80	64295.58	35402.92	134601.42
财务费用	-21781.35	-14888.85	-5347.37	-17657.70
营业利润	928239.34	688959.31	265227.84	716090.62
投资收益	328.98	319.65	9.32	46.91
营业外收支净额	-283.91	-224.63	182.77	151.05
利润总额	927955.43	688734.69	265410.61	716241.67
净利润	656908.46	490717.71	188399.50	505119.42

指标(单位:万元)	2010三季	2010中期	2010一季	2009末期
营业收入	932757.78	658726.64	303990.61	966999.91
营业成本	343044.59	220679.34	124433.58	359568.80
营业费用	48257.30	31475.67	14471.97	62128.43
管理费用	85121.66	56086.44	30969.08	121715.85
财务费用	-13733.06	-9977.48	-4624.80	-13363.61
营业利润	589750.77	438075.55	179557.03	607552.05
投资收益	37.58	28.25	-	120.94
营业外收支净额	-172.34	-323.92	-278.97	501.94
利润总额	589578.44	437751.63	179278.07	608053.99
净利润	417417.40	309975.73	126566.26	431244.61

图7—3 贵州茅台利润表摘要

操作提高

不同炒股软件在分析上市公司财务状况时的侧重点不同，分析风格不同，所选择的财务指标也会有所不同。投资者在分析上市公司财务状况时，可以多结合几个炒股软件进行综合分析。

现金流量表摘要

指标(单位:万元)	2011三季	2011中期	2011一季	2010末期
经营现金流入小计	1812154.20	1162306.01	660243.64	1507695.96
经营现金流出小计	909460.41	629516.23	319130.44	887548.31
经营现金流量净额	902693.80	532789.78	341113.19	620147.65
投资现金流入小计	7765.18	7099.72	1124.00	7504.71
投资现金流出小计	127522.30	77540.56	31230.17	183843.67
投资现金流量净额	-119757.11	-70440.84	-30106.18	-176338.96
筹资现金流入小计	7.70	5.07	2.54	10.58
筹资现金流出小计	242951.15	22024.67	-	129295.10
筹资现金流量净额	-242943.45	-22019.60	2.54	-129284.52
现金等的净增加额	539993.24	440329.35	311009.55	314524.17

此处很明显，一季度数据堪比上年全年

指标(单位:万元)	2010三季	2010中期	2010一季	2009末期
经营现金流入小计	1080313.14	641243.03	312189.96	1194213.18
经营现金流出小计	683872.45	464604.71	229712.77	771819.47
经营现金流量净额	396440.69	176638.31	82477.19	422393.71
投资现金流入小计	7539.37	7291.16	1873.14	2708.04
投资现金流出小计	150184.25	117418.49	46903.95	136660.15
投资现金流量净额	-142644.88	-110127.33	-45030.81	-133952.11
筹资现金流入小计	7.87	5.73	2.69	15.81
筹资现金流出小计	125451.94	13945.77	13720.77	123514.39
筹资现金流量净额	-125444.07	-13940.04	-13718.08	-123498.57
现金等的净增加额	128351.74	52570.94	23728.30	164943.03

图7—4　贵州茅台现金流量表摘要

7.1.3　上市公司重要财务指标

通过一些重要的财务指标，投资者可以更加直观地了解上市公司财务状况，省去了阅读财报的时间。每股收益、净资产收益率、每股净资产和市盈率是最重要的四大财务指标。

（1）每股收益

每股收益是过去一段时间内，每股股票为上市公司创造的收益水平。每股收益和股票价格之间有着密切的关系。在长期来看，当一只股票的每股收益持续大幅增加时，其股价也必定会持续上涨。

如图7—5所示，2011年通策医疗（600763）的每股收益仅为0.44元。但在最近的两年中，其每股收益得到了飞速的成长，其在2012年每股收益为0.57元，2014年每股收益为0.69元。由此可以看出，该公司保持了高速发展。股票在上证指数调整的日子里仍然保持上涨，以至于最近更是创出了新高。

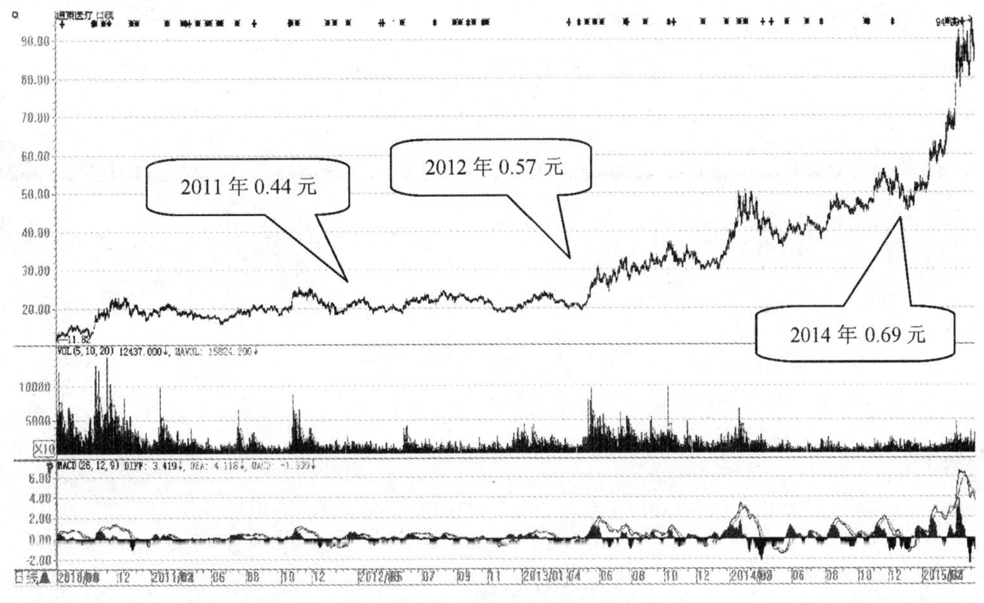

图7—5　通策医疗日K线

如图7—6所示，格力电器每股收益自2010年至2014年一直稳固上涨，这显示出该公司的盈利能力出色，发展迅速，是很好的长期投资目标。

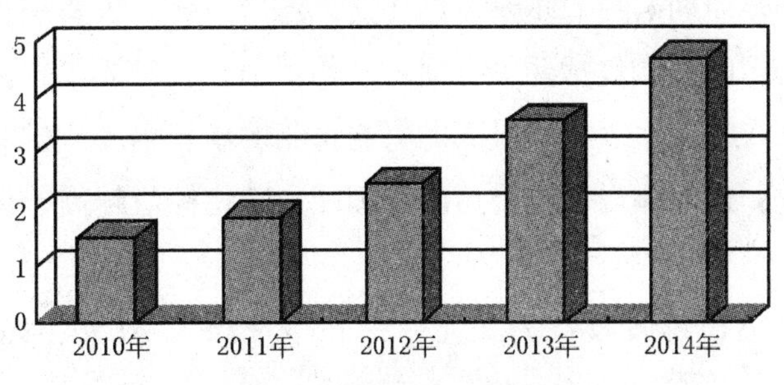

图7—6　格力电器每股收益

如图7—7所示，2011年底至2015年4月，格力电器（000026）的涨幅最大达4倍，保持了较强劲的发展势头。

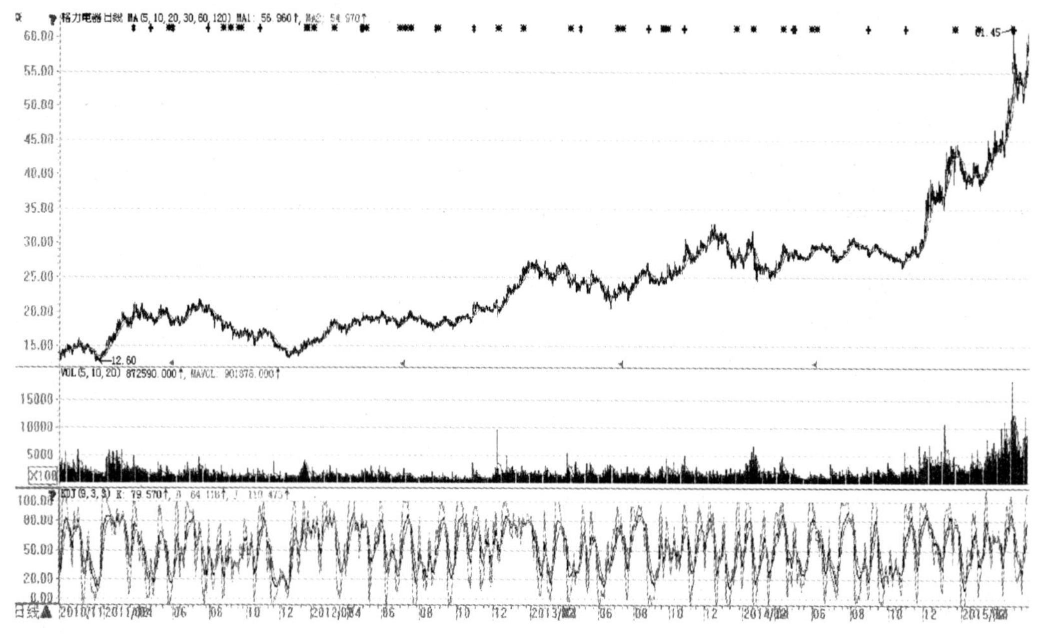

图7—7 格力电器日K线

➲ 实战经验

以上这种例子在沪深A股中并不鲜见。这说明了一个道理，最激动人心的黑马股票的走势，往往取决于公司的每股收益增长率，这是上市公司基本面分析中最重要的指标，它能够让投资者选出将来的超级大牛股。

（2）净资产收益率

净资产收益率是净利润与股东权益的比率。这项指标，主要用于测算公司股东权益的增长速率。公司的资产包括两个方面：一是负债，二是股东权益。其中，股东权益即净资产。净资产收益率表示所投入的资金每年的增长幅度。排除因为债务比率高而影响业绩的情况，也能体现一个公司的管理能力。指标值越高，说明投资带来的收益越高。

例如，某上市公司每股收益为2元，每股净资产为10元，净资产收益率就是20%。

实战经验

净资产收益率可衡量公司对股东投入资本的利用效率。它弥补了每股收益指标的不足。例如，股价分红除权后每股盈利将会下降，会给投资者造成错觉，以为公司的获利能力下降了，而事实是公司的获利能力并没有发生变化。此时用净资产收益率来分析公司获利能力更加适宜。

（3）每股净资产

如果说每股收益是展望未来股价涨幅的指标，那么，每股净资产则可以被看作是投资一种股票的安全边际。一旦股价跌破净资产，就相当于该公司在市场上被特价销售。一般来讲，这时候只要买入，获利的可能性就会比较大。

实战经验

很多上市公司在计算净资产数据时，都会有意无意地夸大描述。并且在很多情况下，上市公司的这种夸大还是合理合法的。但是对投资者来说，很多资产都被大大高估了。

例如，某个纺织公司有一台崭新的纺织机，估价200万元。按照这台纺织机能够创造的价值来说，这个估价完全合理。但是万一纺织公司不幸破产，情况就完全不一样了。原本200万元的机器，拿到拍卖会上可能20万元都没人要。投资者在对上市公司估值时，一定要仔细甄别上市公司有没有类似被“合理”高估的资产。

（4）市盈率

市盈率是股价除以每股收益得出的数值。它的真正意义是，拟投资后，按照现在的盈利水平，多少年后能够收回投资。当你看到一只股票的市盈率是30的时候，你就应该意识到，如果你买入这只股票，30年后才会收回投资。这个指标主要来衡量股价是否存在高估或者低估。中外很多投资机构和基金经理都善于用这个指标来衡量股价是否合理。

市盈率的使用是一个相对比较的过程。即同行业公司相比较，不同行业的可比性不大。比如石化股和科技股就不能相比，钢铁行业股票和房地产行业股票也没有相比的必要性。而同行股票之间就很有可比性。比如，在A股市场上高速公路行业内的股票市盈率相对较低，就存在被低估的可能。哪只股票过高，就有可能存在价值高估的可能。最后，根据价值的高估和低估来确定投资决策。

➲ 延伸阅读

除了常见的市盈率指标外，目前市场上还有一个常用的动态市盈率指标。其计算公式如下：

动态市盈率=股价÷[每股收益×(1+每股收益增长率)×可保持这个增长率的年限]

例如，上市公司目前股价为60元，每股收益为0.60元，去年同期每股收益为0.30元，该企业未来保持该增长速度的时间可持续为3年，则动态市盈率为60÷[0.6×(1+100%)×3]=30.3倍，但其静态市盈率为60元÷0.60元=100倍。由此可以看出，两种市盈率相差很大。

动态市盈率充分考虑了公司的成长性，比常见的市盈率指标更具有参考价值。但是在动态市盈率计算过程中，很难界定一家公司可以保持某个利润增长率的年限。所以，在实际操作时，这种方法只是为投资者提供了一个分析思路。

7.2 宏观经济分析

宏观经济分析是以整个国民经济活动作为考察对象，研究各个有关的总量及其变动，特别是研究国民生产总值和国民收入的变动及其与社会就业、经济周期波动、通货膨胀、经济增长等之间的关系。

7.2.1 宏观经济数据走向

从根本上说，股市的运行与宏观经济运行应当是一致的。证券市场发展的历史和无数成功投资者的经验也表明，实体经济的发展趋势，即国民经济的总体走向和结构变化，影响着整个投资的收益。

2008 年，中国股市震荡加剧，走势缺乏明显的方向感。造成这种局面的原因是多方信心不坚定，对奥运后的政策和宏观经济环境充满着不确定性。从国际方面来说，国际金融危机还在不断加剧，中国的实体经济受到了前所未有的冲击。经济增长放缓、外部需求明显收缩、城镇失业人员增多等众多负面因素让每一个中国人都感受到了“危机”一词的深刻含义。

在一连串负面效应的影响下，2008 年 10 月 28 日，股市创出新低，上证指数以最低 1 664.93 点收盘。针对这一情况，2008 年末，中国政府及时推出刺激经济的“暖冬计划”让国人和世界都看到了中国战胜危机的信念。之后，股市开始了一波强劲的反弹。

如图 7—8 所示，2012 年 10 月至 2015 年 5 月 26 日，上证指数先是横盘整理，随后展开一波强劲上涨。此轮上涨持续时间长、幅度大，在经济政策的支持下，投资者信心大增，股票市场进入一轮长期上涨的牛市。

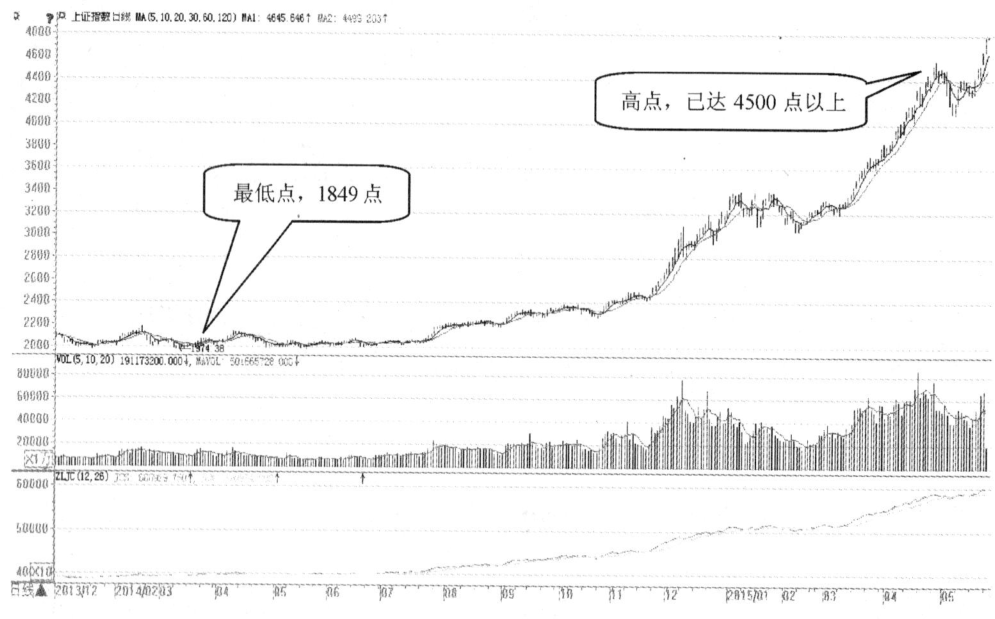

图7—8　上证指数K线图

7.2.2　国家经济政策方向

促进资本市场稳定健康发展是党中央、国务院既定的战略决策，政策导向是影响股市走向的重要原因。股市的暴涨暴跌无疑会对实体经济造成较大的负面影响，当股市投机气氛浓郁而导致估值中枢明显偏高时，就会有针对股市的相关政策利好消息发布。

政策导向无疑是引导股市健康运行的重要保障之一。投资者在分析股市的走势时，一定要将政策的利好利空消息考虑进去。当股市已经经历了大幅度的上涨且个股股价处于明显的高估状态，而此时又有相关的政策利空消息发布，则投资者不宜再追涨买入；反之，当股市已经经历了大幅度的下跌且个股股价已处于明显的低估状态，而此时又有相关的政策利好消息发布，投资者也不宜再盲目杀跌。

7.2.3　经济周期变化

股票市场是经济变化的晴雨表。股票市场的周期变化及运行趋势是由经济的发展情况及产业经济周期的循环所决定的。产业经济周期，也称产业经济波动、商业周期，它是指经济发展过程中“经济活动扩张”与“经济活动收缩”交替出现的循环过程。

一般来说，可以把一个完全的产业经济周期划分为复苏阶段、繁荣阶段、衰退阶段和萧条阶段，如图7—9所示。

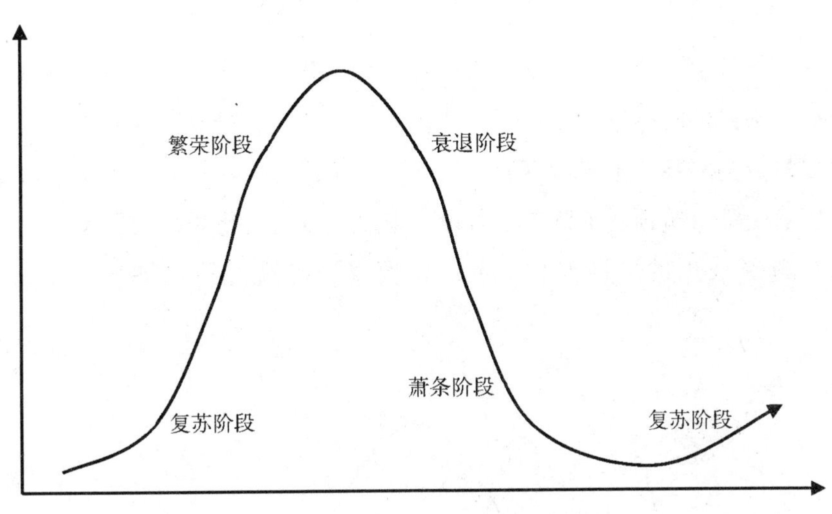

图7—9 经济周期

经济周期中的上升阶段主要对应复苏与繁荣，这一阶段是宏观经济及市场环境较为活跃的一个阶段，这时的市场供应充足，需求旺盛，企业可以获取稳定的利润并可以进一步开阔市场空间，企业供给与市场需求处于一种良性互动的关系中，可以说，这一阶段的外部环境较为理想，它保证了企业可以稳健发展甚至是高速发展。在繁荣时期，新的企业会不断出现。

经济周期的下降阶段主要对应衰退与萧条阶段，这一阶段是宏观经济环境和市场日趋紧缩的阶段，这时的市场需求量明显减少，企业生产出的产品面临着滞销的窘境，企业资金周转不灵，生产意愿下降，难以获取稳定的利润并有可能出现亏损的不利局面，企业供给与市场需求处于一种恶性循环的关系中。可以说这一阶段的外部环境较差，它限制了企业的发展空间，降低了企业发展的积极性，在萧条时期，很多企业由于严重亏损而倒闭。

产业经济周期的运行规律深深地影响并制约着股市的运行规律，经济从上升到下降阶段的周期循环是导致股市出现牛熊交替走势的根本原因，虽然如此，也并不是说两者呈现出一种同步性。股市是一个相对独立的市场，它的走势存在着一定的自身规律，其中，股市最大的特点就在于其具有较强的预期性。因而，投资者常常可以看到股市的起伏往往先于经济周期的起伏，当经济仍在萧条阶段而没有明显的好转迹象时，股市很可能已提前开始上涨，这使得很多投资者不敢介入，而错失了最好的底部买入机会；反之，当经济处于热潮并没有明显的衰退迹象时，股市却已提前见顶回落，这也会使得很多投资者不能及时转变思维进行获利抛售，从而错失了顶部卖出的机会。

股市中有句谚语“选股不如选时”，无论对于主力资金机构来说，还是对于普通投资者来说，在好的时机进行布局、在适当的时机获利出局都是最好的选择。一个经济周期可以划分为复苏、繁荣、衰退、萧条四个阶段，而一轮股市走势也可以相应地划分为筑底、上涨、筑顶、下跌四个阶段，宏观经济的运行规律与股市的运行规律具有一致性，理解股市的周期变化，也一定要结合宏观经济周期变化，如图 7—10 所示。

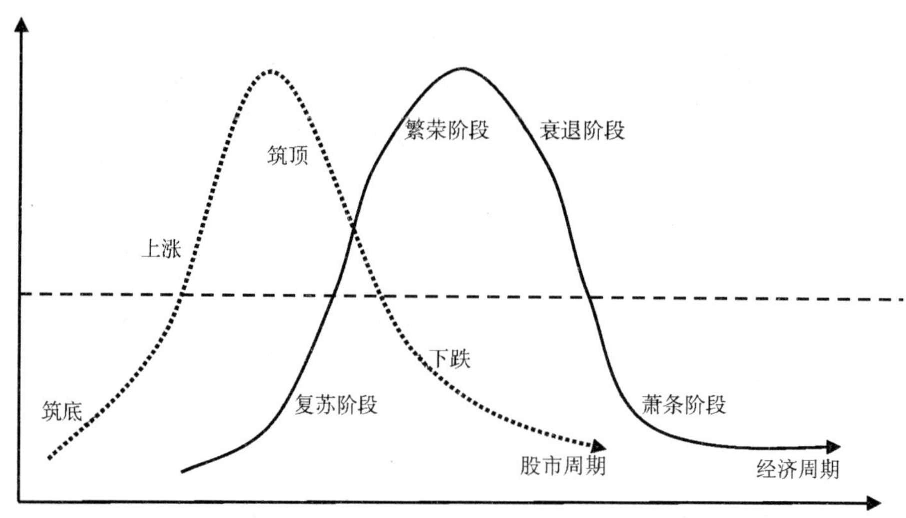

图 7—10　股市周期和经济周期

7.3 上市公司基础分析

基础分析就是指利用上市公司的一些基本情况来分析选择股票。基础分析包括了对公司所属的行业、公司的股东变化、公司的重要公告等较全面的分析。基础分析是选择股票最基础的分析方法，也是进行股票投资最基本的工具。

投资者购买股票其实就是在购买企业的价值，从基本面的角度来说，准确分析企业的价值就要从企业的资产和成长性进行分析。

基本面选股的关键是：买价值，不买价格。在股市中，价格是虚的，它有可能被人为地抬高或者是主力做出来的。只有企业的价值是真实的、理性的。所以，在通过基本面选股的过程中，投资者首先就要抓住企业的价值，认真分析企业的行业前景和经营状况。

7.3.1 公司所处行业分析

行业不同，其与宏观经济走势的关联程度也不同。宏观经济持续向好并不代表所有的行业都持续向好，宏观经济出现下滑也并不代表所有的行业都出现下滑，有的行业“逆势”特征较为明显，有的行业则以“顺势”为主。在考察行业的发展前景时，投资者一定要注意行业的特性，并明确某一行业的发展前景与宏观经济运行规律之间的关系。

有些行业的发展取决于自身，有些行业的发展则取决于宏观经济走势。在理解行业的发展前景与经济走势之间的关系时，投资者可以依据行业与经济走势的相关度来对各种行业进行划分。据此标准，我们可以把各种行业归入三种类型中，即增长型行业、周期型行业、防御型行业。

（1）增长型行业

增长型行业的发展前景主要取决于自身的情况，而与经济活动总水平的周期及振幅无关，这种行业主要靠技术的进步、新产品的推出及更优质的服务来实现行业的扩张及发展，一些电子信息技术、核能、风能等高科技含量的企业隶属这种行业。投资者在购买这一类股票时，应将分析重点更多地集中于企业本身的潜力上，而不必过多地关注当前宏观经济运行情况。也正由于这一行业不随经济周期而起伏，投资者在把握买点与卖点时缺少必要的参考标准，因而操作的难度也会更大一些。

（2）周期型行业

周期型行业是指那些发展趋势直接与经济周期相关的行业。周期型行业的发展前景与经济的扩张性密切相关。一般来说，当国内生产总值呈现稳步增长时，宏观经济处于快速扩张阶段，大众消费能力提高，对这些行业相关产品的购买力也会增强，企业市场空间变大，从而保证企业的持续成长；反之，当国内生产总值出现连续下滑时，宏观经济处于连续收缩阶段，大众消费能力降低，对这些行业相关产品的购买力也会减弱，企业市场空间缩减，盈利能力也会出现下降。例如，钢铁、有色金属、工程机械、机床、重型卡车、装备制造等资本集约型行业，水泥等建筑材料行业，消费品业，耐用品制造业及其他需求弹性较高的行业，就属于典型的周期型行业。投资者在购买这一类上市公司的股票时，既要分析上市公司的自身经营情况，也要关注宏观经济运行情况。

实战经验

宏观经济处于周期运行的不同阶段对某一行业的影响程度不同。

当经济处于复苏阶段时，由于经济发展的重心往往是基础建设，此时建筑施工、水泥、石化等基础行业获益最为明显。

随着经济的持续走好，机械设备、周期型电子产品等资本密集型行业则会后来者居上。

当经济最景气时，市场上的主角往往会被一些非生活必需品的高档奢侈类消费品代替。这时的汽车行业、黄金、食品行业、高档服装、旅游等行业会异军突起。

（3）防御型行业

防御型行业是指那些受经济周期运行影响不大的行业。这些行业的产品需求相对稳定，能提供稳定回报。其走势明显与宏观经济的起落相关度不大。

投资者在投资这类股票时应注意到它的涨跌幅度往往要明显小于其他个股。当经济处于复苏或高速扩张阶段时，投资防御型行业无疑是不明智的，因为其他周期型行业个股的发展前景都要远远大于防御型行业的上市公司。但是在经济不景气时投资防御型行业则比较理想，此时投资者可以获取稳定的分红回报，也不必担心经济的不景气造成企业盈利能力的大幅下降，从而造成股价暴跌走势的出现。

投资者在投资防御型行业时还应注意国家所处的经济发展阶段。同一行业在发达国家是防御型行业，但在发展中国家则很可能是高速成长中的周期型行业，对于当前国内的形势来说，防御型行业主要有水、电、煤气等公用事业，交通运输业，银行业等。

7.3.2 公司股东变化分析

股东的变化在一般情况下意味着公司经营范围和经营方式的改变，特别是在中国现有的市场条件下，股东的变化更是常常成为市场炒作的导火索。

投资者可以通过上市公司的年报、中报、配股或增发后的股份变动公告来了解前十名股东的持股情况。一般来说，前十大股东所占的流通股比率呈显著增加趋势，说明筹码在迅速集中，演变成强庄股的可能性就很大，将来这类股票涨幅就比较可观。

7.3.3 公司重要公告分析

重大事件是指“可能对上市公司股票的市场价格产生较大影响，而投资人尚未得知的”事件。发生此类重大事件时，上市公司应当立即将有关该重大事件的报告提交证券交易所和证监会，并向社会公布，说明事件的实质。上市公司需要公告的“重大事件”包括但不限于表7—1中所列内容。

表7—1 部分重大事件

部分重大事件
1. 公司订立重要合同，而该合同可能对公司的资产、负债、权益和经营成果中的一项或者多项产生显著影响
2. 公司的经营政策或者经营项目发生重大变化
3. 公司发生了重大投资行为或者购置金额较大的长期资产的行为
4. 公司发生重大债务
5. 公司未能归还到期重大债务的违约情况
6. 公司发生重大经营性或者非经营性亏损
7. 公司资产遭受重大损失
8. 公司生产经营环境发生重大变化
9. 新颁布的法律、法规、规章等，可能对公司的经营有显著影响
10. 董事长、30%以上的董事或者总经理发生变动

续表

11. 持有公司 5%以上的发行在外的普通股的股东，其持有该种股票的增减变化达到该种股票发行在外总额的 2%以上的事实
12. 涉及公司的重大诉讼事项
13. 公司进入清算、破产状态
14. 公司章程变更、注册资金和注册地址变更
15. 发生大额银行退票
16. 公司更换为其审计的会计师事务所
17. 公司公开发行的债券或者已发行债券的数额变更或增减
18. 公司增资发行股票，或者其可转换公司债券依规定转为股份
19. 公司营业用主要资产的抵押、出售或者报废一次超过其资产的 30%
20. 发起人或者董事的行为可能依法负有重大损害赔偿责任
21. 股东大会或监事会议的决定被法院依法撤销
22. 法院做出裁定禁止对公司有控股权的大股东转让其股份
23. 公司发生合并或者分立事件

7.4　上市公司财务分析

公司财务分析主要内容包括盈利能力分析、成长性分析、公司运营效率分析和公司债务风险分析。

7.4.1　公司盈利能力分析

盈利能力分析也就是对公司收益进行分析。一个公司当前投入的资本如何运用，获利状况如何，是衡量公司有无活力、经济效益优劣的标志，也是投资者选股票的主要依据。因为决定股息多少及股价走势的根本因素就是公司利润率的高低和利润额的大小。作为投资者，当然应该选择利润丰厚、投资回报率高的公司进行投资。而那些利润率低甚至亏损或者投资利润率不断下降的公司的股票则成为市场抛售的对象。

如图7—11所示，2012年末，通策医疗的营业收入增长率为19%，而在2014年

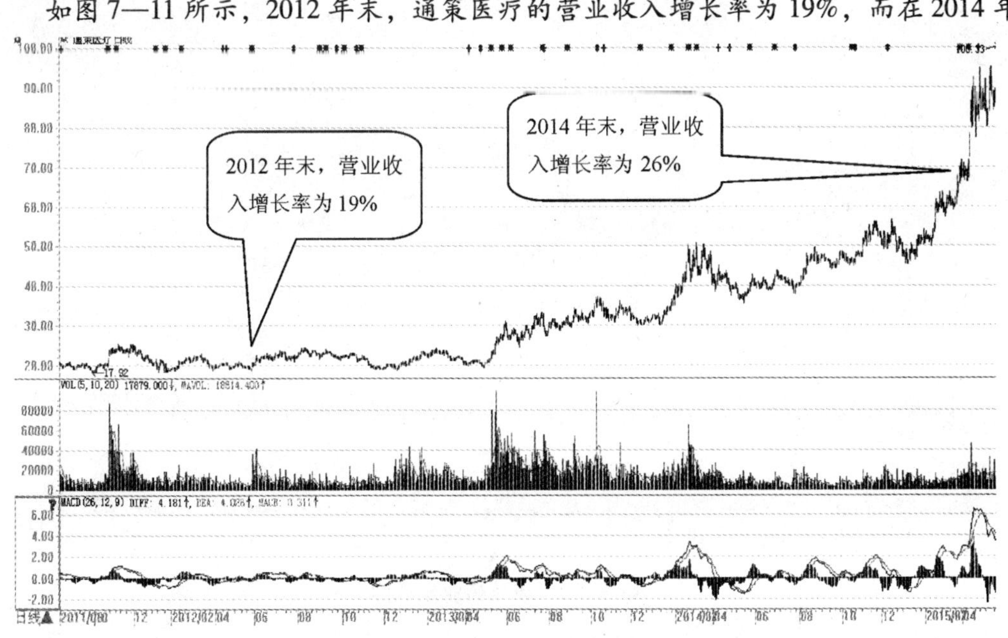

图7—11　通策医疗走势图

末，投资者可以很清楚地看到其营业收入增长率已经达到 26%，这样的涨幅很大。由此可以看出，该公司的盈利会越来越好。从其 K 线上，投资者可以看到其表现较强势。因此，在选股时，投资者应对公司盈利能力做出基础性分析。

7.4.2 公司成长性分析

成长性分析也就是对公司扩展经营能力的分析。投资是现在投入一笔资金以求将来收回更多的资金。因此，投资者就不能只看到公司的当前效益或者短期效益，而应注重公司未来的发展前景和发展能力。一个公司当前盈利虽低，或者因大部分盈利转化为投资而目前分红派息少，但成长速度快、潜力大，则该公司股价升值速度也会很快，就值得投资；相反，有些公司当前盈利虽多，但分光吃完，不搞什么积累和扩大再生产，其股价上升必受不利影响。

如图 7—12 所示，2012 年 1 月至 2015 年 5 月，康美药业虽然经历了一波三折的走势，股价在 2013 年末开始出现持续回调，但其收益稳步增长。其间其摊薄每股收益依次为 0.46 元、0.65 元、0.63 元、1.04 元。如此而言，该公司就是成长性很好的公司，投资者可以考虑在股价处于低位时买入持有。

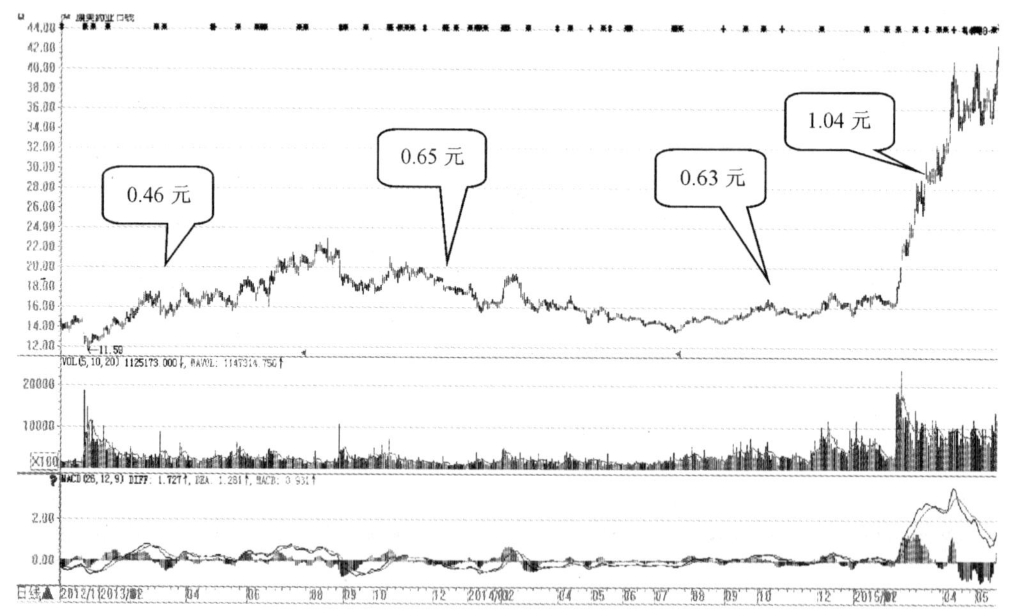

图 7—12　康美药业走势图

7.4.3 公司运营效率分析

运营效率分析也就是对公司的周转性比率指标进行分析。一个公司经营效率的高低可通过分析财务报表中各项资金和资产周转速度的快慢而反映出来。如果资金周转速度快，说明资金利用效率高，公司经营活动顺畅、结构协调、管理得法，购买该公司股票将有利可图；反之，则说明公司营运效率低、缺乏活力。常用的周转率有以下四种：

（1）应收账款周转率

应收账款周转率是指销售收入与应收账款之间的比率。

应收账款是指未取得现金的销售收入。用销售收入与应收账款相比较，就可以测知公司的应收账款余额是否合理，以及收款的效率高低。应收账款的周转率越高，每周转一次所需要天数越短，表明公司收账越快；反之，周转率太低，表明公司应收账款的变现过于缓慢以及应收账款的管理缺乏效率。

在具体比较时，则应结合行业特点具体分析判断。如果某公司应收账款周转率高于行业平均水平，说明该公司销售管理较有效率。

（2）存货周转率

存货周转率是指销售成本与商品存货之间的比率。其周转率越高，说明存货周转速度越快，公司控制存货的能力越强，营运资金投在存货上的金额越小；反之，存货周转率太低，则表明公司存货太多，不仅使资金滞压，影响资产的流动性，还会增加仓储费用甚至使一些产品损耗或过时。

（3）固定资产周转率

该比率指销售收入与固定资产之间的比率。它表示固定资产周转次数。投资者可以用这一比率来检测公司固定资产的利用效率。固定资产的周转率越高，表明固定资产周转速度越快，固定资产的闲置越少；反之，则表明固定资产闲置严重，效率未能得到充分发挥。

（4）资产周转率

资产周转率是指销售收入与资产总额之间的比率。它是用以衡量公司总资产是否得到充分利用的指标。

实战经验

在财务分析中，比率分析用途最广，但也有局限性。其局限性在于：比率分析属于静态分析，对于预测未来并非绝对合理可靠。比率分析所使用的数据为账面价值，难以反映物价水准的影响。所以，投资者在运用比率分析时，一是要注意将各种比率有机联系起来进行全面分析，不可单独地看某种或各种比率，否则便难以准确地判断公司整体情况；二是要注意审查公司的性质和实际情况，而不光是找艳丽的财务报表；三是要注意结合差额分析，这样才能对公司的历史、现状和将来有一个详尽的分析、了解，达到财务分析的目的。

7.4.4 公司债务风险分析

债务风险分析也就是对公司偿债能力的分析。投资者在追求高收益的同时，应注意防范风险，以确保投资的安全。在某一时点上，公司的获利能力与偿债能力并不完全成正比。有的公司当前盈利不错，但资金结构不合理，偿债能力差，这样的公司就潜藏着极大的风险。当公司因资不抵债宣告破产之日，也就是投资者血本无归之时。因此，投资者应加强对公司流动性状况及资本结构的分析，如出现偿债能力下降因素，投资者应及时做出决策以转移风险。

资本周转率指标可以反映公司清偿长期债务的能力，是投资者衡量上市公司债务风险的常用指标。该指标通过计算销售收入与股东权益的比率，表示可变现的流动资产与长期负债的比例。资本周转率越高，表明资本周转率速度越快，运用效率越高；资本周转率越低，则表明公司的资本运用率越低。其计算公式如下：

资本周转率=销售收入÷股东权益平均余额

第 8 章

主力动向分析

股票市场中，主力是买卖行为明确，持有大量资金，可以掌控大量二级市场筹码，具有优越的信息渠道，掌控价格运行趋势的操纵者。基于主力在股市中的这种重要作用，散户投资者解析主力行为、分析主力意图就成为一种重要获利手段。

8.1 如何看清主力动向

主力一旦准备杀入一只股票，在 K 线图上总会留下痕迹，这个痕迹就是：成交量开始出现明显放大，并且是呈不规则状。

首先，成交量的变化必须是在底部或者是相对底部，要是在高位出现成交量的放大，反而说明主力要撤退了。量达到多少才能说明是放大了？这一点很关键，主要取决这只股票流通盘子的大小。一般一亿股以下的，当日成交量多次出现 5 万手或者 10 万手以上成交量时（这个量是相对变化的，没有确切的标准），说明大部队已经悄悄开始进入了；对于 2 亿左右的流通盘子，日成交量多次出现 10 万手或者 15 万手以上成交量时，说明主力资金进入的可能性较大。流通盘越大，所需日成交量必须越大。

其次，这个成交量和以前成交量比较，确实明显放大了。这说明主力资金在里面运作，但是如果只有一天或者几天出现主力的影子，从此以后又消失了，则说明这是“小部队”。

最后，若股票在相对高位出现成交量的放大，而且持续时间很长，股价就是迟迟不动，这时投资者就需要特别小心了，很可能是主力在反复对倒，吸引大家的注意力，主力随时可能派发，这种情况的出现，一般是这只股票的基本面出现恶化，主力想逃脱了。

➲ 实战经验

主力不管怎么狡猾，成交量是无法隐蔽的，透过成交量的变化，再加上投资者对大势的正确判断，主力的意图也就可以看得清清楚楚、明明白白了。这是需要功底的，需要多年的股票市场经验，投资者才能真正明白成交量所表达出的真实内容。

8.1.1 市场上有哪些主力

市场中的主力类型多种多样，通常而言，可以把主力分为以下几类：基金、券商、企业、机构、QFII、私募等。主力类型不同，在股市中的行为往往也截然不同。

（1）公募基金

公募基金是受政府主管部门监管，向不特定投资者公开发行受益凭证的证券投资基金。公募基金在股市中的操作行为多是基于投资者的申购与赎回展开的，当基民申购多时加大持股力度；反之，则进行减仓以应付基民的赎回。买入公募基金的好处在于可以享受市场整体的回报，避免个股业绩的不确定性所带来的风险。

公募基金往往较为崇尚绩优蓝筹股，这些个股业绩优良且股本规模巨大，可以容纳更多的资金进出，一只大盘股往往会吸引多家公募基金介入，像招商银行、宝钢股份、中国水电等各行各业的权重绩优股，往往都是基金的标配品种。但这些个股的涨势也多是跟随大势。因而，我们可以看到公募基金的业绩多是与大盘走势不相上下的，很少有大幅超过市场平均值或是大幅低于市场平均值的业绩表现。当市场的上升行情或下跌行情走势较为迅速时，由于基民的申购力度加大或是赎回力度加大，基金往往会加速建仓或大幅减仓，从而对原有趋势起到了推波助澜的作用。

如图 8—1 所示为中国平安（601318）2008 年 12 月 5 日至 2011 年 11 月 9 日的走

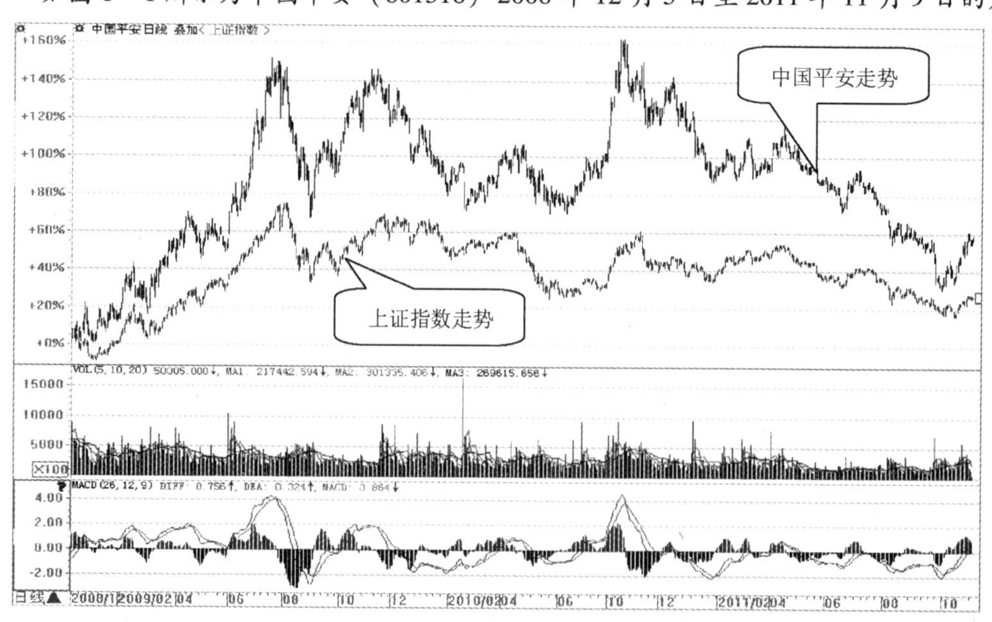

图 8—1 中国平安走势图

势图。图中叠加了同期的上证指数走势图。从图中走势可以看出，中国平安作为一只大盘蓝筹股和一只众多基金扎堆入住的个股，它的总体走势与大盘走势基本相似，基金在大牛市行情中涨幅超过同期市场平均值，在大熊市行情中跌幅超过市场平均值，这也是基金重仓股走势的典型特点。

（2）券商

券商就是我们常说的证券公司。券商除了代理买卖股票并从中收取佣金外，往往还是一些理财产品的发起人和管理人，他可以集合客户的资产并按照集合理财计划进行投资管理。券商在股市中的行为特点和基金基本相似，多是会选择一些绩优蓝筹股，持股方式多是跟随大势做多做空。

（3）民间游资

在股市中，常常可以看到短期内飙升的黑马股，这些个股往往以连续涨停板的形式出现在投资者面前，一般来说，这些个股要么是与国内的重大事件相关，要么是与政策扶持相关，要么是有预期的重大利好消息公布。可以说这些个股是优质的炒作题材。

如果投资者查看这些暴涨题材股的前十大流通股东，很难在其中发现公募基金或是券商的身影。然而，有主力资金推动此股大幅上涨却是不容置疑的事实。这股资金规模巨大且出入速度较快，对于这类资金，我们可以将其称为民间游资。

民间游资是市场热点的制造者，他们把股市中短期财富暴增的神话演绎得淋漓尽致。与公募基金、券商等长期持有权重绩优股的操作方式不同，民间游资更喜欢追逐市场热点。他们炒作的个股更多的是小盘题材股。他们在操作上往往倾向于快进快出的短线操作，以求短期内的高额回报，同时他们也会适当地注意最新上市定位合理的新股和一些其他题材股，分析民间游资炒作方式及股价走势特点是衡量投资者短线功力的一项重要内容。

如表8—1和表8—2所示，作为民间游资的“华泰证券股份有限公司无锡解放西路证券营业部”“国泰君安证券股份有限公司深圳益田路证券营业部”“国联证券股份有限公司杭州中山北路证券营业部”和“齐鲁证券有限公司东营永安路证券营业部”在2011年9月7日刚刚大举买入了雅本化学（300261）股票，接着在9月8日就马上卖出。这明显体现出了民间游资炒作短线强势股的手法。

如图8—2所示，9月7日是雅本化学上市后的第二个交易日。上述四家民间游资在这个交易日大量买入股票，并最终将股价推升至涨停板。这些民间游资的炒作正是利用了新股上市的题材。随后一个交易日，投资者的热情被充分调动起来，股价高开高走。此时这些民间游资开始大量卖出股票。

表8—1　　雅本化学成交回报（2011年9月7日）

公告日期　2011-09-07		雅本化学(300261)	
买/卖	会员营业部名称	买入金额(元)	卖出金额(元)
买1	华泰证券股份有限公司无锡解放西路证券营业部	12 741 222	211 554
买2	机构专用	8 557 716	0
买3	国泰君安证券股份有限公司深圳益田路证券营业部	5 794 747	0
买4	国联证券股份有限公司杭州中山北路证券营业部	4 621 026	552 304
买5	齐鲁证券有限公司东营永安路证券营业部	4 424 856	29 370
卖1	招商证券股份有限公司北京西直门北大街营业部	1 376 984	4 628 993
卖2	中信万通证券有限公司临沂沂蒙路证券营业部	39 458	3 242 684
卖3	东海证券有限责任公司洛阳周山路证券营业部	106 344	3 154 191
卖4	海通证券股份有限公司嵊州官河路证券营业部	29 540	3 073 683
卖5	国信证券股份有限公司北京平安大街证券营业部	1 312 572	3 027 846

表8—2　　雅本化学成交回报（2011年9月8日）

公告日期　2011-09-08		雅本化学(300261)	
买/卖	会员营业部名称	买入金额(元)	卖出金额(元)
买1	中国银河证券股份有限公司天津民族路证券营业部	3 904 000	2 754 483
买2	上海证券有限责任公司温州谢池商城证券营业部	3 518 702	805 887
买3	招商证券股份有限公司北京新街口外大街证券营业部	3 504 253	182 380
买4	国信证券股份有限公司上海北京东路证券营业部	3 495 642	624 710
买5	国泰君安证券股份有限公司上海福山路证券营业部	3 411 450	16 000
卖1	华泰证券股份有限公司无锡解放西路证券营业部	511 989	7 247 061
卖2	国泰君安证券股份有限公司深圳益田路证券营业部	19 287	6 706 383
卖3	国联证券股份有限公司杭州中山北路证券营业部	0	4 749 838
卖4	齐鲁证券有限公司东营永安路证券营业部	0	4 598 522
卖5	中国建银投资证券有限责任公司上海法华镇路证券营业部	0	4 118 539

（4）QFII

QFII全称为“合格境外机构投资者”。合格境外机构投资者在一定规定和限制下可以进入国内股市进行买卖操作。他们通过汇入一定额度外汇资金，并将其转换为当

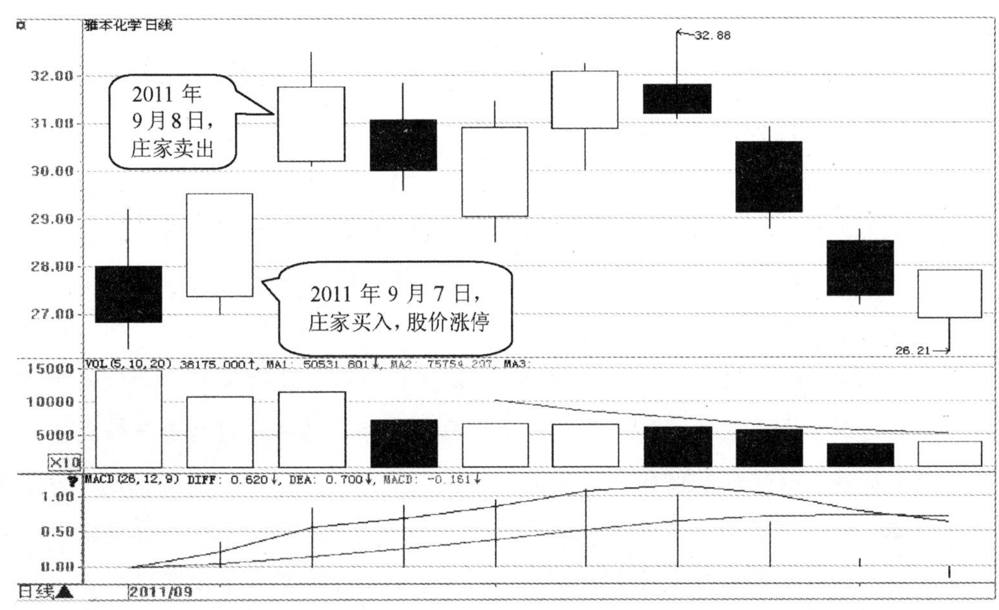

图 8—2 雅本化学日 K 线

地货币，随后即可通过专用账户投资当地证券市场。QFII 多是真正的价值投资者，他们进入中国股市的意图并非短炒。有他们介入的个股往往会由于基本面的持续向好、业绩持续增长，从而带动股价的上涨，其走势在业绩的支撑下往往也呈现出相对的独立性。

一般来说，若 QFII 进入或退出一只个股，投资者更应该关注的是这只个股的基本面情况。例如，此股是否低估？是否为行业龙头个股？这一行业的发展前景是否喜人？这些问题都是投资者要考虑的，对于应用基本面进行分析的价值投资者来说，QFII 进出一只个股无疑是极具参考价值的，因为 QFII 资金庞大，他们在进入或退出一只个股时必定要进行更为详细的分析。

8.1.2 主力的操作思路

主力往往根据自己的实际情况来选择合适的操作手法，一般有以下几种：

第一种是手中拥有巨额控盘资金。主力将控盘资金分为两大部分，一部分用于建仓，另一部分则是控制股价或拉升股价。这两部分资金是成反比的。建仓资金多，由于此时市场浮筹的减少，则主力只需要少量资金就可以控制二级市场股价走势。建仓资金少，由于此时二级市场中存在着大量的浮筹，因而就需要更多的控盘资金来控制股价的走势。

第二种是具备领先市场一步的消息渠道。主力是市场重要消息的引领者。凭借着在消息方面的强大优势，主力会提前布局。很多个股在重大利好消息公布前，都会出现强势上涨的形态，而且多会在停牌前的最后一个交易日内收于涨停板，其幕后推手正是主力。主力往往可以提前获知重要消息，提前运作，这就是我们常说的“先知先觉”。随着利好消息的发布，主力或选择借利好出货，或选择继续将股价往上拉，从而使自己处于一个极为主动的地位上。

如图8—3所示，2012年4月，天威视讯公告称，拟通过向深圳广电集团等特定对象发行股份的方式，购买深圳市天宝广播公司和天隆广播公司网络资产和业务。

时任深圳市委宣传部副巡视员倪鹤琴、天宝广播公司总经理冯方明等多人作为重大资产重组工作的主要协调人和参与人，因职务原因提前获知信息并利用配偶、亲属、司机等人证券账户大量买入。除此之外，部分企业管理层和员工通过领导班子考评、职工座谈会等渠道获知消息并对外泄露，导致内幕消息大面积扩散。

2012年12月，倪鹤琴等15人因涉嫌内幕交易被移送司法机关。2014年1月，证监会对许军等十余人涉嫌内幕交易、泄露内幕信息行为做出行政处罚。

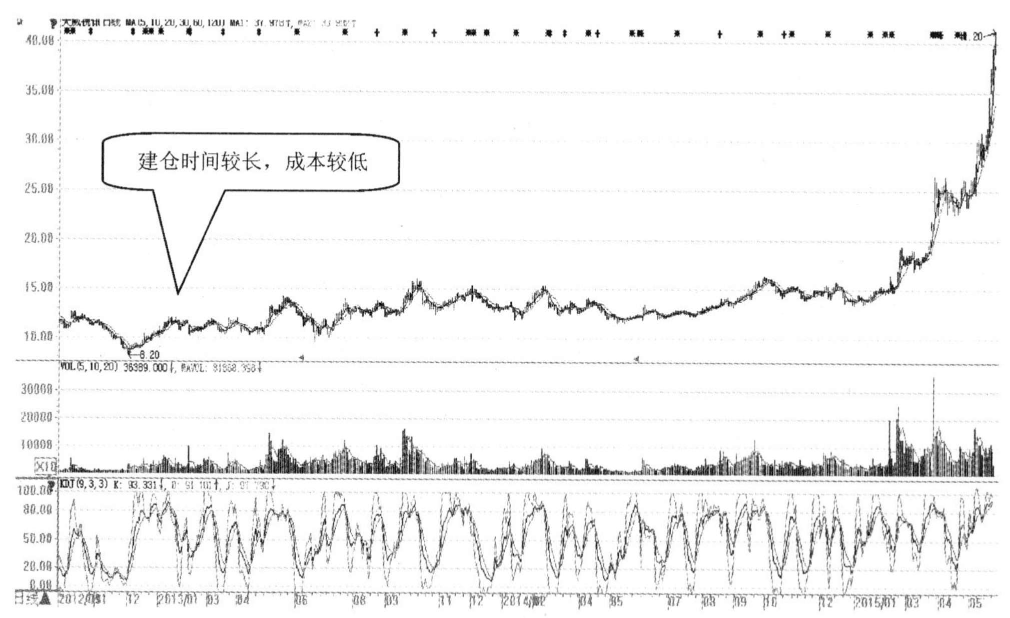

图8—3　天威视讯日K线

第三种是主力反向操作散户投资者的炒股思维及操作方式。恐慌和贪婪是大多数散户投资者炒股共有的心态。基于这一心态，散户投资者在买卖股票时，往往并不是基于理性的判断，而是基于情绪的波动。例如，在股价的低位区，主力经常会利用大盘的跌势顺势打压，通过挂出大压单、进行虚拟的买卖申报等形式制造恐慌的效果，以此达到让更多散户在恐惧中交出自己手中筹码的目的。虽然此时的股价已明显降低，但由于投资者看到股价仍在下跌，而且大卖盘不断、委卖盘的压单也极多，因此往往会出现恐慌的心态，认为股价仍在漫漫的跌途之中。与此类似的是在高位区的“诱多”，主力通过挂出大买单制造放量上涨、价格强势的假象，从而为自己的高位出货制造市场人气。

8.1.3 怎样跟随主力操作

跟随主力操作进行买卖股票是散户投资者增加胜算的有效方法。不管有没有可靠的数据分析软件，主力资金运作因其自身特点而必然存在的规律不会消失。把握几点主要规律，好好分析个股基本面和技术面，以及对盘面细致地观察，基本就可以坐等主力抬轿，安然在高位套现。

主力往往在低位建仓，在高位出货。除非有基本面的重大突变，主力一轮完整的操作必然会遵循这个规律。把握好这一点，投资就成功了一半。投资者剩下的问题在于如何判断低位区间和高位区间？一个可行的方法是：同前一个日线或周线波浪高点和波浪低点进行比对，并根据当期波浪线的趋势进行判断。对于散户投资者，如果能够优先于主力对基本面和趋势以及节奏进行准确判断，可以在低位先行介入或在高位先行卖出；如果不能，则不要奢望在比机构还低的最低点建仓，在比机构还高的最高点出货。而可以进行“右向操作”，即确定主力开始动作后迅速跟进。那么，如何判断主力开始行动了呢？

主力行动时肯定要有量和操作周期。主力资金量大，其必然伴随量的痕迹。所以，散户应以一定周期的成交量状况，判断是否存在主力开始建仓或出货的可能。而量的明显程度跟主力的操作周期长短负相关。这个判断周期如何确定呢？

一个完整的主力操作周期至少会包括建仓阶段、拉升阶段、洗盘阶段、出货阶段或反复的过程。一轮上升通道之后，顶部造成趋势线偏离的放量滞涨或收阴一般是一轮下降通道的开始；反之亦然。当然，基本面的重大突变会颠覆主力战略方向和动作速度。但常规意义上，散户可以利用这方面的规律辨别并利用一浪行情获利。

如图8—4所示，2011年1月至9月，上海电力（600021）走势图显示，主力机构经过建仓、拉升、洗盘后将股价拉升至高位，徘徊短暂的时间后，主力进入出货阶段。

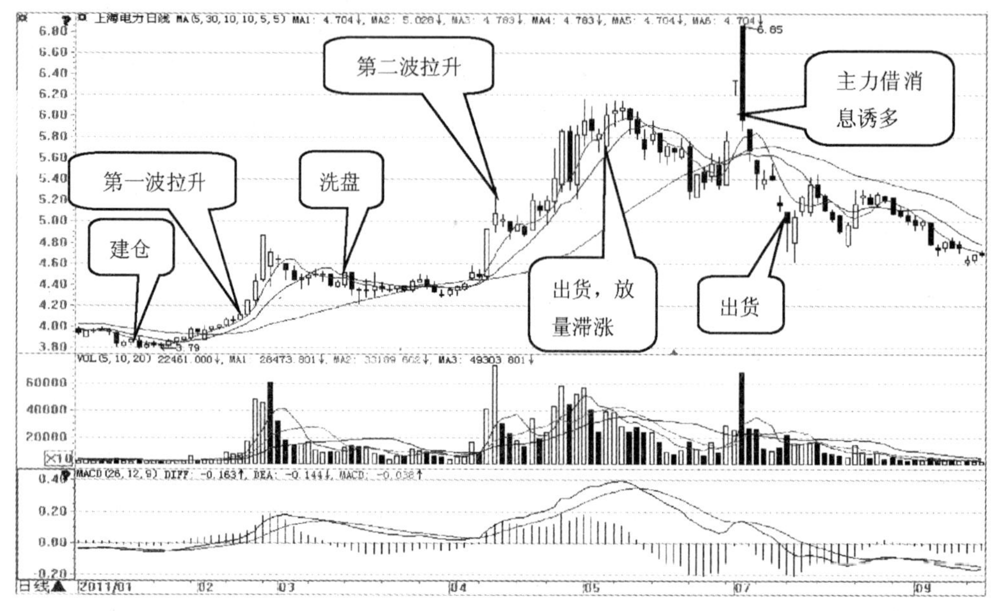

图 8—4　上海电力日 K 线

➲ 实战经验

主力船大，但难以调头，主力要有利润兑现的空间，其从开始建仓到逐步出货要有一个比散户复杂得多的过程。而且，总体上，其建仓期的成本会逐渐加大，出货期的套现价格会逐步降低。因此，主力从开始建仓到开始出货，没有 30%的上涨空间，很难完成一轮圆满的操作周期。对部分 T+0 或 T+1 操作的超短波游资，散户大可不必抢食。明白这个道理，散户在对战略区间、主力动作进行判断后，就可以把握大致的进场和离场位置。

8.2 识别主力建仓手法

当主力确定了建仓目标股并选择了好的建仓时机后，余下的操作就是在二级市场中将其买入，不同的主力往往有截然不同的建仓手法，它们会根据自身的资金实力、打算控盘时间的长短、市场持仓情况等因素来决定使用何种手法进行吸筹。短线主力为了制造市场人气，提高资金利用效率，往往会采用急拉暴涨式的火箭式建仓手法；而中长线主力则多会为了降低持仓成本，采用相对较为缓和的打压吸筹建仓策略。

8.2.1 主力打压建仓

打压建仓是中长线主力建仓的主要手法，是指主力通过制造一种此股上涨无力或阶段性顶部出现的盘面形态，从而让投资者产生错觉，使得本已处于获利状态的投资者在担心获利过小时的心态下匆忙抛出手中个股，而主力则可借机加仓，以进一步加大控盘力度，为后期拉升打下基础。

如图8—5所示，2011年3月1日至4月11日，TCL集团（000100）出现了主力

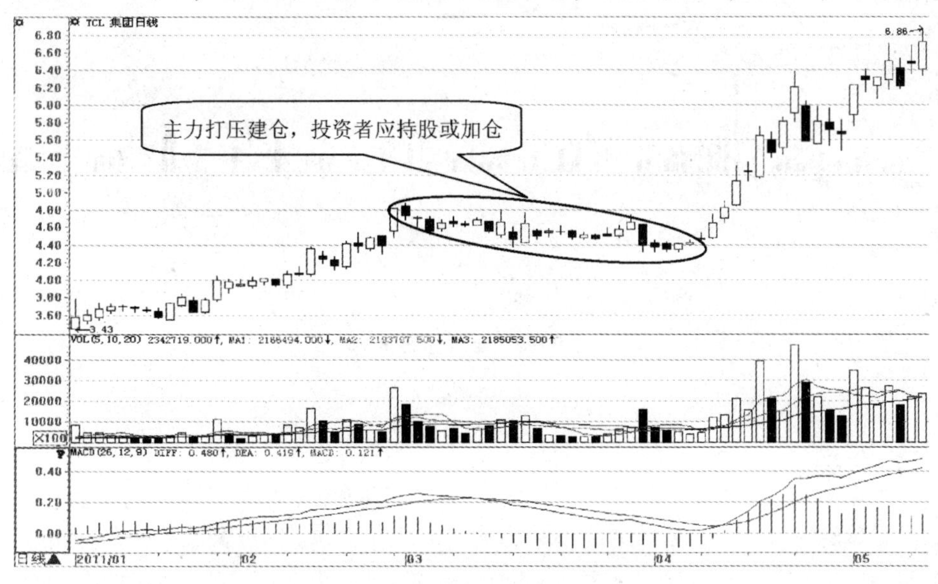

图8—5 TCL集团日K线

打压建仓的走势。在此期间虽然市场的获利筹码较多，但是主力在步步为营的策略下，逐步打压股价，分批吸筹。经过一个多月的打压建仓过程，主力终于在4月12日拉升股价，使股票走出一波快速上涨行情。

8.2.2 主力拉升建仓

拉升建仓是短线主力建仓的主要手法。是指主力选择股性活跃、股本规模相对较小的小盘题材股，通过追逐市场热点、采用急拉暴涨式的火箭式拉升手法凝聚市场人气，从而达到边拉升边建仓的吸筹方法。

如图8—6所示，2014年11月至12月，金飞达（002239）出现了主力拉升走势。此股在长期停盘之后借助概念题材受到主力的大肆炒作。股价在短期内以连续涨停板的方式实现了巨幅上涨。这正是主力对于题材股的典型拉升方式，通过快速拉升完成建仓。

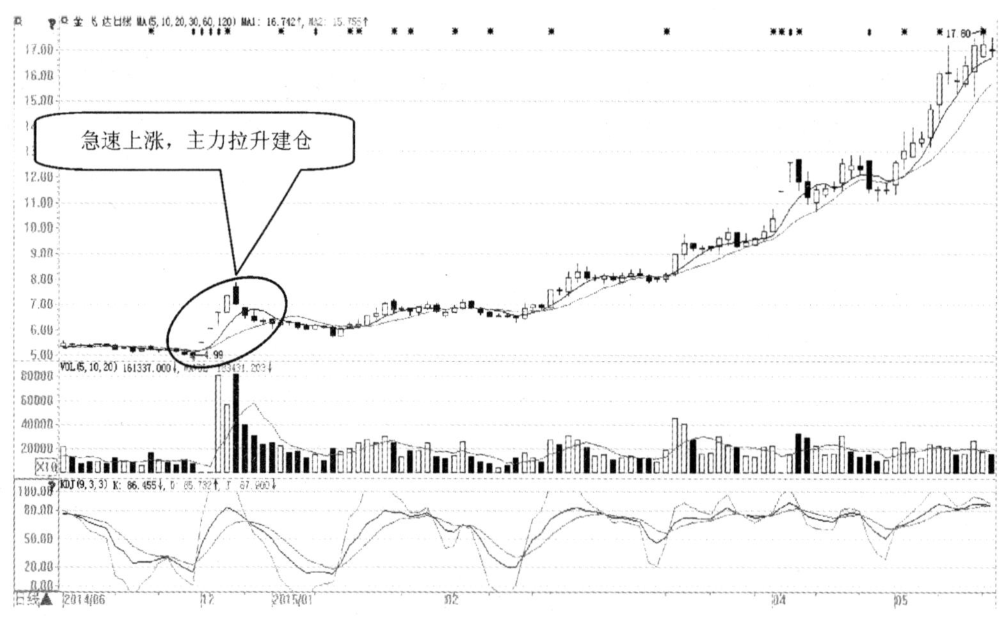

图8—6 金飞达日K线

8.3 识别主力拉升手法

有的个股虽然上涨的步调较为缓慢，但其升势维持的时间却极长；而有的个股升势持续时间极短，仅是在短短数日内通过连续涨停板的方式实现了短期的大幅上涨；还有的个股在上升过程中配合大盘的走势出现了较为自然的一浪一浪的向上推进。这些上涨方式与主力的拉升手法密不可分。不同的主力有不同的拉升方法，中长线主力与短线主力往往使用截然不同的拉升方法。

8.3.1 主力快速拉升

短线主力挂单对敲拉高，每天摆出目空一切的架势，快速拉高价格，制造短线盈利的效应，吸引更多投资者的关注，聚集人气，让投资者之间进行筹码和资金的对流。在这个过程当中，主力的主要任务是用自身资金和筹码对流，让筹码在股价上涨中升值，而短线客的频繁买卖可以省去主力资金的消耗并解除上涨时获利盘的压力。

如图8—7所示，2011年10月下旬，因中超联赛贱卖其广告资源给雷曼光电

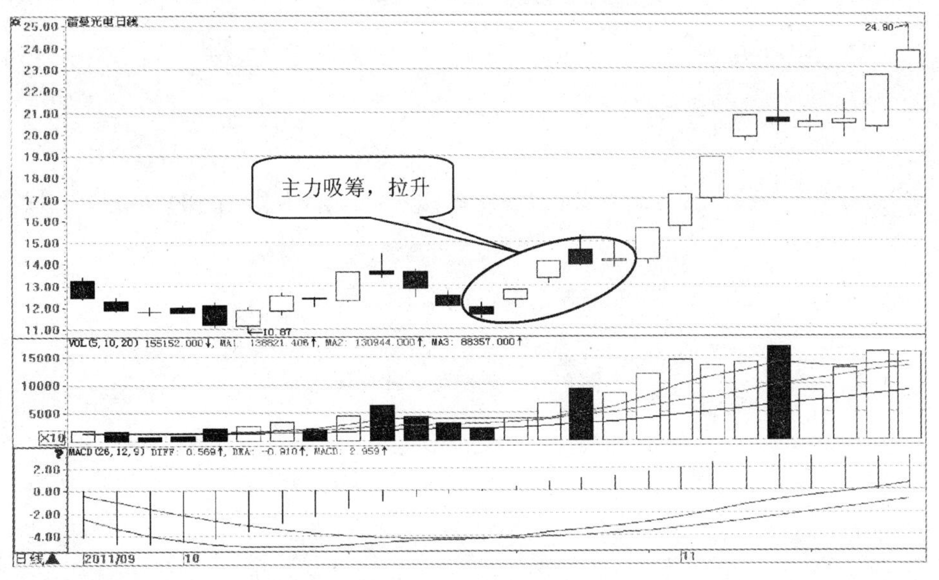

图8—7　雷曼光电日K线

（300162）公司后，该股即得到广大投资者的关注。此时，短线主力先一步买入该股相当多的筹码后，更是借机快速拉升。该股成为当时盛极一时的明星股。短短 13 个交易日，涨幅已达 110%。

8.3.2 主力缓慢拉升

中长线主力控盘时间长、拉升时间反而是相对缓慢的，虽然阶段性涨势并不凌厉，但是如果从中长期的角度来看，其累计升幅往往十分惊人。上升趋势一般呈现出台阶式上涨。

如图 8—8 所示，2014 年 6 月开始，天奇股份（002009）在主力慢慢建仓完毕后，开始逐步拉升。其整个走势呈现出主力步步为营、稳扎稳打的拉升手法。该股在这短短的一年中，涨幅约为 230%。在主力缓慢拉升的整个过程中，无论是长线投资者还是短线投资者，其大多数都是获利的。因此，当投资者看到主力在缓慢拉升时，可以买入股票，跟风操作。

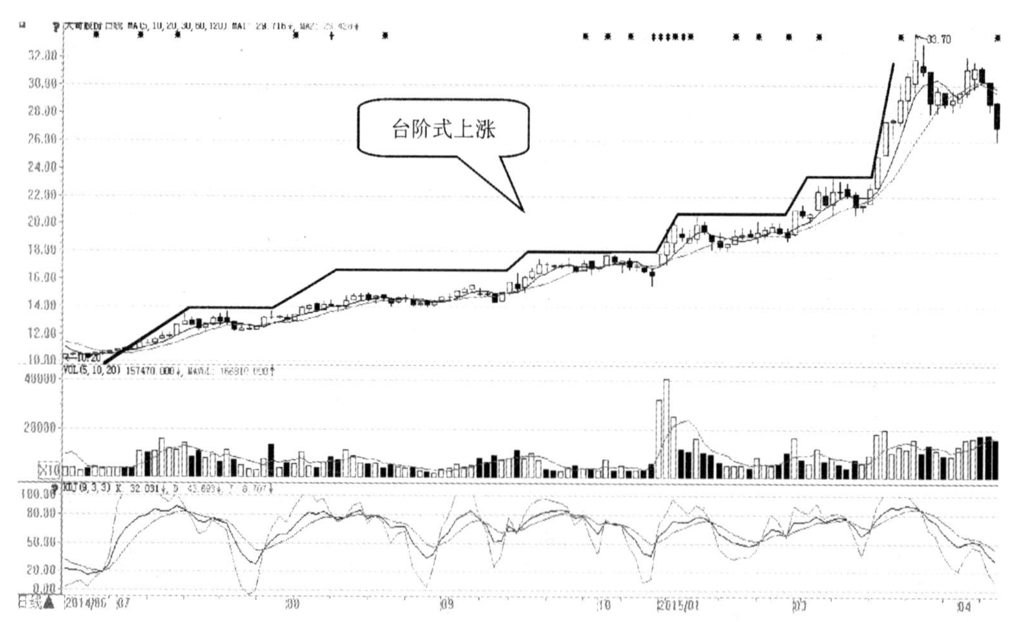

图 8—8　天奇股份日 K 线

8.3.3 主力边拉升边洗盘

部分主力由于资金不充足或筹码不够多，其拉升的同时往往有很多浮筹阻碍其上涨。因此，这些主力会采取边拉升边洗盘的拉升手法。当主力拉升股价上涨一波后会随机打压股价，让投资者感到这就是顶部了，纷纷卖出股票。此时，看多的投资者买入股票，同时主力也控制着短期局势，加仓买入。当主力在此次拉升产生的浮筹快洗的差不多时，再次展开拉升推动股价上涨，如此反复。直到主力买入足够的筹码或者多数看好后市的投资者的成本达到平均水平。最后，主力的筹码很多时，再放量拉升股价上涨，届时主力将获利丰厚。

如图8—9所示，2013年4月至2014年4月，山水文化（600234）经过两次边拉升边洗盘后，将获利筹码统统洗掉，在2014年4月末，主力已经拥有足够多的筹码，再次发力上攻，股价短期快速上涨。

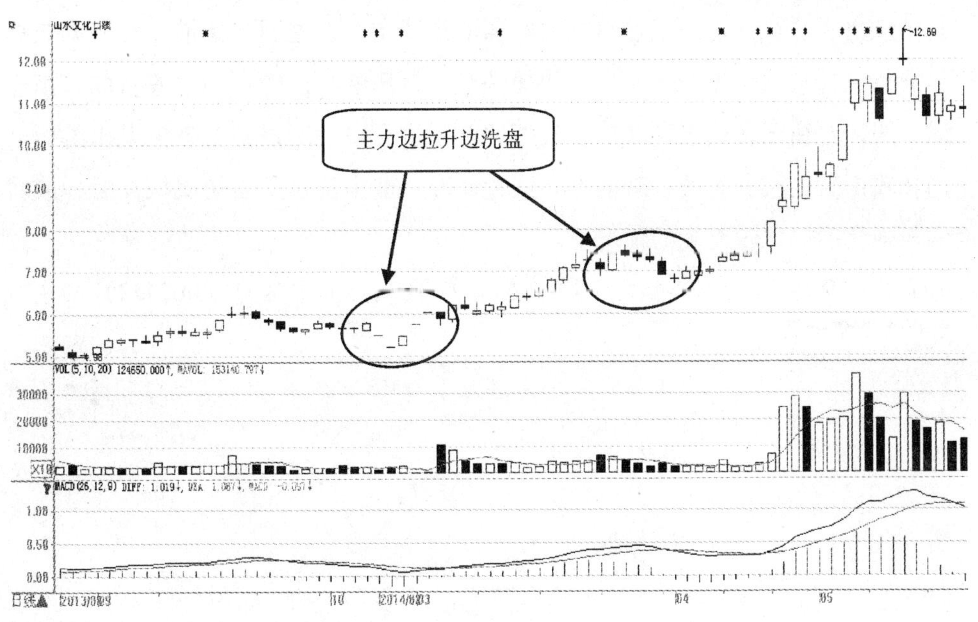

图8—9 山水文化日K线

8.4 识别主力洗盘手法

洗盘是主力在拉升股价过程中使用非常频繁的操盘手法。主力为了减少市场浮筹，减轻上涨压力，在拉升过程中一般会展开多次洗盘动作。对于主力操盘来说，当市场浮筹较多时，往往会成为主力拉升股价上涨的阻力，为了除去这一阻力，主力往往会通过各式各样的洗盘手法来减少浮筹的压力，以便于后期的拉升。

8.4.1 主力打压洗盘手法

打压洗盘手法往往适用于控盘能力较弱的短线主力，他们多会借大盘回调之势顺势打压股价制造见顶假象，从而进行快速洗盘。打压洗盘最能达到洗筹目的。由于股价下跌，跟风盘由于害怕获利减少，甚至因此反遭套牢，所以常会恐慌抛出筹码。这是主力在攻击普通投资者的心理弱点。这种情况一般出现在主力初次拉高后，或者控盘能力较强且时间比较充足的情况下。

如图 8—10 所示，2011 年 7 月 13 日至 8 月 31 日，九安医疗（002432）的走势图

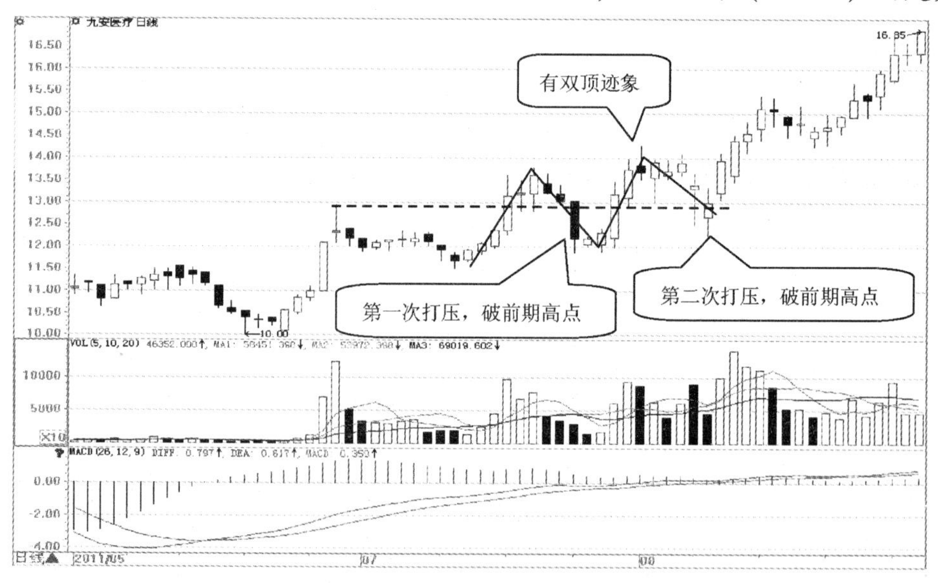

图 8—10 九安医疗日 K 线

上出现了打压洗盘手法。第一次打压出现时，股价涨幅已经较大，主力借势打压，跌破前期高点，由此造成投资者的恐慌，获利投资者卖出手中筹码，主力接盘。在第二次打压股价时，由于此时有形成双顶迹象，更多的投资者卖出股票，此时主力再次接盘大量筹码。随后，主力拉升股价，股价回踩获得支撑，继续上涨。

➲ 实战经验

打压洗盘主要针对意志不坚定的投资者以及有兑现要求的投资者。因此，投资者一定要合理安排资金的入市资金。

8.4.2 主力横盘洗盘手法

主力横盘洗盘是指主力对股价拉升到一定程度后展开横盘振荡而不再拉升，由于跟风盘害怕失去到手的获利，再加上对股价后市运行方向无法把握，已经盈利的投资者采取落袋为安的策略，没有获利的投资者微亏出局不想浪费时间而抛出筹码。而主力则在悄悄地等待，以时间换空间的方式进行洗盘。待主力买入足够的筹码且由此使投资者成本提高时，主力会再次拉升股价进入新一波上涨行情。当股价未出现深幅下跌而只是横盘震荡时，这只是主力机构洗盘，投资者可耐心持股等待上涨。

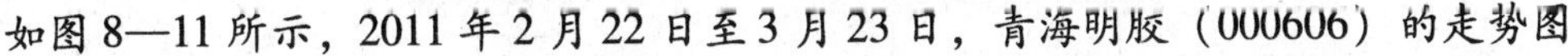
如图 8—11 所示，2011 年 2 月 22 日至 3 月 23 日，青海明胶（000606）的走势图

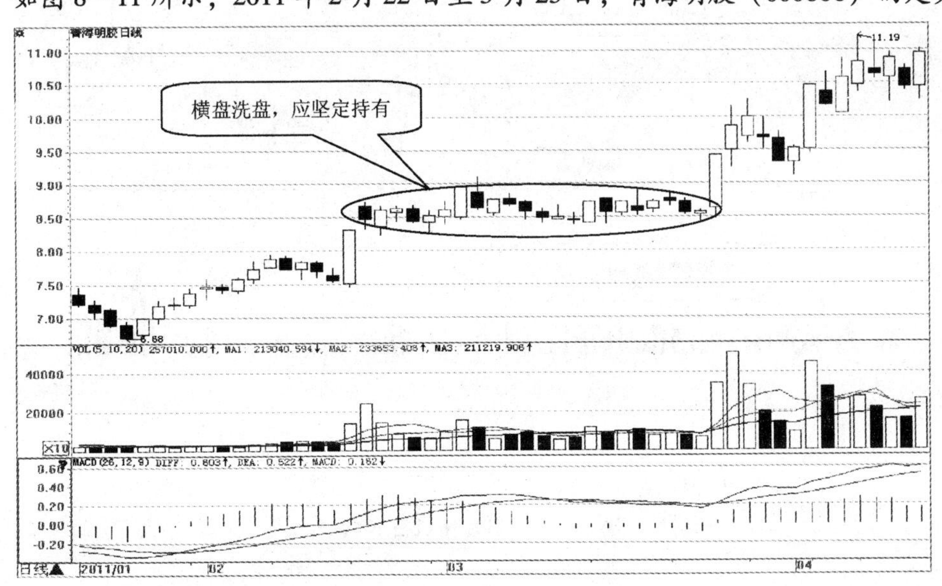

图 8—11　青海明胶日 K 线

上出现了横盘洗盘手法。前期经过一波上涨后，投资者担心股价即将下跌进入调整，纷纷卖出股票以保证获利。此时主力控制着整个上涨节奏，慢慢洗盘，把意志不坚定的投资者全部清洗出局。3月24日，主力向上拉升股价，由此展开新一轮上涨行情。

8.4.3 主力挖坑洗盘手法

挖坑洗盘，一般是主力买入足够多的筹码之后，开始进行新一轮拉高，但同时也有很多投资者买入股票，如果不把这些有股票筹码的投资者洗掉，主力继续拉抬的压力就会很大。因此，在一波趋缓的上升之后，K线突然被某种力量砸了下来，一些经验不足的投资者慌忙卖出股票。可是股价并没有跌多长时间，一般在前期支撑位止跌，之后重新开始更为壮观的上涨。

如图8—12所示，2014年7月至2015年5月，日发精机（002520）在大盘上涨的过程中出现了挖坑洗盘手法。这种手法表明主力机构首先将股价从平缓上涨的阶段一下拉起，快速上涨到一定高度后迅速向下打压，此时投资者担心股价会掉头向下，纷纷抛售股票，而主力机构借机逐步逐笔买入股票，在前期横盘整理区稍作整理后展开下一次上涨行情。由此所形成的坑底在前期横盘区受到支撑，投资者在遇到此类型形态时，应耐心等待底部区间支撑，当支撑得到确认时，可继续持股；反之，则卖出股票。

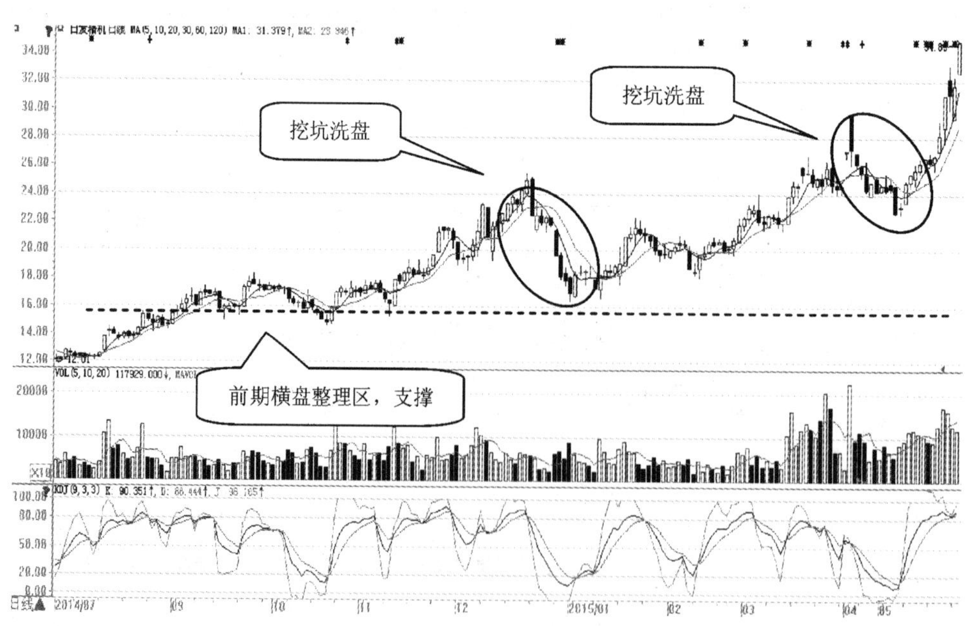

图8—12　日发精机日K线

如图8—13所示，2014年6月至12月，天晟新材（300169）在震荡上涨行情末期出现了挖坑洗盘手法。这种手法表明主力机构在震荡行情中慢慢吸筹，当主力机构的筹码足够多时，在拉升股价时必然受到前期横盘整理区中大量中小投资者的抛压盘。主力机构为了测试抛压力度，往往通过挖坑方式来洗掉一些浮筹，只剩下坚定的投资者。最后在前期整理区域获得支撑，主力即将展开一波拉升行情。

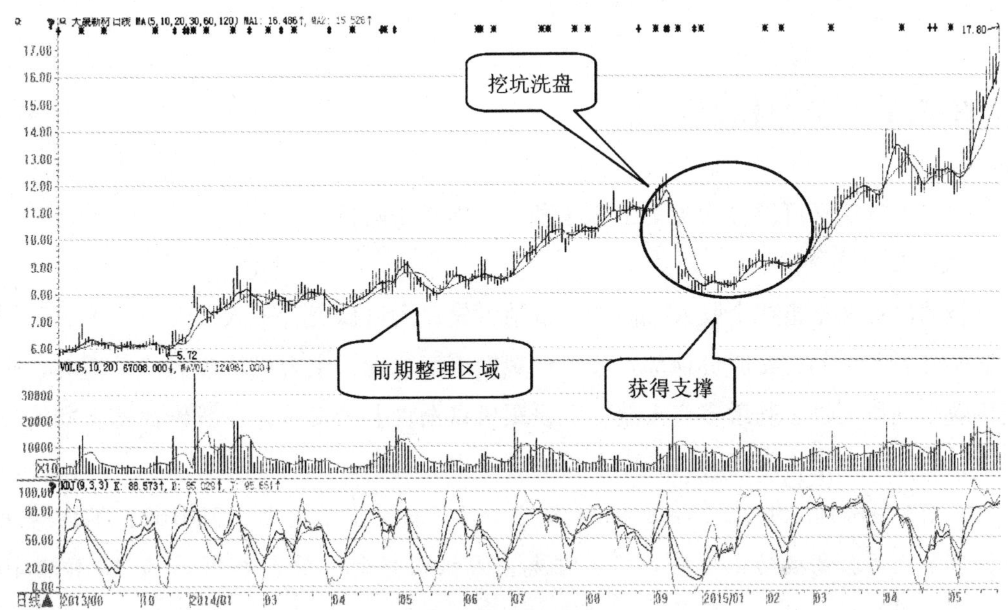

图8—13 天晟新材日K线

➲ 实战经验

投资者在遇到股价急拉后急跌的走势时，注意观察前期整理区域的支撑力度，若为有效支撑，激进的投资者可以买入股票，稳健的投资者可以等到股价突破震荡行情顶部时再买入股票。

8.5 识别主力出货手法

8.5.1 主力拉高出货

拉高出货法又可以分为被动出货法和主动出货法两种。

（1）被动出货法

被动出货法是指在个股人气高涨、群情激昂，大量投资者买入股票时，主力利用个股利好或者传闻，在股价顶部区域形成短期震荡整理。主力机构趁人气鼎盛时，率先快速小批量买进，刺激多头人气，引诱跟风盘蚕食上档卖单，在股价快速上涨的过程中，不知不觉地将筹码转换到中小投资者手中。

如图 8—14 所示，2011 年 8 月 24 日至 9 月 7 日，雷曼光电（300162）的走势图上出现了主力拉高被动出货的走势。首先主力机构得到雷曼光电 2011 年 10 转增 10

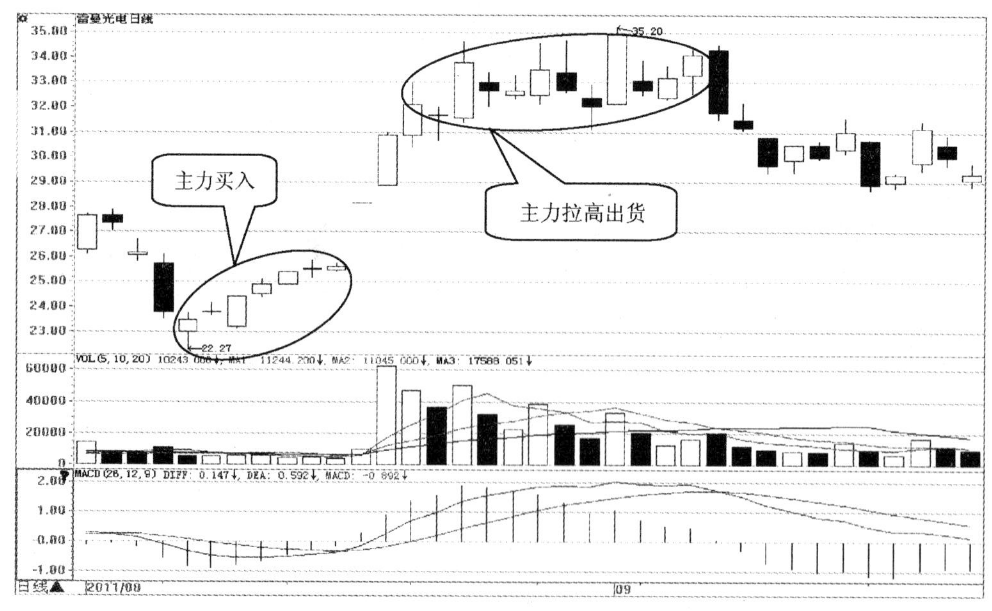

图 8—14 雷曼光电日 K 线

的消息后，在低价区域慢慢买入股票。公司公布该消息后股票涨停。连续上涨两三日后，主力迅速分批分次卖出股票，将筹码慢慢输送到中小投资者手中。当股价上涨无力时，更多的投资者加入到卖盘中来，纷纷卖出股票，股价下跌。

(2) 主动出货法

主动出货法是股价以涨停板的方式将拉高出货的行为演绎至高潮阶段，并带有主动抛盘的性质。主力将股价拉高后进入加速上扬阶段，出现飙升行情，使观望的跟风盘忍受不住股价快速上涨的诱惑，原来获利的跟风盘也由于利润的快速增值而产生虚妄、放大的心理状态，而产生惜售的心理。主力往往抓住战机，以巨量的买单，将股价封至涨停，从而使多头达到高潮，此时后进的散户跟风买单大量跟进。随后，主力运用涨停板封单重新排列的方法悄悄出货。

如图8—15和图8—16所示，2011年11月4日，中体产业（600158）的走势图上出现了主力拉高主动出货的走势。当投资者在遇到此种类型的手法时，应追随主力步伐，顺势操作，卖出股票，而且越早卖出越有利。

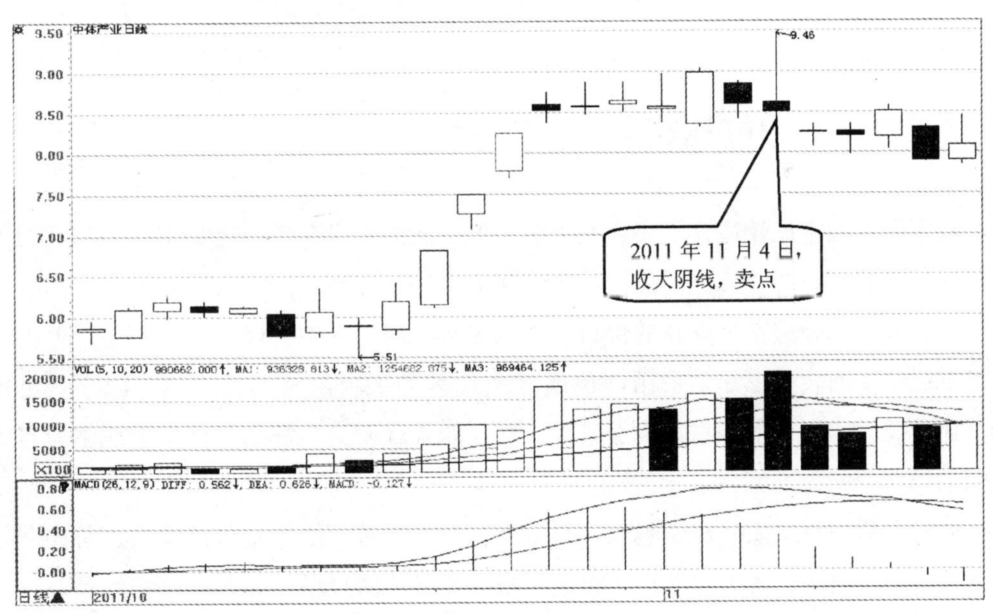

图8—15　中体产业日K线

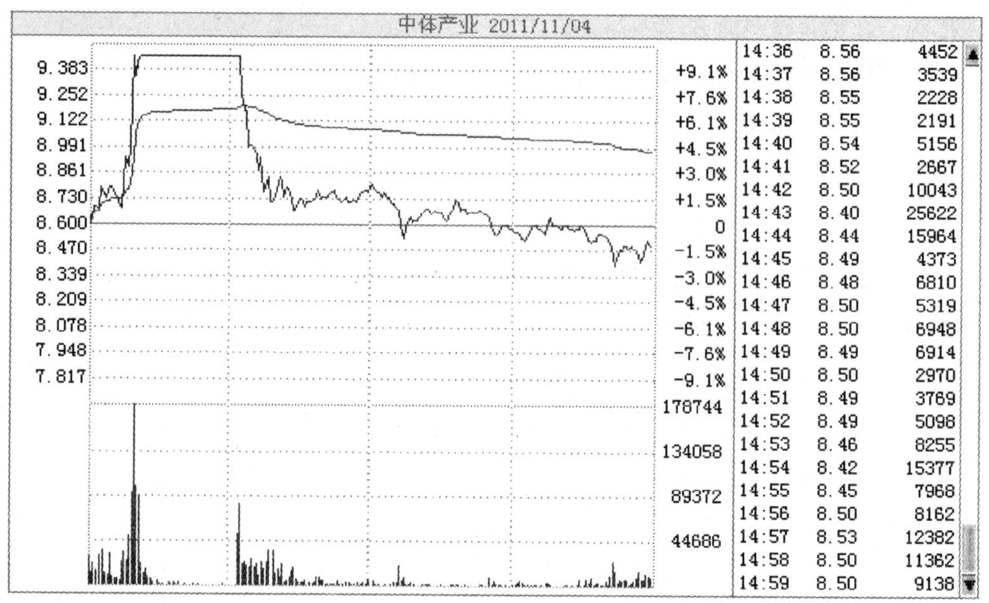

图 8—16　中体产业分时图（2011 年 11 月 4 日）

8.5.2　主力打压出货

打压出货通常比较适合于小盘绩差类个股。此类个股在炒作过程中的参与者绝大多数都是抱着投机的心态。但是在股价快速上涨的过程中，由于人类与生俱来贪婪的通病，所有人都奢望卖个更高的价钱。所以在涨升的过程中，极少有人出手。但由于这类个股基本面较差，如果采用高位横盘或震荡的手段出货的话，鉴于散户资金较小，比较灵活，往往由于主力资金较大，存在船大难调头的弊端，极易造成主力自拉自唱的局面。

此时主力采用快人一步，趁散户投资者好梦未醒时，抢先抛售的策略，首先套住上档后进的跟风盘，再一路抛售，将敢于抢反弹者一网打尽。此手法讲究的是心狠手辣，利用大盘或者个股人气极为火爆的时候，使用回马枪的手法，反手做空，往往令众多投资者猝不及防。

如图 8—17 所示，自 2011 年 9 月 23 日起，＊ST 钛白（002145）的走势图上出现了主力打压出货的走势。新手投资者不应介入此种类型的股票。

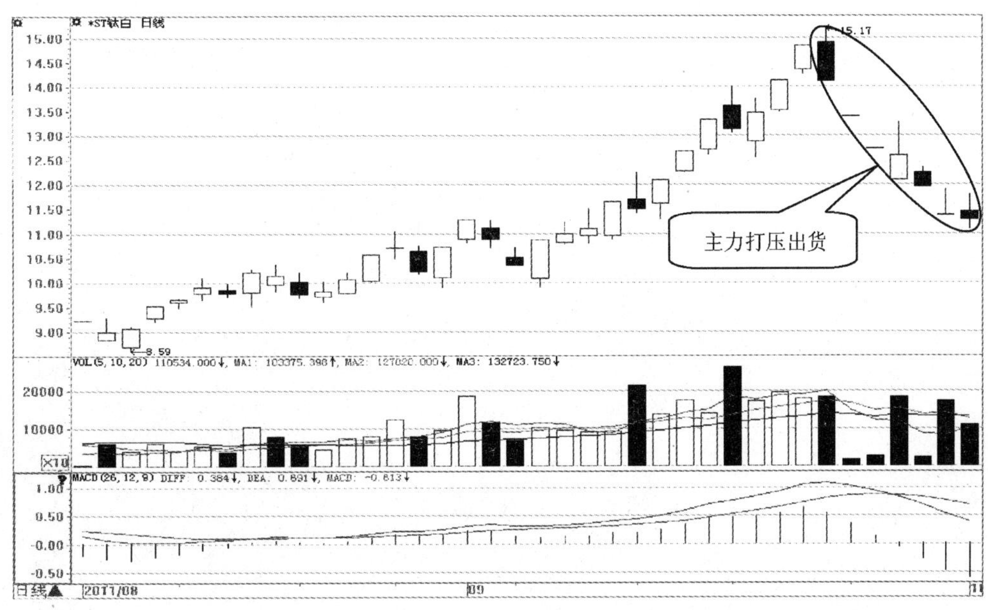

图8—17 ＊ST钛白日K线

第 9 章

新手炒股实战技巧

9.1 不同情况下的操作策略

9.1.1 牛市中的操作策略

牛市是大多数投资者能够获利的时期，投资者一定要掌握正确的投资操作策略，避免出现牛市“只赚指数不赚钱”的现象。

牛市基本的操作策略是大胆持股，获利足够多后卖出。只要没有确认市场已脱离多头状态，就不要抛出股票。

同时，牛市中每一次股价的回落都是买进机会。不要以为股价升了很多就可以抛掉股票。因为在一次真正的强势牛市中，股价涨了可以再涨，以至于涨到令人不敢相信的程度。如果在升势的中间抛出有一些获利的股票，除非投资者不再买入或者换股，一般来说都会截掉一段投资者应得的获利。从本质上说，在整个多头行情的上升过程中，那种在中间抛掉股票之后又不得不用高一点的成本买回股票的错误操作是上升行情的重要动力。

如图9—1所示，2014年初至2015年中，上证指数展开一波大牛行情，其间每一次调整都是买入的机会。个股上涨幅度更是不可预知，很多投资者都卖在半山腰。在牛市行情中，投资者应持股时间长一些，方可卖出。若持有的股票市价低，活跃度较高，则投资者应提高预期价位。

在牛市运行的整个过程中，不同阶段的选股策略也是不同的。

一般来说，牛市的起始阶段是优质股率先上升，如果优质股表现不佳，具有投机题材的低价小盘股轮番跳升，这意味着当前的行情很有可能是一段投机性升势。在这种情况下投资者应当随时做好出货离场的准备。不过，有时候大的多头行情也可能由投机题材引发，但接下来一线优质股必须要能够及时跟上。然后再一路带头向上飙升，由此给二、三线股腾出上升空间，拉动大市一路上涨。

在牛市的中间阶段，升势最凌厉的股票一般以股本较小的二线优质股为多，特别是有利好题材的在多头行情中总有机会当上明星股。因此，多头行情进入主升段之

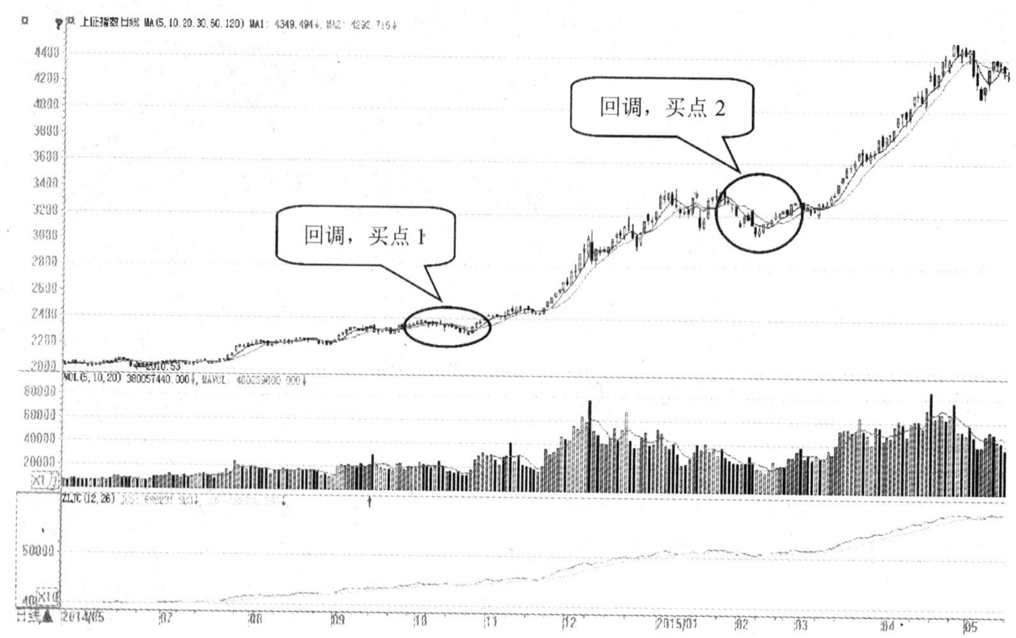

图 9—1　上证指数走势图

后，宜购入并持有这一类的小盘绩优股。不过，即使是这一类股票，也应当尽量选择成长预期较高的个股。有的股票虽然是盘小绩优，但其前后比价关系比较固定，涨起来也常常不够凌厉。

在牛市的最后阶段，往往是疯狂的投机热潮，三线低价股乱跳是主要的行情特征。这个阶段当然可以参与这种投机游戏，但千万不可坠入已被炒得热火朝天的三线股。投资者在注意到股价不断升高，成交量不断增加的走势持续了一段时间之后，就要意识到这时是股价见顶的时候了。如果一线股和二线游资股的升势一直靠低价位投机股的上升推动，并且成交量过多分布在投机股上，那么此轮升势就难以持久。在操作中千万要注意这些重要的行情迹象，不可被市场一时热烈的表现冲昏头脑。

在升势的全过程中，股价会出现几次回落调整，正常的强势调整一般是跌幅有限，并且成交量在调整期间会减少。另外，调整主要体现在短时间内升幅很大的股票上，升幅小的优质股一般不会回落太多，回落调整所经历的时间不会太长，如果长时间地走高位横盘行情，说明市场上追高资金太少，后市可能会下跌。

如图 9—2 所示，2013 年底至 2014 年 7 月，成飞集成的股价从 16 元一路冲高至 72 元，涨幅已经超过 300%。但是，在 2014 年 7 月之后，该股走出了调整走势。长时间地走高位横盘行情，也提示投资者该股的上涨行情恐怕就要结束了。从该股的走势图上，投资者可以清楚地看到这一点。

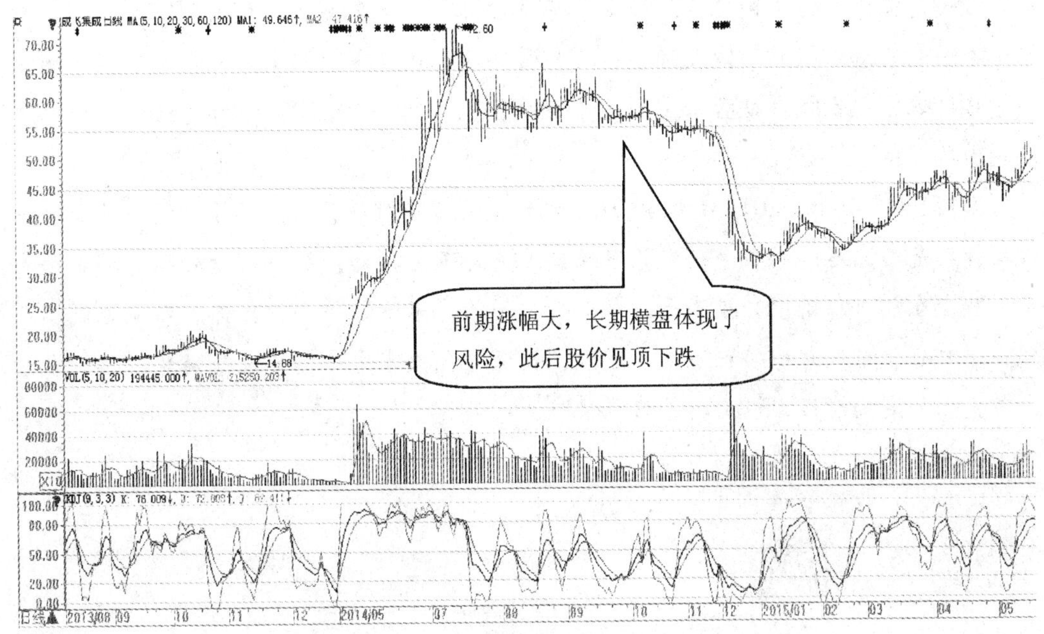

图 9—2 成飞集成走势图

实战经验

牛市行情一旦爆发，大资金蜂拥而入时，投资者必须敢于重仓跟进，还要坚定持股，不要稍有震荡或稍有获利，即抛股走人。牛市操作，强者恒强，不能孤立等待回档再介入，而是顺应时势，该追的坚决追，该观望时则观望。牛市操作，技术指标大多处于“失灵”状态。涨了还涨，连拉10个涨停板的情况并不少见。牛市操作，热点多，转换快，一天几十个涨停板是正常现象，领涨股不翻番，坚决不松手。

9.1.2 熊市中的操作策略

投资者不要认为在熊市中就“只有亏，没有赚”。其实在熊市中也可以是获利的，只是需要不同的思维方式和投资策略，这就要有真功夫了。

在熊市中，股价的主体趋势是向下的。此时的主导策略应是抱住现金，看准反弹做短线，并尽快平仓离场。抢反弹需要很强的自律性，投资者要谨慎抢反弹。

投资者抢反弹要注意两点：一是不要以为股价出现反弹就会继续上涨，能搏到一点短线差价就已经很不错了；二是不要抱有股价跌了这么多，已经很便宜了，买了套住也不怕的心理。因此，抢反弹一定要在看准的有效支撑位处买入，看不准时宁可错失短线计划，也不宜在跌势未尽时束手被套。投资者可按照以上两点坚决执行计划，切忌着急浮躁。

如图9—3所示，2011年初至2012年底，上证指数展开一波熊市行情，其间每一次反弹都是卖出解套的机会。个股下跌幅度更是不可预知，很多投资者抢底部都套在半山腰。在熊市行情中，投资者应持币耐心等待，不要轻易去抢反弹。即便是到了底部，还要砸出个坑才能停止下来。所以，投资者在熊市中一定要选择强势股票，或者在刀尖上行走的时候，一定要见好就收。

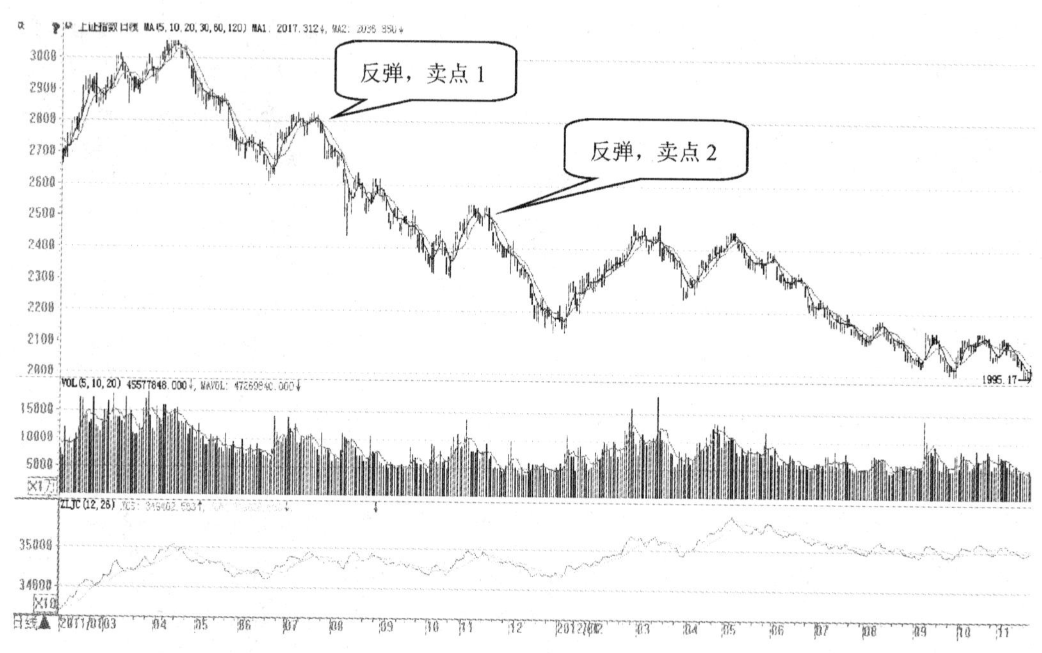

图9—3　上证指数走势图

操作弱势中的股票要做好以下几点：一要忍痛割肉，在高位买进的股票，一旦遇到弱市，就应当果断、及早地将它抛出，如果股票继续下跌，就可少亏一部分。二要逐次平均买进，多至9次，少至3次。以3次为例，每次投资1/3，算出平均价，在股价反弹后上升到投资者购入的平均价，并除去各种费用后抛出，就可获利。三要加倍买进摊平，在第一次用1/3资金买进后，如继续下跌，则第二次用2/3的资金投入，以求摊平成本。如资金宽裕，也可用三段加倍平摊法，即将资金分成八等份，第一次至第三次分别投入 1/8、3/8 和 4/8 的资金，这个办法在第三次买进后，股票价位回升到第二次买进的价位，再除去各种费用后抛出，也有利可图。

如图 9—4 所示，逐次平均买进 17×1/3+14×1/3+13×1/3＝14. 67，股价最高到 15 元，投资者可以安全解套。如果用加倍买进摊平 17×1/3+13×2/3＝14. 33，股价到 14. 50 元，则投资者解套。若用三段加倍平摊法 17×1/8+14×3/8+13×4/8＝13. 88，该方法在熊市行情中有较高的利用效率，其解套机会也较大。

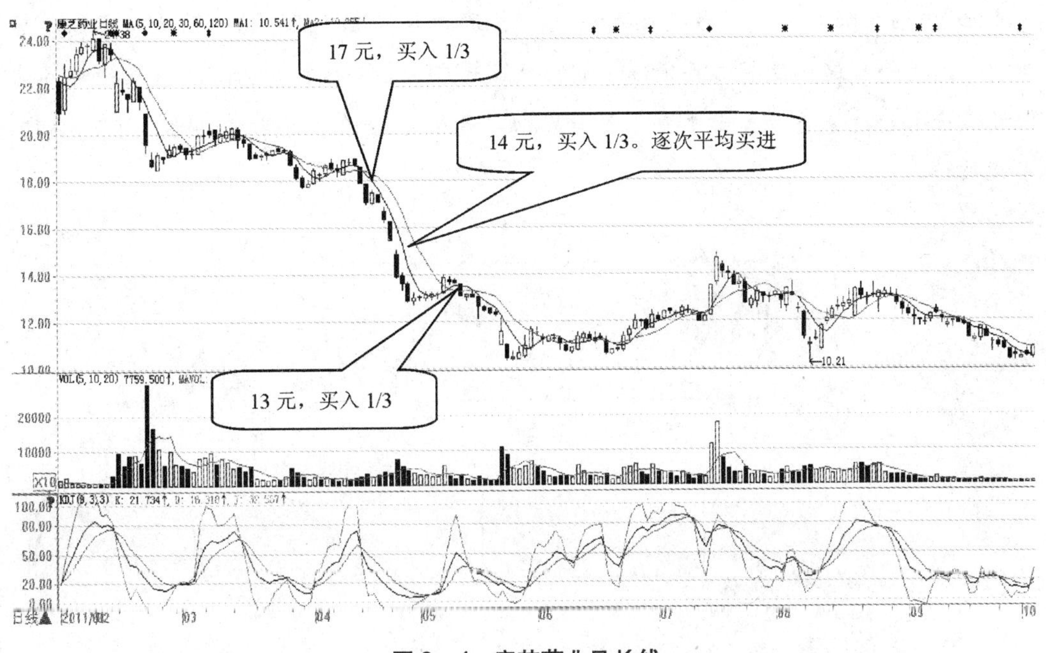

图 9—4　康芝药业日 K 线

➲ 实战经验

前期买入的仓位越低，投资者要面临的套牢风险也就越小。但相对的，如果股价没跌到低位就开始上涨，投资者则需要面临更多踏空的风险。

9. 1. 3　震荡市中的操作策略

震荡市是指股价涨跌幅度很明显，且一直在某一范围内震荡的市场走势。由于震荡市中的价格经常固定在一定范围内涨跌。因此，对应的买卖策略是趁跌价时买进，涨价时卖出。在该市场中也有的股票较强势，不随大市的走势来，但这毕竟是少数。较多股票是或多或少的震荡型股票。寻找并买卖宽幅震荡的股票是投资者在震荡市中的主要操作策略。

实际上，横盘震荡市是一种市场不明朗的反映形式。当横盘震荡走势出现时，我们应该结合价格的前期市场行情情况来做具体分析。如果长期的横盘震荡市出现在大幅上涨或下跌之后，则多是顶部或底部出现的信号。如果横盘震荡出现在累计升幅不大或是累计跌幅不大的情况下，则多预示着价格随后仍将沿原有趋势运行。

如图 9—5 所示，2011 年 2 月至 10 月，久联发展（002037）在经过大幅上涨之后出现震荡走势，这预示着该股顶部来临，投资者应逢高将该股卖出。在股票顶部区域做逢低价买进，逢高价卖出无异于刀口舔血，是很危险的。投资者切忌，宁可不做，不能被套。

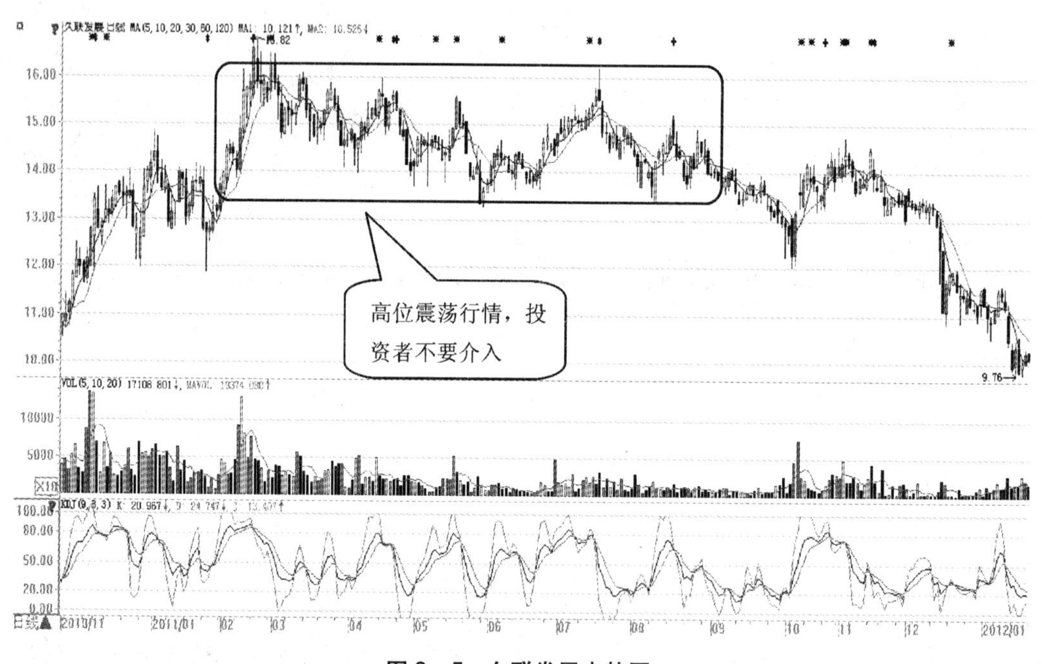

图 9—5　久联发展走势图

9.1.4　股票获利后的操作策略

股票获利后的操作方式就是卖出，以保证获利。那么如何让获利达到最大而又安全呢？简单介绍通过三种类型获利的股票操作策略。

第一种是股票直线上涨，快速达到高位，投资者短期盈利暴增。若为此类型获利，则投资者可执行获利后一次性卖出的操作策略。

如图9—6所示，2011年10月24日至11月3日，万向德农（600371）在短短9个交易日里的涨幅约为50%，也可以说股价是在“直线上涨”。若投资者的股票经过此轮上涨后，获利较丰厚，投资者可一次性卖出将获利落袋为安。

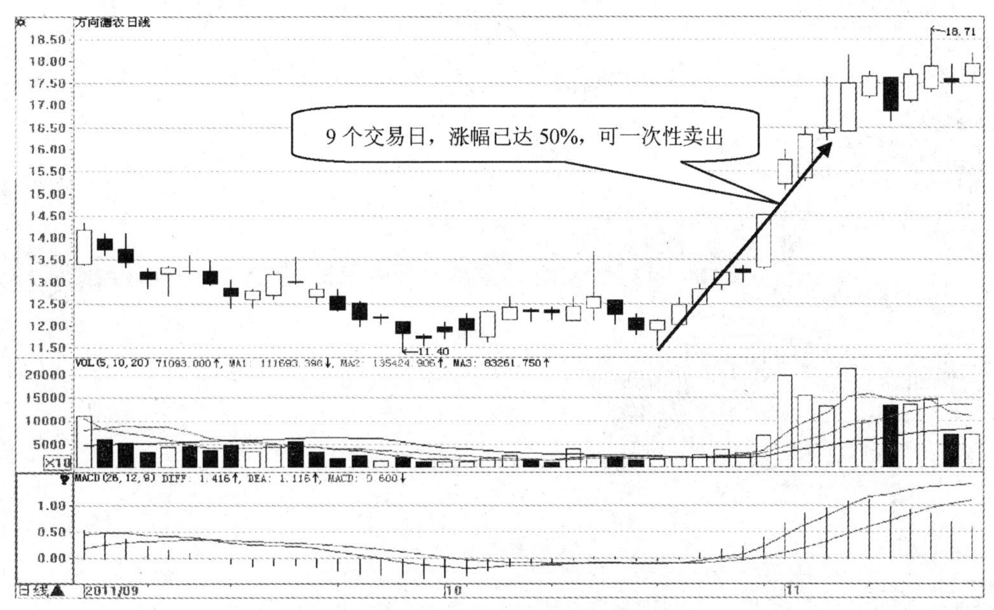

图9—6 万向德农日K线

第二种是股票波段上涨，投资者无论通过何种方式买入股票，在获利后亦可采取波段卖出。即分批次卖出股票，其卖出操作方法可按前面讲过的倒金字塔出货法。

如图9—7所示，2011年8月至11月，中珠控股（600568）呈现波段上涨的走势，此时投资者可以按照逢波段低点买进股票，逢波段高点卖出股票，或者是按照逢波段低点买入股票，将获利部分采取倒金字塔式卖出法来操作。

第三种是股票缓慢上涨，虽有获利，但不丰厚，可耐心持股，并设定移动止损。若投资者比较适应此种类型的股票，则可设置移动止损的操作策略。

如图9—8所示，2011年6月23日至9月5日，汤臣倍健（300146）的股价进入了缓慢上升通道，投资者在低位买入股票后，不知道何时出局。此时，可采用移动止损法来自动设置止损位进行止损。这里以趋势线为止损位，若股价跌破趋势线，则卖出股票。

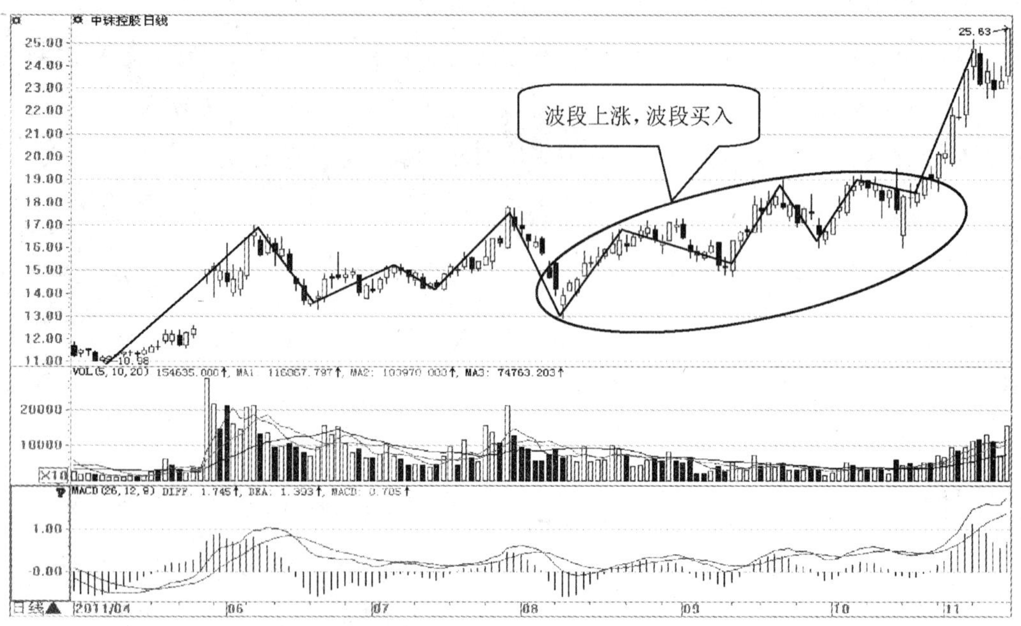

图9—7 中珠控股日K线

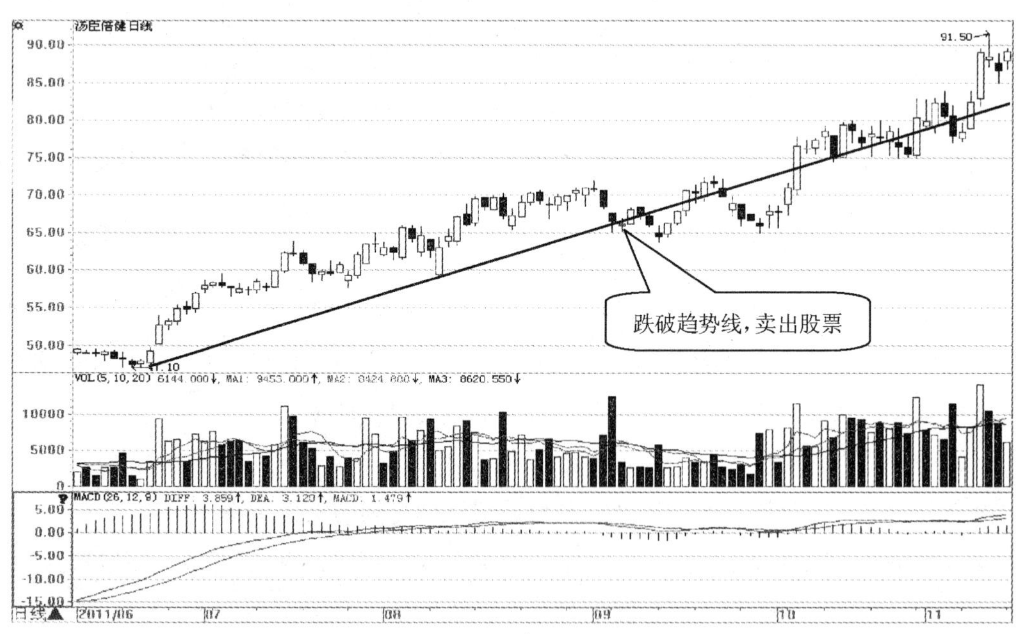

图9—8 汤臣倍健日K线

9.1.5 股票套牢后的操作策略

在股市中，投资者都怕被“套牢”，其实“套牢”并不可怕，可怕的是套牢以后的炒股心态。

套牢之后如何操作呢？这就需要看是怎么套牢的。股票套牢可以分为以下两种方式：

第一种是股票追高，高位套牢。这种套牢方式使投资者损失较大，投资者不宜轻易割肉。套牢之后的主要操作思路不是要赚多少钱，而是如何让套牢的那部分股票解套或者是达到最少的亏损。通常而言只有通过补仓的操作方法来摊低成本，寻求急跌后的反弹来达到解套。

如图9—9所示，2011年4月12日，京山轻机（000821）形成一根带有长上影线的K线。这根K线表明8.60元追高买入的投资者悉数被套，此后股价大幅下跌，投资者被深幅套牢。当跌幅为10%左右时，投资者不宜补仓，等待其横盘震荡时机补仓买入。投资者可于5月24日至6月22日在前期支撑价位处进行补仓操作，我们选择底部震荡的均价约为6.90元，进行补仓买入股票的操作。若其补仓数量与买入数量等份额，则其在7.80元就可以解套出局了。

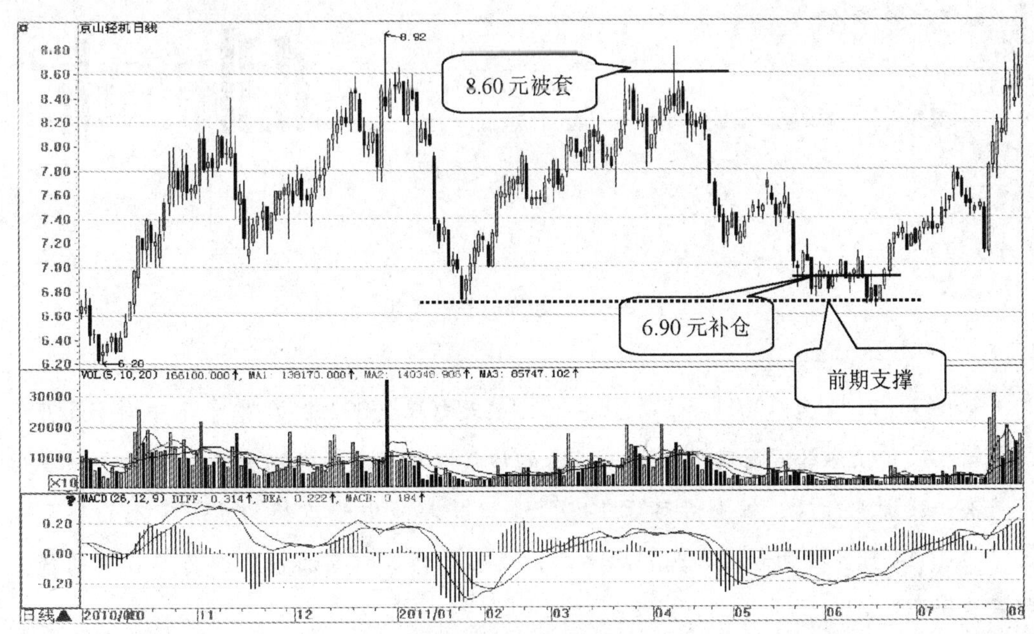

图9—9 京山轻机日K线

第二种是股票抢反弹，中位套牢。鉴于此种方式的套牢，多为反弹夭折，主力不看好股票后市行情，纷纷卖出股票，股票中期难以有较良好的起色。此时投资者最好的选择是更换股票筹码，从另一只股票上获利来弥补该项损失，而不是静待该股走出阴霾调整区间。

如图 9—10 所示，自 2011 年 10 月 17 日起，超声电子（000823）大幅度放量下跌，虽然底部承接盘力量较强，但其股价涨幅仍达不到跌幅的一半，因此，该股后市将经历很长的盘整时期，并且其上涨动能进一步缺失。该行业为电子元器件制造业，投资者可在此行业寻找概念多的航天电器作替代股票。航天电器是概念题材板块。其涉及板块有仪电仪表概念、中价概念、社保重仓概念、西部开发概念、电力设备概念、航天军工概念、3G 概念、中字头概念。

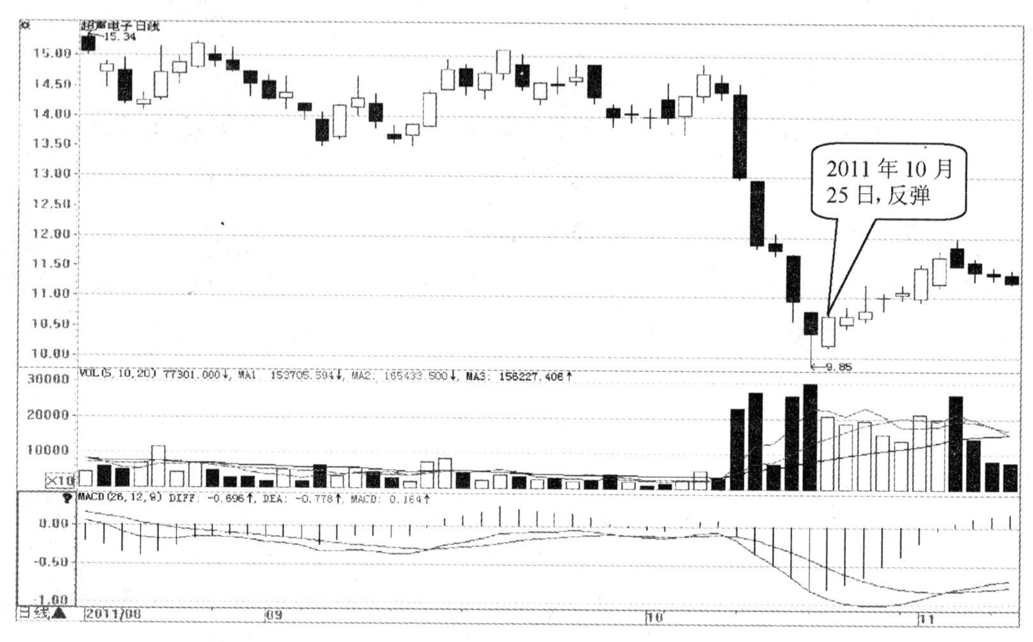

图 9—10　超声电子日 K 线

如图 9—11 所示，2011 年 10 月 24 日，航天电器（002025）先于超声电子展开反弹行情，股价上涨的同时伴随着军工概念的炒作以及成交量的温和放量预示着该股后市将有一波上涨行情，投资者可于 10 月 31 日将超声电子置换为 12.07 元的航天电器。11 月 14 日，投资者稍有获利后再卖出股票，那么前期因抢反弹套牢股票的损失即宣告解套。

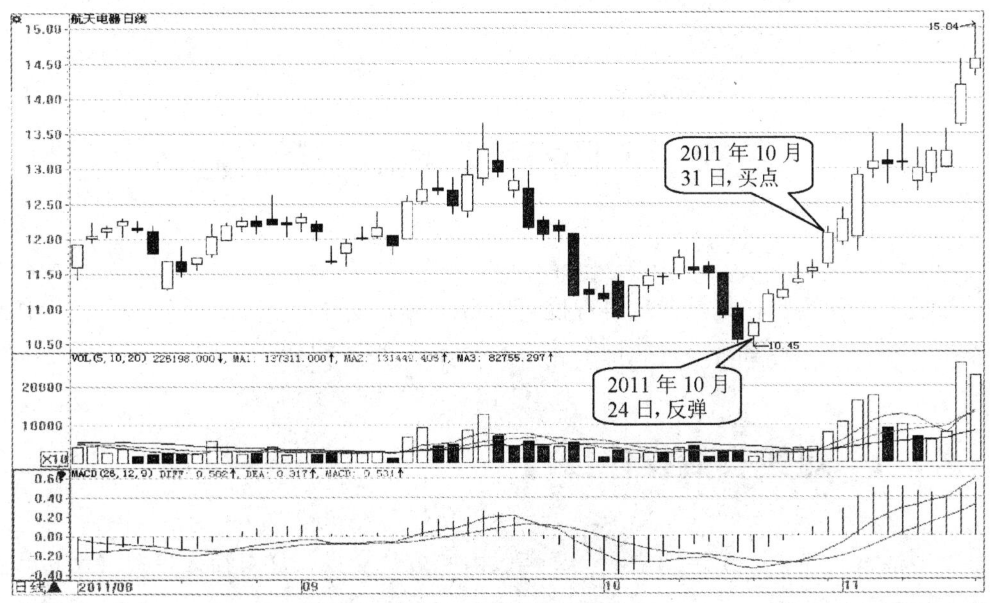

图9—11 航天电器日K线

9.2 不同投资思路的技巧选择

炒股是一种投资，是投资就得有投资思路，每个投资者都要有适合自己的操作理念和投资原则，并且要遵循这些理念和原则，才能从中受益。

9.2.1 短线实战操作技巧

短线通常是指在一个星期或两个星期以内完成的交易，甚至很多投资者做短线通常都是以两三天为限。一旦没有差价可赚或股价下跌，投资者就卖出股票一走了之，再去买其他股票做短线。短线交易只是为了赚取短期差价收益，而不用关注股票的基本情况，主要依据技术图表分析。

（1）均线粘合做短线

利用均线粘合形态做短线操作。均线粘合是指股票的中短期均线，一般至少三条。在一个时间段内处于相互靠拢和反复交叉的状态，其波动范围一般在2%以内，最多也不能超过5%。均线粘合形态一般都出现在主力已经控盘的股票中，常常在股价已上涨了一定幅度并回落之后的横盘整理阶段。

如图9—12所示，2011年10月31日，宝信软件（600845）日K线图上的均线呈现出粘合状态并向上穿插。此时，短线投资者可以买入股票，随后股价放量上涨。11月4日股价冲高回落。此时短线投资者应卖出股票，再去寻找均线粘合的股票。

（2）趋势线做短线

当股价处于中期的上涨趋势时，投资者画出中期上涨趋势线，可以在每次股价回调到趋势线附近时买入股票，进行短线买卖交易。

如图9—13所示，自2011年10月起，天伦置业（000711）进入缓慢爬升阶段。投资者可以沿两个阶段低点画出一条趋势线。11月2日，当股价的波段低点再一次触碰到趋势线时，短线投资者可以买入股票。11月10日，股价放量滞涨，短线投资者应卖出股票。若股价没有上涨并跌破趋势线，则投资者可以卖出股票，再去寻找其他沿趋势线运行的股票。

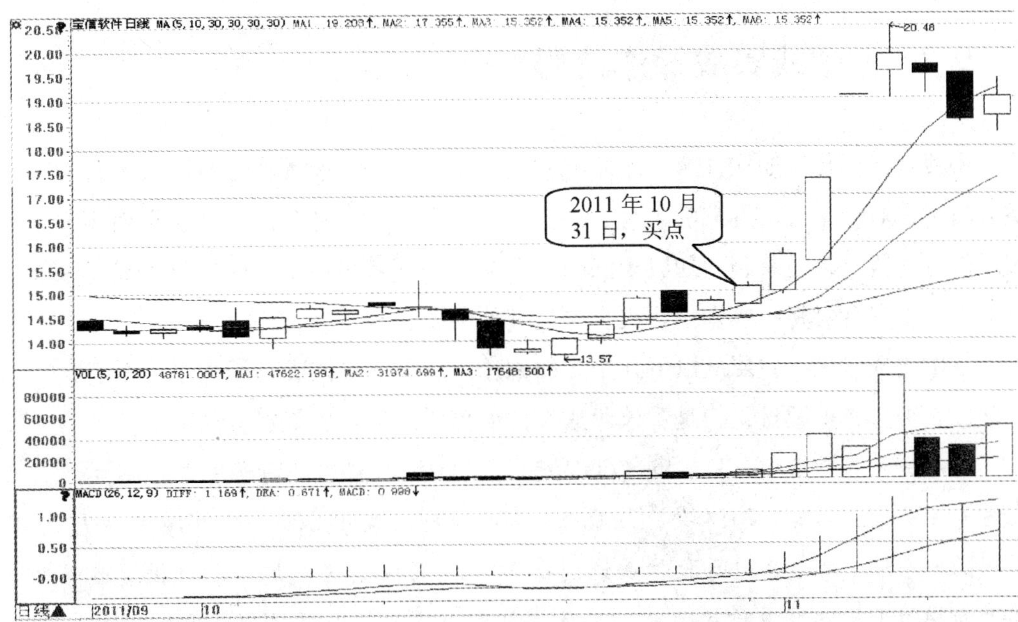

图 9—12　宝信软件日 K 线

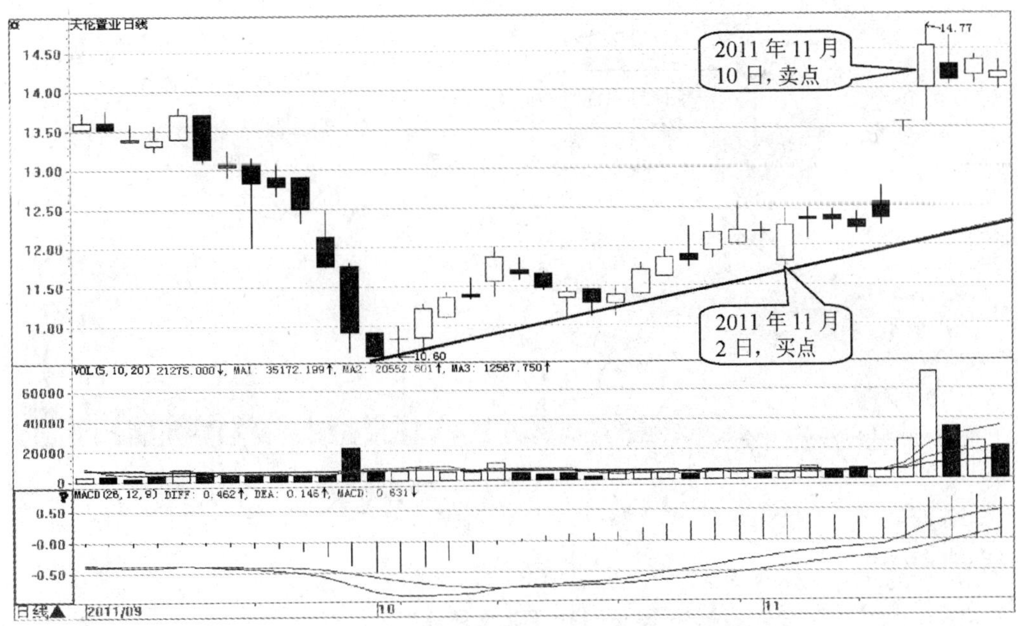

图 9—13　天伦置业日 K 线

9.2.2 中线实战操作技巧

中线是指操作周期在几个月至半年左右的交易。中线投资者在对股票本身做了一番分析后，对上市公司近期的表现有一定信心，并认为当时股票价格适中而买入，买入后静待升值，以便获利。如股价涨幅达50%，投资者可以卖出股票。若股价未能如愿上涨，投资者应将股票卖出，再去寻觅其他中线股票。

在中线选股中，主要从以下几个方面挑选：一是要看该股是否为主力重仓，二是看该股是否为热点题材，三是看该股成长性如何，四是看募集资金动向。

如图9—14所示，TCL集团（600152）在2014年末期正由传统显示器生产企业向智能家居行业转型。2014年，该股在公布年报期间展开上涨。在2014年4月27日公布的一季报中显示公司每股收益达到0.34元，紧接着又一波上涨。投资者若在震荡上涨期间买入的成本价为3元，其最高涨到6.5元，涨幅已超100%，由此可见，中线利润是很可观的。

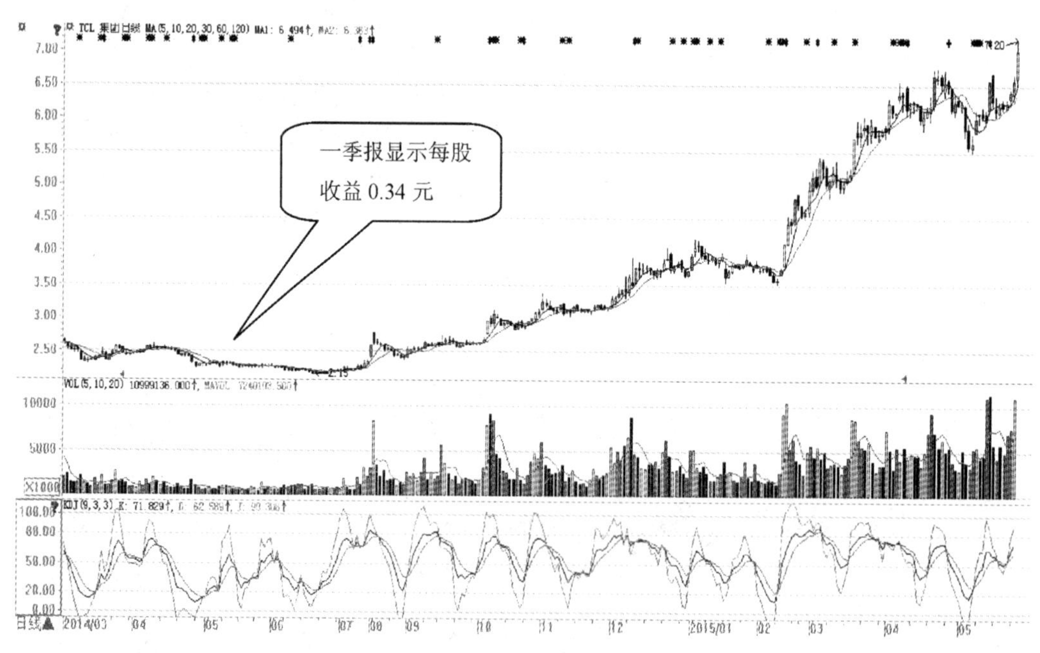

图9—14 TCL集团日K线

如图9—15所示，2012年末，曾发债收购子公司的新黄浦（600638）逐渐跨步为概念题材板块。主要概念有房地产概念、新上海概念、长江三角概念、期货概念、参股金融概念。因为投资者预期由期货公司带来的可观经济效益，股价缓慢上涨。投资者可于2012年末买入该股，持有不到一年，涨幅可达80%，收益较为丰厚。

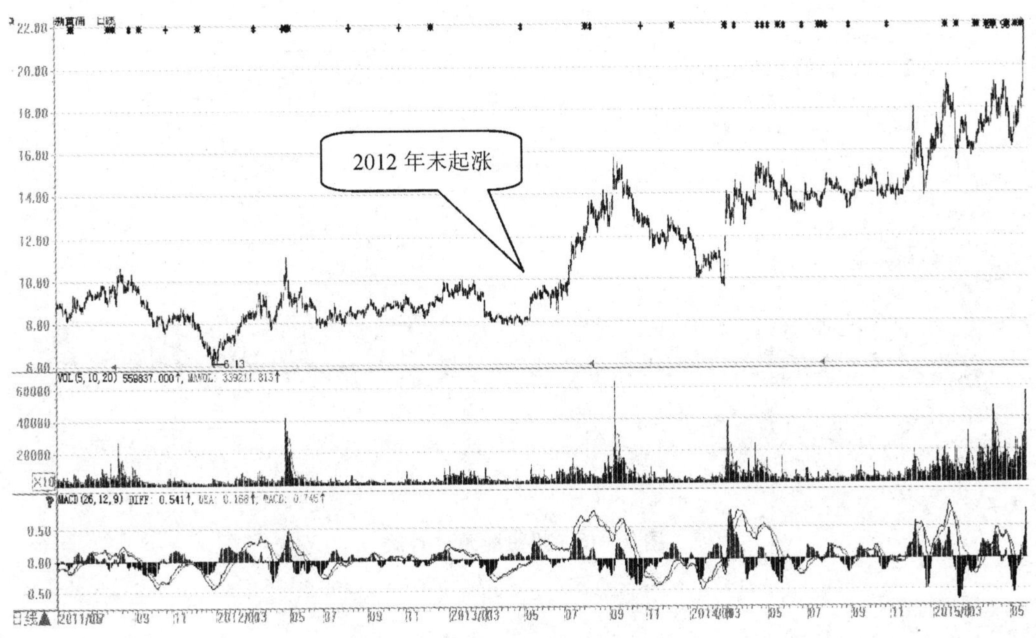

图9—15 新黄浦日K线

9.2.3 长线实战操作技巧

长线投资是指对某只股票的未来发展前景看好，不在乎股价一时的涨跌，在该只股票的股价进入历史相对低位时买入股票，做长期投资的准备。这个长期一般在半年到一年左右或以上。长线选股要从最佳入市时机做起，可以选择在价格低于价值时入市，可以选择在上涨趋势起步阶段买入个股，也可以选择在股价低潮阶段入市。

如图9—16所示，2012年2月至12月，川投能源（600674）在阶段底部调整一年，由于公司不断签订产销合同，且新水电站项目开始投产，使公司股票在2012年末开始稳步上涨。

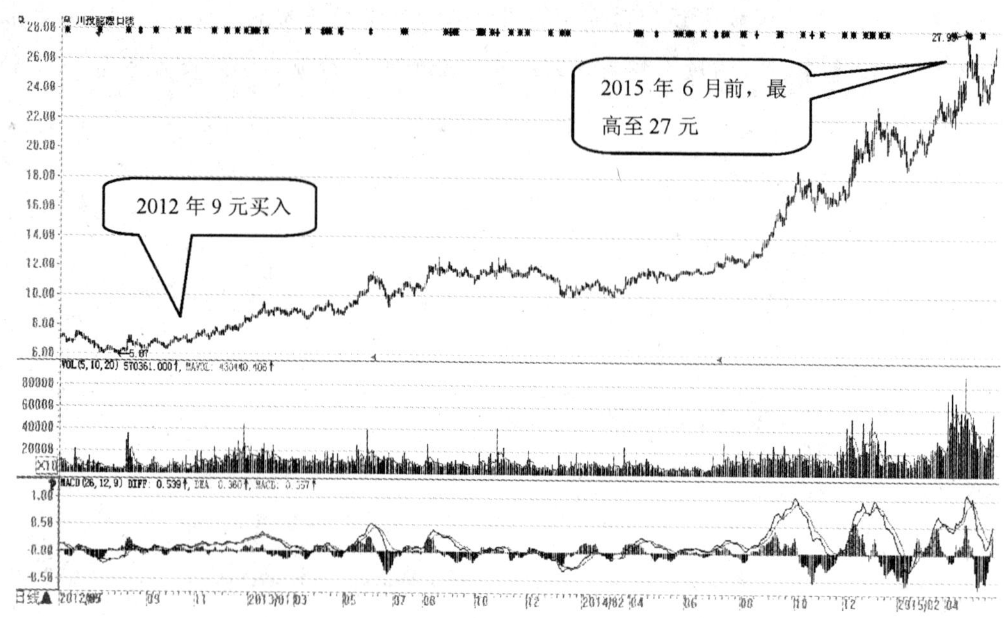

图 9—16　川投能源日 K 线

9.3 跟投资大师学炒股技巧

9.3.1 查尔斯·亨利·道：股价会随趋势变化

道氏理论基本原则之一为股市走向存在三种趋势。“趋势”是股市中最为重要的一个概念，它也是技术分析所默认的前提之一，投资者在预测价格走向时，都是以趋势为背景来展开的。道氏理论对趋势进行了系统化的论述，它将市场运行的趋势依据时间长短分为三种，即基本趋势、次等趋势、短期趋势，如图9—17所示。

基本趋势　指价格持续时间较长、波动幅度较大的运动过程，是价格运行的主要大方向。基本趋势通常持续一年甚至数年之久，并会导致价格增值或贬值20%以上

次等趋势　持续时间相对较短且与基本趋势的运动方向相反，对其产生一定的牵制作用，属于基本趋势在行进过程中的中级调整阶段。次等趋势既可以是在一个牛市中发生的中等规模的回调走势，也可以是在一个熊市中发生的中等规模的反弹走势，一般来说，次等趋势可能持续几周到几个月不等

短期趋势　指价格在数个交易日内的波动，多受一些偶然因素影响

图9—17　道氏理论的三种趋势

无论是基本趋势、次等趋势还是短期趋势，依据价格的运行方向都可以分为上升趋势和下跌趋势。顾名思义，上升趋势是一个价格持续走高的过程，下跌趋势则是价格持续走低的过程，横盘震荡趋势则是价格横向波动的过程。对于上升趋势及下跌趋势的运行过程，我们可以借助于“波峰”与“波谷”的关系来理解，在价格的运动过程中，如果我们发现价格运行时出现的波峰与波谷呈现出一种“一峰高于一峰”“一谷高于一谷”的走势，则这种价格运动趋势就是上升趋势。

当市场上的基本趋势为上升趋势时，我们将行情称为牛市；当市场上的基本趋势为下跌趋势时，我们将行情称为熊市。

如图9—18所示，2014年10月至2015年4月，牛市行情呈现出上升的基本趋势。其中，调整震荡皆归为涨跌交替的次等趋势或短期趋势。

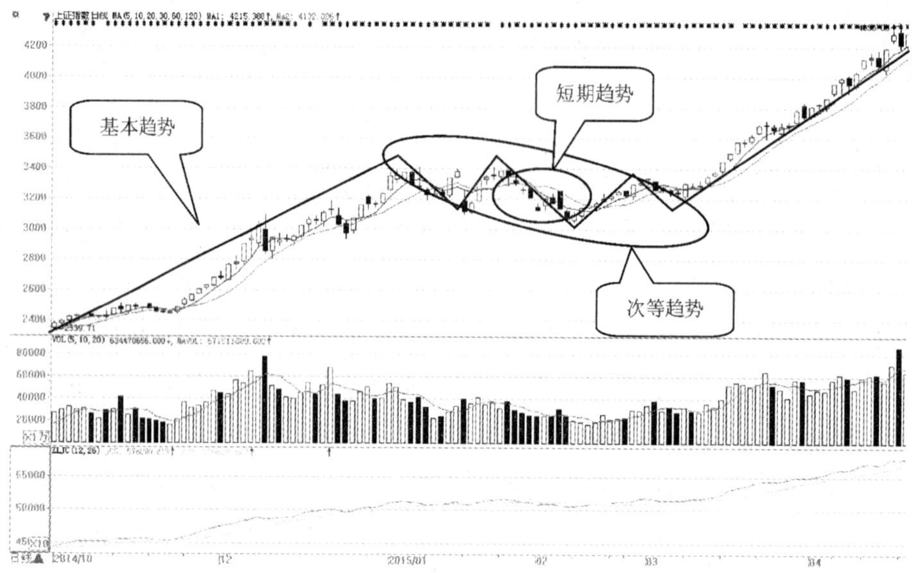

图9—18 牛市行情

如图9—19所示，2011年10月至2012年12月，熊市行情呈现出下跌的基本趋势。其中，调整震荡也可以归为涨跌交替的次等趋势或短期趋势。

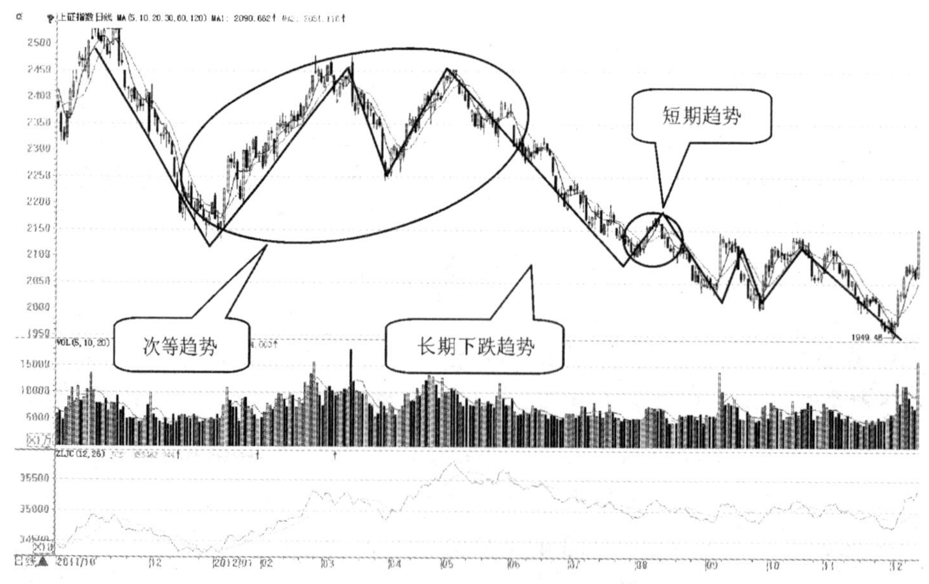

图9—19 熊市行情

➲ 延伸阅读

> 查尔斯·亨利·道（Charles Henry Dow，1851—1902）出生于康涅狄格州斯特林，是道琼斯指数发明者和道氏理论奠基者，纽约道琼斯金融新闻服务的创始人、《华尔街日报》的创始人和首位编辑。

9.3.2 威廉·江恩：股价按照自然法则运行

威廉·江恩是20世纪最著名的投资家之一，他在股票和期货市场上的骄傲成绩至今无人可比。他所创造的把时间与价格完美地结合起来的理论，至今仍为投资界人士所津津乐道，倍加推崇。这就是股市中经常听到的江恩理论。

自然法则是宇宙间一切存在和运动的基本法则。

江恩理论认为，股票、期货市场里也存在着宇宙中的自然规则，市场的价格运行趋势不是杂乱的，而是可通过数学方法预测的。它的实质就是在看似无序的市场中建立严格的交易秩序。

如图9—20所示，甘氏线是炒股软件根据江恩时空法则计算出来的一组趋势线。投资者将连续的低点用甘氏线连接起来，可以得到按特定角度划分的一组射

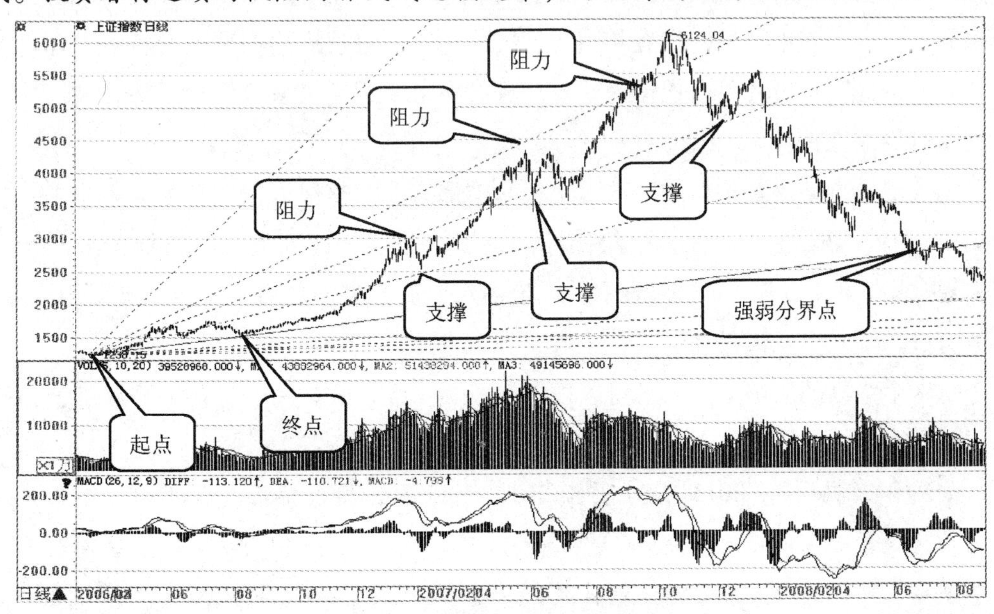

图9—20　上证指数走势图

线。股价每次上涨或者下跌到其中一条射线位置时，都会遇到较强的阻力或者获得一定支撑。

➲ 延伸阅读

威廉·江恩（William Delbert Gann，1878—1955，另一种译法为“甘氏”），是美国证券、期货业最著名的投资家，最具神奇色彩的技术分析大师，二十世纪最伟大的投资家之一，纵横证券市场达45年。他一生中经历了第一次世界大战、1929年的股市大崩溃、20世纪30年代的大萧条和第二次世界大战，在这个动荡的年代中他赚取了5 000多万美元利润，相当于现在的10亿多美元。他不仅是一位成功的投资者，还是一位智者和伟大的哲学家。

9.3.3 拉尔夫·尼尔森·艾略特：股价波动像浪花一样

波浪理论是一套全凭观察得来的规律，可用分析股市指数、价格的走势，它也是世界股市分析上运用最多，而又难于了解和精通的分析工具。

艾略特认为，不管是股票还是商品价格的变动，都像大自然的潮汐、波浪一样，一浪跟着一浪，周而复始，具有相当程度的规律性，展现出周期循环的特点。任何波动均有迹可循。投资者可以根据这些规律性的波动来预测未来价格的走势，在买卖策略上做恰当的选择。

完整浪和调整浪是价格波动的两个最基本形态，完整浪可以细分为五个小浪，一般用第一浪、第二浪、第三浪、第四浪、第五浪来表示；调整浪可以划分为三个小浪，通常用a浪、b浪、c浪来表示，在上述八个波浪完毕之后，一个循环即告完成，走势将进入下一个八浪循环。

每一个级别的波浪本身，既可以被拆解成更小级别的波浪，也是更高级别波浪的组成部分。

如图9—21所示，2012年12月至2013年11月，博瑞传播（600880）走出了波浪走势，投资者可以据此划分为五浪上升、三浪下跌。其中在确立第一浪的同时，在第二浪确立回调再次上攻之际为最佳买点。通常而言，第五浪顶点为最佳卖出点。

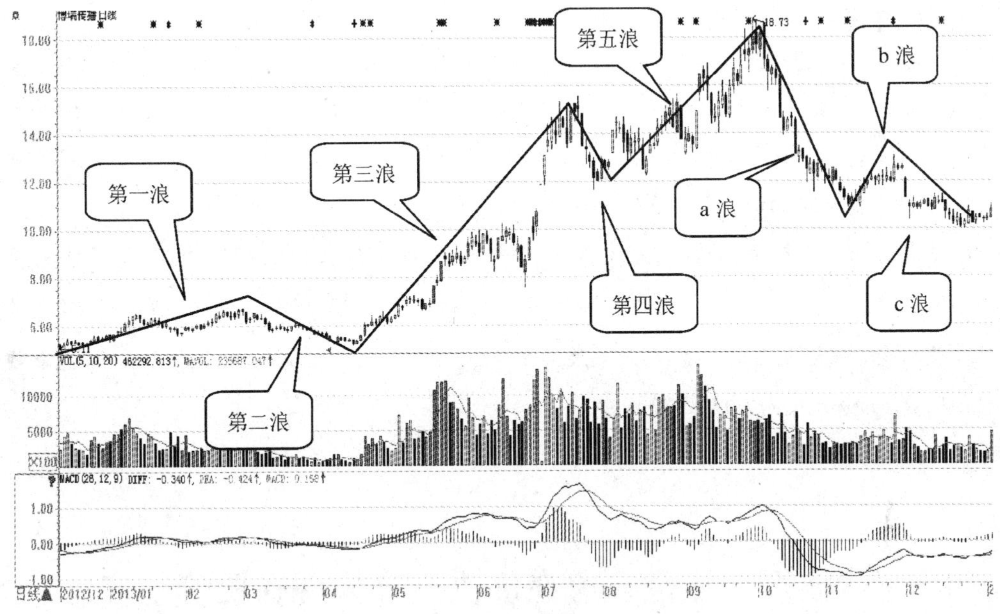

图 9—21 博瑞传播走势图

如图 9—22 所示，前边案例中的第三浪和第四浪放大，可以看到一个更低级别的八浪循环。正所谓浪中有浪，浪接浪，在波浪理论中，投资者可按照自己的理解来确立波浪走势，但是注意一点，要贯彻自己从始至终的波浪理论，不要轻易改变。投资者可在实践中验证自己的八浪循环走势。

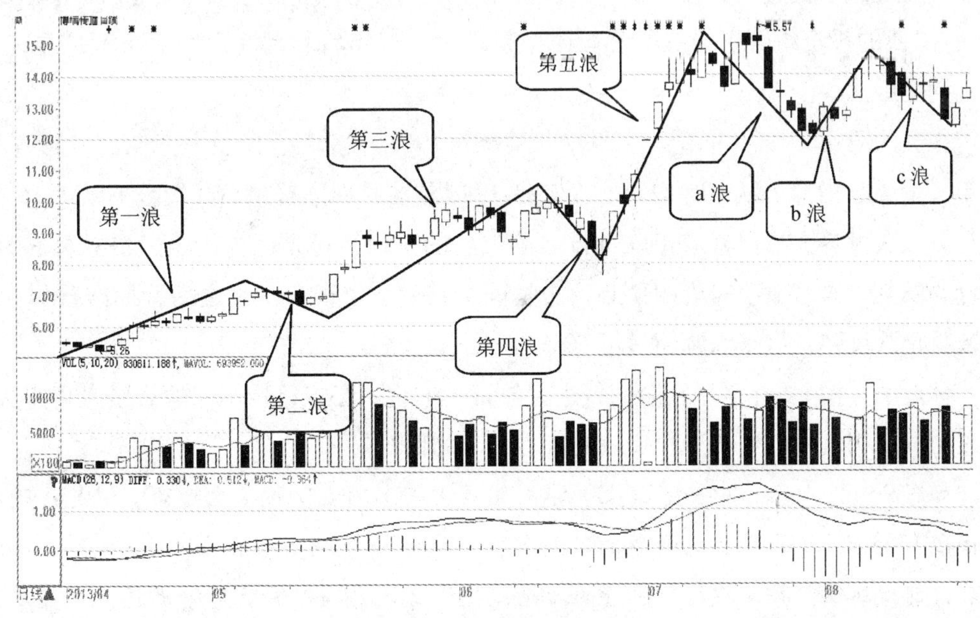

图 9—22 博瑞传播走势图

➲ 延伸阅读

拉尔夫·尼尔森·艾略特（Ralph Nelson Elliott，1871—1948），波浪理论的创始人，曾经从事会计工作长达25年。1929年，艾略特因为消化系统疾病不得不进入医院疗养。在疗养期间，他开始研究证券市场上的投资行为。

他收集了75年美国证券市场指数的资料，除了年线、月线、日线外，甚至是半小时线都加以详细研究。1934年5月，艾略特终于发现到，在混沌的市场行为中，股价是以不同层次构成，并以波浪的形态，有规律的方式向前推进，而这个现象，则是由投资人的从众心理所造成。

9.3.4 彼得·林奇：内在价值总会体现在股价上

被称为“世界第一基金经理”的彼得·林奇说：“在股票市场中，涨涨跌跌是很正常的，即使在长期的大牛市行情中，出现下跌的情况也是屡见不鲜的，不必为了暂时的涨涨跌跌而频繁进出。”所以，它的操作原则是坚持长期投资，股票的内在价值总会体现在股价上。

林奇告诫投资者，只要所投资的公司业绩好，大可以持续投资5年到10年不变，他说：“我的投资组合里最好的公司往往是购股三五年后才利润大增，而不是在三五个星期之后。”

在美国股市，1996年春天、1997年夏天、1998年夏天、1999年秋天，连续4年每年的主要股指都下跌10%以上。尤其是1998年8月标准普尔500指数下跌14.5%，这是第二次世界大战以来股指跌幅排名第二位的月份，可是因为国内经济总体转好，林奇并没有失去对股票投资的信心，而是静观其变。仅仅9个月之后，标准普尔500指数就止跌反弹，后来涨幅超过了50%。

林奇说：“只要你是用富余的钱进行投资，你就不必在行情不好的时候患得患失，你完全可以相信，只要长期投资就能获得更高的回报。”

如图9—23所示，中安消（600654）是国内著名的安防设备生产商。但是该股股价在2011年至2013年长达两年的时间里，一直横盘整理。该股在2013年甚至持续下跌，创出新低。按照彼得·林奇的理论，投资者只要确定该股是绩优股，就可以大胆地持有。总有一天，该股的内在价值会被市场发现。

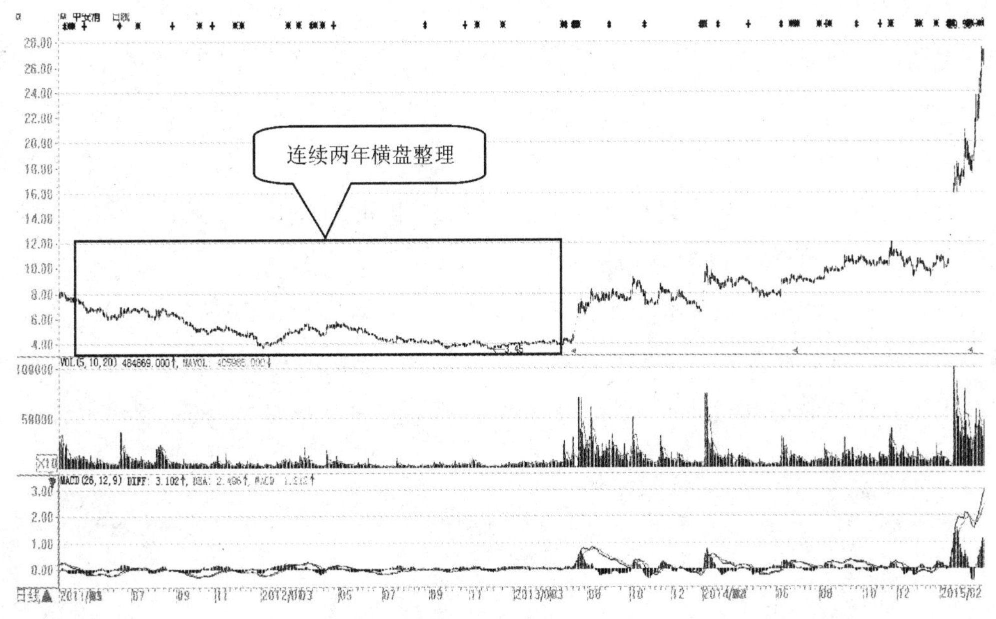

图 9—23 中安消日 K 线

➲ 延伸阅读

彼得·林奇（Peter Lynch）生于 1944 年 1 月 19 日，是一位卓越的股票投资家和证券投资基金经理。在彼得·林奇出任麦哲伦基金的基金经理人的 13 年间，麦哲伦基金管理的资产由 2 000 万美元成长至 140 亿美元，基金投资人超过 100 万人，成为富达的旗舰基金，基金的年平均复利报酬率达 29. 2%。

9. 3. 5 沃伦·巴菲特：以 40 美分买 1 美元的东西

巴菲特深知，路遥知马力，时间的冲刷将会使那些优秀的企业脱颖而出，而平庸的企业将逐渐淡出。在经济状况方面，优秀的企业和平庸的企业截然不同。如果投资者买入了优秀企业的股票，这些优秀企业的价值将不断扩展，相比之下，那些平庸企业则往往原地踏步，不能实现价值增长。

与传统意义上的价值投资理念不同，巴菲特倡导投资者在优秀公司陷入危机时买入。买入运通公司是巴菲特最著名的投资案例之一。1963 年，美国运通公司因为

“色拉油丑闻”而遭受重创。该公司首席执行官霍华德·克拉克亲自宣布：公司已经资不抵债。1964 年，当运通公司的股价从 65 美元跌至 35 美元时，巴菲特开始大量买入这只股票。他认为，虽然“色拉油丑闻”使运通公司遭到重创，但美国运通的整个帝国依然完整无缺，它未来的获利能力并没有减弱。后来巴菲特曾透露，他此次持有的时间大约有 4 年。按照运通公司这段时间的股价走势判断，巴菲特在这只股票上赚到了大约 4~5 倍的收益。

如图 9—24 所示，因纺织行业生产政策遇冷，凯瑞德（002072）自 2011 年末开始出现持续下跌，股价跌至最低 6 元附近。但考虑到其实际成长价值后，投资者慢慢变得理性，该股亦受到追捧。截至 2015 年 5 月底，该股一路冲高至 35 元，涨幅超过 400%。

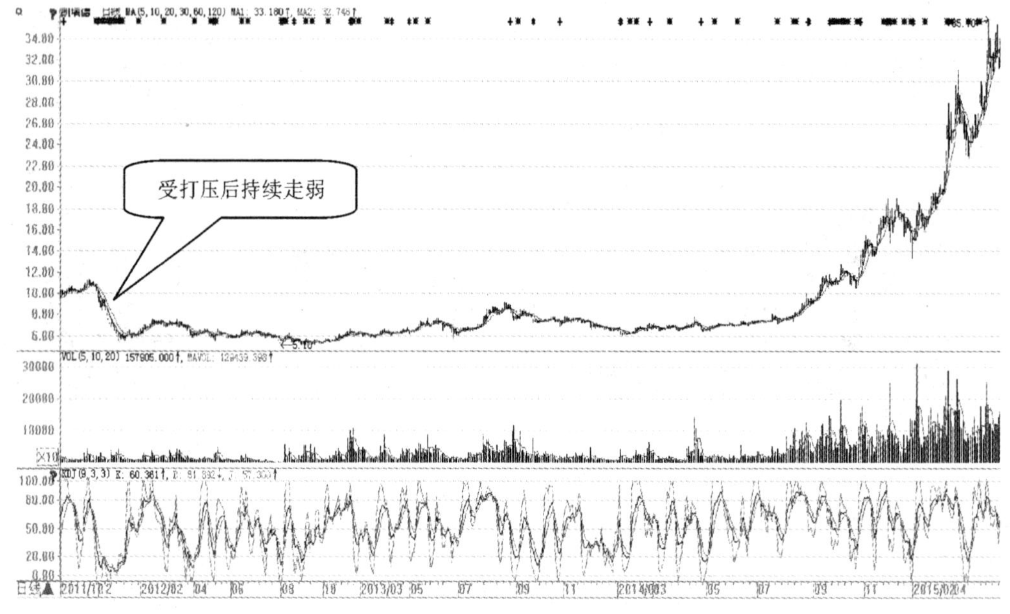

图 9—24　凯瑞德走势图

➲ 延伸阅读

沃伦·巴菲特（Warren Buffett）生于 1930 年 8 月 30 日，是有史以来最著名的投资商。他依靠股票、外汇市场的投资，成为世界上数一数二的富翁。他倡导的价值投资理论风靡世界。2008 年，巴菲特在《福布斯》排行榜上财富超过比尔盖茨，成为世界首富。